中国铁建股份有限公司中铁房地产集团北方公司北京事业部承建的西派国樾项目，位于成都国际城南·剑南大道西侧的怡心湖高端居住板块，项目总占地420亩，建筑面积约90万平方米，容积率为3.0；携手6位国际大师联袂打造，以270度IMAX全景观视野、"两湖一环六岛九园"的水系园林景观、18大系统90大细节构成的工艺管控，规划城市级原创精装大平层和成都最纯正的合院别墅，为中国铁建打造的西派Top系升级超越之作，2017年在第七届中国价值地产年会获取年度典藏价值楼盘，2018年获取最值得期待楼盘、区域推动力楼盘榜样等奖项。

  陕西建工集团股份有限公司承建的西安交通大学科技创新港科创基地项目，是教育部与陕西省共建的国家级重点项目，历时仅27个月完成52栋单体全部交付使用，创造了陕西省乃至全国高校建设史上奇迹。项目应用建筑业新技术10大项49子项，达到国内领先水平。创新成果丰硕，荣获9项国家实用新型专利、7项省级工法，25项国家级及省级QC成果，13篇论文。项目先后荣获陕西省优秀工程设计奖、陕西省建设工程"长安杯"等多项荣誉。项目于2019年6月12日全面交付使用，2019年9月7日，迎来7 000余名研究生和留学生开学典礼。自投入使用以来，各项使用功能良好，系统运行正常，得到了社会各界的广泛好评。

企业简介 Introduction

天扬君合财税服务集团总部位于北京，旗下现拥有多家分支机构，已在山西、天津、陕西、四川、湖北、山东、广西设立分支机构，服务辐射全国31个省市。

集团旗下天扬君合税务师事务所是中国注册税务师协会认定的4A级全国百强所，2008年开始以建筑行业作为主攻行业，深入研究，创新涉税服务产品，天扬的财税咨询服务在建筑行业名列前茅，并长期为中国中铁、中国铁建、中国建筑、中国核建、中冶科工等大型央企提供税务咨询服务。旗下天扬君合教育科技有限公司是国家级高新技术企业，专注服务于大型集团企业的实务类教育，涉及人才选拔、人才培养、资质考试，运营的天扬网络学习平台用户现已突破12万人。

20年不断探索与创新

- **2000** 公司成立
- **2009** 北京天扬君合成立
- **2012** 山西所被认定为AAAA级税务师事务所；公司成立党支部、工会、团支部
- **2014** 天扬建筑业财税网校成立；入围中税协百强税务师事务所名单
- **2016** 中税协授予AAAA级税务师事务所资质；天扬君合教育科技公司荣获高新技术企业资质
- **2017** 成功举办"天扬杯"2017年全国建筑业财税知识竞赛
- **2018** 继天津、陕西后，新增四川、湖北办公室
- **2019** 广西天扬君合成立
- **2020** 集团规范化发展，天津所、四川所、陕西所、湖北所、山东所先后完成行政登记
- **NOW......**

咨询服务产品

- 新项目全生命周期税务规划服务
- 全流程研发管理服务
- 纳税健康体检咨询服务
- 高新认定与研发加计服务
- 企业重组涉税专项服务
- PPP业务财税咨询服务
- 企业所得税汇算清缴纳税申报服务
- 个人所得税咨询服务
- 税政通服务

教育服务产品

中级会计职称学习管理服务

人才测评与选拔服务

企业青蓝学习营

企业邮箱 | zkb@tianyangtax.net　　school@tianyangtax.net　　咨询热线 | 400-133-5880

房地产企业税务管理操作指南

盖 地 主编

中国财经出版传媒集团
中国财政经济出版社

图书在版编目（CIP）数据

房地产企业税务管理操作指南 / 盖地主编． ——北京：
中国财政经济出版社，2020.12
 ISBN 978－7－5223－0206－5

Ⅰ.①房… Ⅱ.①盖… Ⅲ.①房地产企业－税收管理
－中国－指南 Ⅳ.①F812.423－62

中国版本图书馆 CIP 数据核字（2020）第 251364 号

责任编辑：吕小军　谷兴华　　　　责任校对：张　凡
封面设计：思梵星尚　　　　　　　责任印制：党　辉

中国财政经济出版社 出版

URL：http://www.cfeph.cn
E－mail：cfeph@cfeph.cn

（版权所有　翻印必究）

社址：北京市海淀区阜成路甲 28 号　邮政编码：100142
营销中心电话：010－88191522
天猫网店：中国财政经济出版社旗舰店
网址：https://zgczjjcbs.tmall.com
北京富生印刷厂印刷　各地新华书店经销
成品尺寸：185mm×260mm　16 开　15.5 印张　296 000 字
2020 年 12 月第 1 版　2020 年 12 月北京第 1 次印刷
定价：66.00 元
ISBN 978－7－5223－0206－5
（图书出现印装问题，本社负责调换，电话：010－88190548）
本社质量投诉电话：010－88190744
打击盗版举报热线：010－88191661　QQ：2242791300

《房地产企业税务管理操作指南》
编委会名单

主　　编：盖　地

副 主 编：郭双来　韩　斌　何卫荣　李移峰　李育红
　　　　　莫　勇　赵　丽

编委成员：晁佳豪　陈守强　陈　晓　李　刚　杜为领
　　　　　高　燕　黄雨彤　孔　颖　黎　宁　李　玮
　　　　　刘晓玲　刘　岩　刘艳青　牟春玲　任书琪
　　　　　田卫鹏　王国龙　王慧君　王艳伶　毋宏宇
　　　　　吴姗姗　杨晋平　杨晓娟　姚建荣　张福强
　　　　　张洪波　张　元

序

  房地产业作为我国国民经济的重要支柱产业之一，在带动经济社会发展的同时也为财政可支配金额增长做出了贡献。然而，随着税收制度的改革和房地产行业的快速发展，以及经济新常态下的融资模式多变，随之而来的风险与难点也与日俱增，本书以防范税务风险为目的，在结合降低企业综合税费成本、提高企业效益的同时，为房地产企业的财税管理提供了针对性、全面性、操作性的指导意见，主要特点如下：

  其一，案例精当。房地产业是一个资金密集的行业，开发周期长，税收复杂，税负重，开发阶段多，投资风险高，成本核算阶段复杂。随着国地税机构合并、"金税"三期系统升级，大数据管理税务征管环境的变化，房地产企业面临越来越多的税务风险。本书借鉴多年在房地产企业工作的税务人员的经验，编写了相应的经营案例，并对此开展全面、精准、深入的解析，贴近和还原税务操作实务，有助于读者认识自己的优势与弱势，更有针对性地巩固和学习。

  其二，结构清晰。本书采用章节式撰写体例，每一章节的内容均结合实际经营开发进行编排。第1章，先对房地产企业概况进行整体阐述；从第2章开始，按照房地产企业运行逻辑和规律展开，分别对项目公司设立、融资、取得土地、开发建设、销售、清算等六个阶段及自持商业地产出租的财税处理进行分析说明，有助于实际业务工作者了解不同开发阶段的税务管控重点。

  其三，内容全面。本书突出房地产开发的全流程、全业务、全税种，立足房地产开发全程，解析税务处理及可行的税务策划方案。从融资阶段来看，涵盖了债权融资、股权融资、夹层融资内容。从取得土地阶段来看，涵盖了招拍挂方式、划拨方式、重组方式、购置在建工程方式、旧房改造以及土地置换等方式的内容。从销售阶段来看，涵盖了预售阶段、合同签订阶段，以及合作建房、房改房等特殊形式的销售业务。综合阐述政策法规、案例解析、问题解答，力求结合实务将相关知识点完整地呈现出来。

为了使本书编写达到精益求精，由天扬君合税务师事务所发起并牵头，天津财经大学盖地教授担任主编，中国铁建股份有限公司、中国电力建设股份有限公司、中国冶金科工股份有限公司、陕西建工集团股份有限公司共同参与编撰，集中了学院、央企、省属企业房地产板块的优势，可谓强强联合，优势互补，编写精细。全书以案例分析形式呈现，相信会对读者实战经验的提升有积极的推动作用。

是为序。

中国施工企业管理协会会长 曹玉书

2020 年 11 月

前言

房地产业是国民经济的支柱产业之一，在中国经济进入转型发展之际，房地产业也由高速发展阶段进入产业多元化共建时代。2011年房地产市场调控继续收紧，国家针对房地产行业出台了包括限贷、限购、限价、保障房等一系列调控政策，现行市场销售价格趋于平稳，但受整体市场经济、国家金融政策的影响，市场出现了疲软状态，房地产企业面临的经营压力也日趋增加。

我国"十三五"规划纲要提出，要建立税种科学、结构优化、法律健全、规范公平、征管高效的税收制度。为了使税制改革向纵深推进，国家连续推出了一系列税制改革措施——先后三次降低增值税税率、完善留抵税额退税制度、统一小规模纳税人的标准、扩大小微企业的适用范围，使目前的短期性减税政策不断向长期性减税制度迈进。因此，在新形势下，正确、规范地处理房地产开发中的涉税事项，既是企业降低纳税风险的需要，也是企业财务人员业务水平提升的需要。

本书力求从实务出发，融合实际案例，对房地产开发各阶段所涉及的税务管理事项进行了分析说明，旨在帮助房地产企业做好税务管理工作，降低涉税风险，享受政策红利，提升企业经济效益。本书具有如下特点：

全面性。本书以房地产企业设立、融入资金、获取土地、开发建设、地产销售、完工清算以及物业自持等阶段为时间线，对房地产开发各阶段所涉及的税务管理事项进行分

析说明，并通过实例进行阐述。

实用性。本书剖析了房地产企业开发各阶段所涉及的主要税种及其税务管理，结合案例对主要问题进行分析，并在本书列示住宅项目、商业体综合开发、城市运营三个综合案例，旨在提升企业防控税收风险能力。

时效性。本书针对房地产企业主要政策进行梳理，优先选择现行有效的政策法规，并结合房地产企业税务管控特点，选取具有代表性的部分省、市地方政策法规作为政策依据，以增加本书的实务指导作用。

本书依据最新的税收法律、法规编制，以特定的行业——房地产企业为核心，介绍了房地产企业从设立到销售各环节的税务处理。全书共分8章，第1章概括地介绍了房地产开发的特点、基本经营阶段、房地产企业减税降费政策效应及落实措施。第2—7章以房地产企业设立阶段、融资阶段、获取土地阶段、开发建设阶段、销售阶段、清算阶段为时间线，以开发房地产项目为基础，对各开发阶段涉及的税务管理事项进行了分析说明。第8章着重介绍了商业地产出租的税务管理，详细阐述了直接出租、出租自持物业、转租不动产、售后回租等情形下的税务管理。附件以住宅项目、商业体综合开发、城市运营三个综合案例进行综合阐述，作为实务工作的参考。

本书的编写力求做到内容全面、充实，理论与实践相结合，符合当前房地产企业体制改革和管理创新的要求，无论对企业的财税人员还是对税务工作者来说都是一本很好的指导工具和参考指南。

由于时间紧迫和笔者水平所限，书中难免存在疏漏，敬请各位读者批评指正，不胜感激。我们期待与您的交流，电子邮箱：kei@tianyangtax.net，联系电话：010-82605331。

编写组

2020年9月

目录

第1章 总论 ……………………………………………………………（1）

1.1 房地产企业概述 ……………………………………………（1）
1.1.1 房地产开发的特点 ……………………………………（1）
1.1.2 房地产开发项目的基本经营阶段 ……………………（2）
1.2 房地产企业减税降费效应 …………………………………（4）
1.2.1 房地产企业减税降费政策 ……………………………（4）
1.2.2 房地产企业减税降费效应 ……………………………（6）
1.2.3 房地产企业减税降费落实措施 ………………………（7）

第2章 房地产企业设立阶段的税务管理 ……………………………（8）

2.1 房地产企业设立流程 ………………………………………（8）
2.1.1 设立流程 ………………………………………………（8）
2.1.2 税务登记流程 …………………………………………（11）
2.2 房地产企业设立阶段的税务管理 …………………………（13）
2.2.1 增值税纳税人资格管理 ………………………………（13）
2.2.2 增值税计税方法及选择 ………………………………（17）
2.2.3 设立阶段的税务管理 …………………………………（24）
2.3 设立阶段不同出资方式的税务管理 ………………………（37）
2.3.1 以土地使用权出资的税务管理 ………………………（38）
2.3.2 以不动产出资的税务管理 ……………………………（42）

第3章 房地产企业融资阶段的税务管理 ……………………………（45）

3.1 债权性融资的税务管理 ……………………………………（45）

  3.1.1　向个人借入资金的税务管理 …………………………………（46）
  3.1.2　向金融机构借入资金的税务管理 ……………………………（50）
  3.1.3　向非金融机构借入资金的税务管理 …………………………（52）
  3.1.4　向关联企业借入资金的税务管理 ……………………………（54）
  3.1.5　统借统贷的税务管理 …………………………………………（58）
 3.2　股权融资的税务管理 ……………………………………………（62）
  3.2.1　股权融资主要方式 ……………………………………………（63）
  3.2.2　股权融资的税务管理 …………………………………………（64）
  3.2.3　夹层融资涉及的税务管理 ……………………………………（67）

第4章　房地产企业取得土地阶段的税务处理 …………………………（69）

 4.1　招拍挂方式取得土地使用权 ……………………………………（69）
  4.1.1　土地招拍挂情形 ………………………………………………（69）
  4.1.2　土地出让的政策规定 …………………………………………（70）
  4.1.3　招拍挂方式取得土地使用权的税务管理 ……………………（70）
  4.1.4　招拍挂方式取得土地使用权的案例解析 ……………………（73）
 4.2　划拨方式取得土地使用权 ………………………………………（74）
  4.2.1　划拨土地的情形 ………………………………………………（74）
  4.2.2　划拨土地的政策规定 …………………………………………（74）
  4.2.3　划拨方式取得土地使用权的税务管理 ………………………（75）
  4.2.4　划拨方式取得土地使用权的案例解析 ………………………（76）
 4.3　直接取得母公司或其他主体中标的土地使用权 ………………（76）
  4.3.1　母公司或其他主体办理土地证 ………………………………（76）
  4.3.2　母公司或其他主体未办理土地证 ……………………………（77）
  4.3.3　直接取得母公司或其他主体中标的土地使用权税务管理………（77）
  4.3.4　直接取得母公司或其他主体中标的土地使用权案例分析………（78）
 4.4　企业重组取得土地使用权 ………………………………………（81）
  4.4.1　企业一般重组取得土地使用权 ………………………………（81）
  4.4.2　企业特殊重组取得土地使用权 ………………………………（84）
 4.5　投资方式取得土地使用权 ………………………………………（86）
  4.5.1　投资方式取得土地使用权的情形 ……………………………（86）
  4.5.2　投资方式取得土地使用权的税务管理 ………………………（86）
  4.5.3　投资方式取得土地使用权的案例解析 ………………………（87）
 4.6　购买在建工程取得土地使用权 …………………………………（88）

4.6.1　购买在建工程取得土地使用权的情形 …………………………（88）
　　4.6.2　购买在建工程取得土地使用权的税务管理 ……………………（89）
　　4.6.3　购买在建工程取得土地使用权的案例解析 ……………………（90）
4.7　旧城改造取得土地使用权 ………………………………………………（91）
　　4.7.1　旧城改造取得土地使用权的情形 ………………………………（91）
　　4.7.2　旧城改造取得土地使用权的税务管理 …………………………（91）
　　4.7.3　旧城改造取得土地使用权的案例分析 …………………………（95）
　　4.7.4　以拆迁补偿方式取得土地使用权的税务管理 …………………（96）
　　4.7.5　以拆迁补偿方式取得土地使用权的案例分析 …………………（97）
　　4.7.6　收到政府返还土地款案例解析 …………………………………（98）
　　4.7.7　"红线"外发生费用的税务管理 ………………………………（101）
4.8　土地置换方式取得土地使用 …………………………………………（101）
　　4.8.1　土地置换取得土地使用权的情形 ……………………………（101）
　　4.8.2　土地置换取得土地使用权的税务管理 ………………………（102）
　　4.8.3　土地置换取得土地使用权的案例解析 ………………………（102）
4.9　土地取得阶段的其他税务处理 ………………………………………（104）
　　4.9.1　土地取得阶段耕地占用税的管理 ……………………………（104）
　　4.9.2　土地取得阶段的土地闲置费的管理 …………………………（104）
　　4.9.3　土地取得阶段的契税的管理 …………………………………（105）
　　4.9.4　土地取得阶段的城镇土地使用税的管理 ……………………（106）

第5章　房地产企业开发建设阶段的税务管理 ………………………………（110）

5.1　房地产企业开发成本 …………………………………………………（110）
　　5.1.1　成本构成 ………………………………………………………（110）
　　5.1.2　确定成本核算对象的方法 ……………………………………（111）
　　5.1.3　在成本核算对象之间分摊成本 ………………………………（112）
　　5.1.4　土地增值税分摊 ………………………………………………（113）
　　5.1.5　成本对象的管理要求 …………………………………………（113）
　　5.1.6　预提成本 ………………………………………………………（114）
5.2　简易计税方法下开发成本管理 ………………………………………（115）
　　5.2.1　简易计税方法的确定 …………………………………………（115）
　　5.2.2　简易计税方法下开发成本的税务管理 ………………………（116）
　　5.2.3　简易计税方法下开发成本税务管理的案例解析 ……………（119）
5.3　一般计税方法下开发成本处理 ………………………………………（119）

5.3.1　前期工程费用进项税额抵扣 …………………………………（119）
　　5.3.2　开发成本费用进项税额抵扣 …………………………………（120）
　　5.3.3　开发成本费用不得抵扣进项税额事项 ………………………（123）
　　5.3.4　一般计税方法下开发成本税务管理的案例解析 ……………（124）
5.4　开发成本中增值税发票管理 ……………………………………………（124）
　　5.4.1　挂靠方式下增值税发票的管理 ………………………………（124）
　　5.4.2　支付建筑企业预付款的增值税发票管理 ……………………（125）
　　5.4.3　支付建筑企业质保金的增值税发票管理 ……………………（125）
　　5.4.4　内部授权分包方式发票的管理 ………………………………（127）
　　5.4.5　土地征收及拆迁安置补偿费票据管理 ………………………（128）
　　5.4.6　其他增值发票的管理 …………………………………………（128）
5.5　企业增值税留抵税额退税的管理 ………………………………………（131）
　　5.5.1　退税条件 ………………………………………………………（131）
　　5.5.2　退税金额 ………………………………………………………（132）
　　5.5.3　退税程序 ………………………………………………………（132）
　　5.5.4　退税账务处理 …………………………………………………（132）
5.6　开发阶段其他税种管理 …………………………………………………（132）
　　5.6.1　开发阶段印花税的管理 ………………………………………（132）
　　5.6.2　开发阶段城市维护建设税的管理 ……………………………（134）
　　5.6.3　开发阶段教育费附加的管理 …………………………………（134）

第6章　房地产企业销售阶段的税务管理 ……………………………（136）

6.1　企业销售阶段税务管理 …………………………………………………（136）
　　6.1.1　销售阶段业务概述 ……………………………………………（136）
　　6.1.2　预售阶段税务管理 ……………………………………………（139）
　　6.1.3　预售阶段案例分析 ……………………………………………（140）
6.2　企业销项税额差额征收税务管理 ………………………………………（141）
　　6.2.1　销项税额差额征收适用范围 …………………………………（141）
　　6.2.2　销项税额差额征收扣除项目 …………………………………（141）
　　6.2.3　销项税额差额征收税款计算 …………………………………（142）
　　6.2.4　销项税额差额征收发票开具 …………………………………（143）
　　6.2.5　销项税额差额征收案例分析 …………………………………（143）
6.3　企业价外费用的税收管理 ………………………………………………（144）
　　6.3.1　违约金的税务管理 ……………………………………………（146）

6.3.2 精装修房销售的税务管理 ………………………………… (148)

6.4 合作建房的税务管理 ………………………………………………… (149)

 6.4.1 合作建房增值税管理 …………………………………… (150)

 6.4.2 合作建房土地增值税管理 ………………………………… (152)

 6.4.3 合作建房案例解析 ………………………………………… (152)

6.5 房改房的税务管理 …………………………………………………… (155)

 6.5.1 房改房增值税管理 ………………………………………… (156)

 6.5.2 房改房城镇土地使用税管理 ……………………………… (156)

 6.5.3 房改房契税管理 …………………………………………… (156)

6.6 地下车位出租或出售的税务管理 …………………………………… (156)

 6.6.1 地下车位出租 ……………………………………………… (157)

 6.6.2 地下车位出售增值税的管理 ……………………………… (159)

6.7 公租房出租的税务管理 ……………………………………………… (160)

 6.7.1 公租房出租增值税管理 …………………………………… (160)

 6.7.2 公租房出租企业所得税管理 ……………………………… (160)

 6.7.3 公租房出租土地增值税管理 ……………………………… (161)

 6.7.4 公租房出租城镇土地使用税管理 ………………………… (161)

 6.7.5 公租房出租房产税管理 …………………………………… (161)

 6.7.6 公租房出租印花税管理 …………………………………… (161)

 6.7.7 公租房出租个人所得税管理 ……………………………… (161)

 6.7.8 公租房出租纳税申报后续管理 …………………………… (161)

第7章 房地产企业清算阶段的税务管理 …………………………… (163)

7.1 企业土地增值税清算阶段的税务管理 ……………………………… (163)

 7.1.1 土地增值税清算的情形 …………………………………… (163)

 7.1.2 土地增值税清算的计算公式及税率 ……………………… (164)

 7.1.3 土地增值税应税收入的管理 ……………………………… (164)

 7.1.4 土地增值税扣除项目的管理 ……………………………… (167)

 7.1.5 土地增值税的征收管理 …………………………………… (170)

7.2 企业所得税的清算 …………………………………………………… (178)

 7.2.1 企业所得税清算的情形 …………………………………… (178)

 7.2.2 企业所得税清算收入总额的确定 ………………………… (180)

 7.2.3 企业所得税清算计税成本的确定 ………………………… (182)

 7.2.4 土地增值税清算涉及企业所得税问题 …………………… (185)

  7.2.5 房地产企业所得税税收优惠政策 …………………………………（187）

  7.2.6 企业所得税清算案例解析 …………………………………………（188）

第8章 商业地产出租的税务管理 ………………………………………（190）

 8.1 直接出租的税务管理 …………………………………………………（190）

  8.1.1 直接出租概述 ………………………………………………………（190）

  8.1.2 直接出租业务的税务管理 …………………………………………（190）

 8.2 出租自持物业免租期的税务管理 ……………………………………（194）

  8.2.1 自持物业免租期的情形 ……………………………………………（194）

  8.2.2 自持物业免租期的税务管理 ………………………………………（194）

 8.3 疫情期间租金减免的税务管理 ………………………………………（195）

  8.3.1 疫情期间租金减免的情形 …………………………………………（195）

  8.3.2 疫情期间租金减免的税务处理 ……………………………………（195）

 8.4 转租不动产的税务管理 ………………………………………………（196）

  8.4.1 转租商业地产的情形 ………………………………………………（196）

  8.4.2 转租商业地产的税务管理 …………………………………………（197）

  8.4.3 转租商业地产的案例解析 …………………………………………（199）

 8.5 售后回租的税务管理 …………………………………………………（199）

  8.5.1 售后回租概述 ………………………………………………………（199）

  8.5.2 售后回租的税务处理 ………………………………………………（199）

附录 ……………………………………………………………………………（202）

 附录1 国际花园项目开发案例及其分析 ………………………………（202）

 附录2 城市运营开发项目案例及其分析 ………………………………（214）

 附录3 商业地产开发项目案例及其分析 ………………………………（226）

第1章 总　　论

1.1　房地产企业概述

1.1.1　房地产开发的特点

房地产业是我国经济发展的支柱产业之一。在我国经济进入转型发展之际，房地产业也由高速发展阶段进入产业多元化共建时代。多数房地产企业由单纯的商业开发转变为多业态发展，包括：健康居家养老多方位的开发产品；借助景区或城市的区位优势，依托周边丰富的旅游资源而建的，融旅游、休闲、度假、居住为一体的旅游房地产产品；以产业为依托、房地产为载体、实现土地的整体开发与运营的新型产业形式。

房地产开发是指房地产企业从事的土地开发和房屋建设等行为的总称，具有综合性、开发周期长、风险与收益共存的特点。

1.1.1.1　产品的综合性

房地产开发以"全面规划、合理布局、综合开发、配套建设"为方针，既包括商业地产、长租公寓、办公楼等多种开发产品，又包括配套建设，综合性非常强。

1.1.1.2　开发周期长

房地产开发项目从立项之初到实现销售，需要经历立项、规划、征地、开发、销售等阶段，每一阶段均需要很长一段时间，一般情况下，普通的开发项目周期在2~3

年，规模较大的项目周期可能4~5年，而综合性项目预计开发周期会更长。

1.1.1.3 资金投入大

房地产开发项目顺利实施与资金投入是否到位密切相关，房地产融资贯穿于征地、项目开发、销售以及后期持有阶段。因融资金额巨大对应融资方式也呈现多样性，包括上市融资、政策性金融机构专项贷款、非金融机构借用资金、私募基金以及刚刚兴起的REITs（房地产信托投资基金）与类REITs。

1.1.1.4 风险和效益共存

首先，房地产开发中各环节的市场竞争非常激烈，以及开发经营中大量的资金投入，都会带来较高的经营风险；其次，宏观经济环境、经济政策的实施也会带来较大的系统风险。这就导致房地产企业会不可避免地承担着很大的风险，但也会为其带来一定的收益，兼有风险性与收益性。

房地产行业是资本密集型行业，整个开发过程大致分为前期调研、公司设立、取得土地使用权、设计开发、产品预售、产品完工、物业自持、公司注销8个阶段。以上8个开发阶段，每个阶段都离不开依法纳税环节。本书将以上述8个开发阶段为时间线，以一般纳税人开发房地产新项目为基础，对各开发阶段涉及的税务管理事项进行分析说明。

1.1.2 房地产开发项目的基本经营阶段

根据房地产开发经营业务的程序和特点，一般将房地产开发分为一级开发和二级开发。

一级开发，是指由政府授权的具有开发资质的企业，先对一定区域范围内的城市国有土地、乡村集体土地进行统一征地、拆迁、安置、补偿，其开发主体再按照国民经济和社会发展规划、城市发展总体规划、城市功能定位、土地利用总体规则和土地储备供应计划的要求进行开发。经过开发的土地，达到出让条件后，再由国家土地储备机构等相关部门统一挂牌上市交易。所谓的出让条件指的是"三通一平""五通一平"或"七通一平"等。

二级开发，是指在依法取得使用权的土地上进行的房地产项目开发建设，或是为赚取租金或资本增值将所开发的产品作为投资性房地产。房地产项目开发建设的类别分为住宅（商品房、共有产权住房、公租房、限价商品房等）、商业营业用房（办公楼、配套商业、酒店、商场等）、工业房地产项目（厂房、研发用房与仓储物业用房等）、车位等。

房地产二级开发过程基本经营阶段包括企业设立、取得项目用地、开发建设、预售及销售、完工清算、物业自持。

1.1.2.1 企业设立

房地产开发企业可通过多种形式进行开发，如以现有公司为主体直接立项开发，通过设立二级非法人分支机构或直接设立子公司的形式进行开发，通过参股、控股、股权收购等重组形式进行开发等。实务中，为降低企业的经营风险，将新开发项目的风险与原项目分离，常常采用新设主体的方式。这种方式对开发过程中各阶段的纳税实施方案有着直接影响。

1.1.2.2 取得项目用地

房地产开发企业拿地的方式大多数以招拍挂为主，除此之外，取得土地的方式还有划拨土地、企业重组、联合开发、旧城改造、股权收购等。其中，划拨土地、拆迁改造是取得土地的直接方式，联合开发、公司合并、股权收购等是取得土地的间接方式。取得土地的方式不同，适用的税收政策必然存在差异，既会影响拿地成本，也会影响将来的税负。

1.1.2.3 开发建设

房地产开发企业开发建设阶段，包括设计、施工、配套设施建设等。工程施工成本是其重要组成部分，实际业务中工程施工合同签订的方式会直接影响建设方、施工方的税负水平，实际发生的施工成本及各项费用将直接影响开发项目未来企业所得税计税成本的扣除以及土地增值税扣除项目金额的确定。

1.1.2.4 预售及销售

房屋预售是指房地产开发商，在房屋尚未建好前，由购房者缴纳定金或预付款，约定未来交付房屋的销售行为，预售行为可以提前回笼资金，节约资金成本，撬动更多项目开发。通常情况下，房地产开发项目在取得《预售许可证》后即可开始预售，预售阶段需要预缴增值税及附加税费、土地增值税，并需按预计毛利缴纳企业所得税。

房地产行业的销售一般分为五个阶段，具体为内部认购阶段、开盘销售到签订认购书阶段、签订认购书到签订购房合同阶段、收房阶段、办理房产证阶段，销售阶段需要缴纳契税、企业所得税、增值税等。

1.1.2.5 完工清算

房地产开发项目在完工时，需要进行完工清算，按实际毛利计算缴纳企业所得税；在房屋交付时，发生增值税纳税义务，计算补缴增值税；在达到土地增值税清算条件时，需要进行土地增值税清算。清算后，尾盘销售也要缴纳相应的税费。此阶段是税务问题暴露比较集中的时期。

1.1.2.6 物业自持

开发产品交付后，虽然有专门的物业服务公司负责公共设施的日常维护，但房地产开发企业的责任并没有完全解除，售后维护和责任赔偿支出也会带来一定的税务问题。此外，若有自持物业，物业的自用或出租也会产生税务问题。

1.2　房地产企业减税降费效应

1.2.1　房地产企业减税降费政策

此前国家针对房地产行业出台了一系列的调控政策，现行市场销售价格趋于平稳，但受整体市场经济、国家金融政策的影响，市场出现了疲软状态，房地产企业面临的经营压力日趋增加。2019年《政府工作报告》强调，要把市场主体的活跃度保持住、提上去，是促进经济平稳增长的关键所在，要求继续推进增值税税率三档并两档、税制简化进程。由此可以看出，目前短期性减税政策正朝长期性减税制度不断迈进。减税降费可归纳为以下几个方面：

1.2.1.1　降低增值税税率

全面推开营改增试点后，增值税经历了连续两次降低税率及调整税率结构的变化。2016年5月1日起，根据《财政部　国家税务总局关于全面推开营业税改征增值税试点的通知》（财税〔2016〕36号）规定，在全国范围内全面推开营改增试点，房地产行业被纳入试点范围，由原来的缴纳营业税变为缴纳增值税。实行营改增后，采用一般计税方法的房地产企业销售和出租不动产适用税率为11%，简易征收的税率为5%。2018年5月1日起，根据《财政部　税务总局关于调整增值税税率的通知》（财税〔2018〕32号）规定，采用一般计税方法的房地产企业销售和出租不动产适用税率由11%降至10%，简易计税仍为5%。2019年4月1日起，根据《财政部　税务总局　海关总署关于深化增值税改革有关政策的公告》（财政部　税务总局　海关总署公告2019年第39号）规定，采用一般计税方法的房地产企业销售和出租不动产适用税率由10%降至9%，简易计税仍为5%。

1.2.1.2　试行增值税期末留抵税额退税制度

经过营改增试点及两次增值税税率的调整，房地产企业的收入由营改增前的含营业税销售额变更为不含增值税的销售额。

同时符合以下条件的纳税人，可以向主管税务机关申请退还增量留抵税额：

（1）自2019年4月税款所属期起，连续6个月（按季纳税的，连续两个季度）增量留抵税额均大于零，且第六个月增量留抵税额不低于50万元；

（2）纳税信用等级为A级或者B级；

（3）申请退税前36个月未发生骗取留抵退税、出口退税或虚开增值税专用发票（专票）情形的；

(4) 申请退税前36个月未因偷税被税务机关处罚两次及以上的;

(5) 自2019年4月1日起未享受即征即退、先征后返（退）政策的。

纳税人当期允许退还的增量留抵税额，按照以下公式计算：

允许退还的增量留抵税额 = 增量留抵税额 × 进项构成比例 × 60%

进项构成比例，为2019年4月至申请退税前一税款所属期内已抵扣的增值税专用发票（含税控机动车销售统一发票）、海关进口增值税专用缴款书、解缴税款完税凭证注明的增值税额占同期全部已抵扣进项税额的比重。

1.2.1.3 城镇土地使用税减免

为了贯彻中央经济工作会议精神，实施更大规模的减税降费，各省份对于城镇土地使用税给予了一定的减免。如山西省财政厅、国家税务总局山西省税务局联合下发的《关于调整城镇土地使用税税额标准的通知》（晋财税〔2019〕1号）规定，自2019年1月1日至2021年12月31日，在国家规定的税额幅度内，将山西省城镇土地使用税税额标准普遍下调，统一按现行税额标准的75%调整。

1.2.1.4 小微企业普惠性税收减免

2019年下发的《财政部 税务总局关于实施小微企业普惠性税收减免政策的通知》（财税〔2019〕13号）对小规模纳税人的税收优惠政策进行了明确。

一是小规模纳税人发生增值税应税销售行为，合计月销售额未超过10万元（以1个季度为1个纳税期的，季度销售额未超过30万元）的，免征增值税。小规模纳税人发生增值税应税销售行为且合计月销售额超过10万元，但扣除本期发生的销售不动产的销售额后未超过10万元的，其销售货物、劳务、服务、无形资产取得的销售额免征增值税。

二是由省、自治区、直辖市人民政府根据本地区实际情况，以及宏观调控需要确定，对增值税小规模纳税人可以在50%的税额幅度内减征资源税、城市维护建设税、房产税、城镇土地使用税、印花税（不含证券交易印花税）、耕地占用税和教育费附加、地方教育附加。

1.2.1.5 降低社会保险费率

自2019年5月1日起，降低城镇职工基本养老保险单位缴费比例。其中，养老保险单位缴费比例高于16%的，可降至16%。自2019年5月1日起，实施失业保险总费率1%的省（直辖市、自治区），延长阶段性降低失业保险费率的期限至2020年4月30日。自2019年5月1日起，延长阶段性降低工伤保险费率的期限至2020年4月30日，工伤保险基金累计结余可支付月数在18~23个月的统筹地区可以现行费率为基础下调20%，累计结余可支付月数在24个月以上的统筹地区可以现行费率为基础下调50%。

根据《人力资源和社会保障部 财政部 税务总局关于阶段性减免企业社会保险

费的通知》(人社部发〔2020〕11号)规定,自2020年2月起,各省、自治区、直辖市(除湖北省外)及新疆生产建设兵团可根据受疫情影响情况和基金承受能力,免征中小微企业三项社会保险单位缴费部分,免征期限不超过5个月;对大型企业等其他参保单位(不含机关事业单位)三项社会保险单位缴费部分可减半征收,减征期限不超过3个月。自2020年2月起,湖北省可免征各类参保单位(不含机关事业单位)三项社会保险单位缴费部分,免征期限不超过5个月。受疫情影响生产经营出现严重困难的企业,可申请缓缴社会保险费,缓缴期限原则上不超过6个月,缓缴期间免收滞纳金。

根据《关于延长阶段性减免企业社会保险费政策实施期限等问题的通知》(人社部发〔2020〕49号)规定,各省、自治区、直辖市及新疆生产建设兵团(以下统称省)对中小微企业三项社会保险单位缴费部分免征的政策,延长执行到2020年12月底。各省(除湖北省外)对大型企业等其他参保单位(不含机关事业单位,下同)三项社会保险单位缴费部分减半征收的政策,延长执行到2020年6月底。湖北省对大型企业等其他参保单位三项社会保险单位缴费部分免征的政策,继续执行到2020年6月底。受疫情影响生产经营出现严重困难的企业,可继续缓缴社会保险费至2020年12月底,缓缴期间免收滞纳金。

1.2.1.6 其他减免规定

扩大增值税抵扣范围,允许旅客运输服务可以抵扣进项税额,纳税人未取得增值税专用发票的,暂按照以下方式确定进项税额:

(1) 取得增值税电子普通发票的,为发票上注明的税额;

(2) 取得注明旅客身份信息的航空运输电子客票行程单的,航空旅客运输进项税额=(票价+燃油附加费)÷(1+9%)×9%

(3) 取得注明旅客身份信息的铁路车票的,铁路旅客运输进项税额=票面金额÷(1+9%)×9%

(4) 取得注明旅客身份信息的公路、水路等其他客票的,公路、水路等其他旅客运输进项税额=票面金额÷(1+3%)×3%

1.2.2 房地产企业减税降费效应

自2017年减税降费政策实施,2018年、2019年连续两年《政府工作报告》均将减税降费作为财税体制改革的重要任务。2018年全年,国家为企业和个人减税降费约1.3万亿元。而2019年更是提出"实施更大规模减税降费"的目标,全年减税降费超过2.3万亿元,占国内生产总值(GDP)的比重超过2%。当前新冠肺炎疫情尚未结束,经济发展任务异常艰巨。为了保障就业和民生,尽力帮助企业特别是中小微企业、个体工商户渡过难关,李克强总理在2020年《政府工作报告》中提出"加大减税降费力度",该要点成为2020年政府工作的核心要务之一。

房地产企业在此轮减税降费政策下，主要在增值税税率降低、城镇土地使用税额降低、增值税留抵退税、社保费率降低以及小微企业普惠性优惠间接享受等方面，获得了政策红利。

1.2.3 房地产企业减税降费落实措施

1.2.3.1 打造多元化发展的业态

减税降费政策在创新融资、区块链、产业园区发展方面给予了较多的税收优惠，对于单纯的房地产开发，其相应的税收优惠政策较少，因此房地产企业多元化的产业发展，是落实减税降费的趋势。

1.2.3.2 积极研究相关政策

关于房地产企业的减税降费政策，不同省、市存在差异，尤其以城镇土地使用税、房产税为甚。另外，土地增值税也存在区域差异，因此，我们建议市场进行整体调控时，对各地区、各项目的具体情况进行差异化的研究并采取个性化措施。对于税目较多的增值税、土地增值税来说，还可以建议政府将增值税与土地增值税合并处理，减少企业在缴纳税费时的时间成本和精力成本。

第 2 章
房地产企业设立阶段的税务管理

为满足开发项目的需要,房地产开发企业既可以现有公司为主体直接立项开发,也可以通过设立二级非法人分支机构或者直接设立子公司的方式进行开发,还可以通过参股、控股、股权收购等重组形式取得项目开发权。实务中,为将新开发项目的风险独立于原项目,减少经营风险,多采用新设主体的方式,新设主体的方式直接影响开发项目各阶段的纳税实施方案。

2.1 房地产企业设立流程

2.1.1 设立流程

2.1.1.1 设立基本条件

房地产企业是以营利为目的从事房地产开发和经营的企业,设立房地产企业,需具备下列条件:

(1) 符合法人登记的名称和组织机构;
(2) 固定的办公经营用房;
(3) 与企业资质等级相当的注册资本;
(4) 持有资格证书的房地产、建筑工程专业的专职专业人员;
(5) 持有资格证书的专职会计人员;

（6）持有资格证书的统计人员；

（7）开发企业资质申报表。

2.1.1.2　注册流程

（1）申请名称预先核准。设立房地产企业应当申请名称预先核准，经预先核准的公司名称保留期为6个月，预先核准的公司名称不得用于经营活动，不得转让。

（2）办理验资手续，取得验资报告。股东应在银行开立临时账户，将拟出资的货币资金存入临时账户并申请会计师事务所验资，会计师事务所验资后应出具验资报告。以非货币资产出资的，需办理相应的产权转移手续。

（3）向工商行政管理部门申请开业登记。房地产企业申请登记的经营范围中有法律、行政法规规定需报经行政审批的项目，应在申请登记前取得国家有关部门批准，并向工商行政管理部门提交批准文件。

（4）刻公章、财务章、法人章，开设基本户。工商行政管理部门颁发营业执照后，企业可刻公司公章、法人章及财务章，并凭营业执照等去银行开设基本户。

2.1.1.3　备案流程

新设立的房地产企业在领取企业法人营业执照后30日内，需持下列文件到房地产开发主管部门备案，并申领资质证书。

（1）营业执照复印件；

（2）企业章程、部门规章制度；

（3）验资证明；

（4）企业办公经营场所证明；

（5）企业法定代表人的身份证明；

（6）企业专业技术人员资格证书和聘用合同；

（7）开发企业资质申报表。

房地产开发主管部门应当在收到备案申请后30日内向符合条件的企业核发《暂定资质证书》。《暂定资质证书》有效期为1年，房地产开发主管部门可以视企业经营情况延长《暂定资质证书》有效期，但延长期限不得超过2年。房地产企业自领取《暂定资质证书》之日起1年内无开发项目的，《暂定资质证书》有效期不得延长。房地产企业应当在《暂定资质证书》有效期满前1个月内向房地产开发主管部门申请核定资质等级，房地产开发主管部门应当根据企业开发经营业绩核定相应的资质等级。

一般来说，房地产开发企业按照企业条件可分为一级、二级、三级、四级资质。各资质等级企业的条件如下：

①一级资质：

- 注册资本不低于5 000万元；
- 从事房地产开发经营5年以上；

- 近3年房屋建筑面积累计竣工30万平方米以上,或者累计完成与此相当的房地产开发投资额连续5年建筑工程质量合格率达100%；
- 上一年房屋建筑施工面积15万平方米以上,或者完成与此相当的房地产开发投资额；
- 有职称的建筑、结构、财务、房地产及有关经济类的专业管理人员不少于40人,其中具有中级以上职称的管理人员不少于20人,持有资格证书的专职会计人员不少于4人；
- 工程技术、财务、统计等业务负责人具有相应专业中级以上职称；
- 具有完善的质量保证体系,商品住宅销售中实行了《住宅质量保证书》和《住宅使用说明书》制度；
- 未发生过重大工程质量事故。

②二级资质：
- 注册资本不低于2 000万元；
- 从事房地产开发经营3年以上；
- 近3年房屋建筑面积累计竣工15万平方米以上,或者累计完成与此相当的房地产开发投资额连续3年建筑工程质量合格率达100%；
- 上一年房屋建筑施工面积10万平方米以上,或者完成与此相当的房地产开发投资额；
- 有职称的建筑、结构、财务、房地产及有关经济类的专业管理人员不少于20人,其中具有中级以上职称的管理人员不少于10人,持有资格证书的专职会计人员不少于3人；
- 工程技术、财务、统计等业务负责人具有相应专业中级以上职称；
- 具有完善的质量保证体系,商品住宅销售中实行了《住宅质量保证书》和《住宅使用说明书》制度；
- 未发生过重大工程质量事故。

③三级资质：
- 注册资本不低于800万元；
- 从事房地产开发经营2年以上；
- 房屋建筑面积累计竣工5万平方米以上,或者累计完成与此相当的房地产开发投资额连续2年建筑工程质量合格率达100%；
- 有职称的建筑、结构、财务、房地产及有关经济类的专业管理人员不少于10人,其中具有中级以上职称的管理人员不少于5人,持有资格证书的专职会计人员不少于2人；
- 工程技术、财务等业务负责人具有相应专业中级以上职称,统计等其他业务负责人具有相应专业初级以上职称；
- 具有完善的质量保证体系，商品住宅销售中实行了《住宅质量保证书》和《住宅使用说明书》制度；
- 未发生过重大工程质量事故。

④四级资质：
- 注册资本不低于100万元；
- 从事房地产开发经营1年以上；
- 已竣工的建筑工程质量合格率达100%；
- 有职称的建筑、结构、财务、房地产及有关经济类的专业管理人员不少于5人，持有资格证书的专职会计人员不少于2人；
- 工程技术负责人具有相应专业中级以上职称，财务负责人具有相应专业初级以上职称，配有专业统计人员；
- 商品住宅销售中实行了《住宅质量保证书》和《住宅使用说明书》制度；
- 未发生过重大工程质量事故。

2.1.2 税务登记流程

2.1.2.1 设立登记

依据《中华人民共和国税收征收管理法》（以下简称《税收征收管理法》）、《中华人民共和国税收征收管理法实施细则》（国务院令第362号）以及《税务登记管理办法》（国家税务总局令第7号），房地产企业自领取营业执照之日起30日内，应持有关证件，向当地税务机关申报办理税务登记。税务机关对纳税人税务登记地点发生争议的，由其共同的上级税务机关指定管辖。

房地产企业在申报办理税务登记时，应当根据不同情况向税务机关如实提供以下证件和资料：

（1）工商营业执照（三证合一）或其他核准执业证件；

（2）有关合同、章程、协议书；

（3）法定代表人或负责人或业主的居民身份证、护照或者其他合法证件，并进行实名采集信息；

（4）其他需要提供的有关证件、资料，由省、自治区、直辖市税务机关确定。

房地产企业在申报办理税务登记时，应当如实填写税务登记表，税务登记表的主要内容包括：

①单位名称、法定代表人或者业主姓名及其居民身份证、护照或者其他合法证件的号码；

②住所、经营地点；

③登记类型；

④核算方式；

⑤生产经营方式；

⑥生产经营范围；

⑦注册资金（资本）投资总额；

⑧生产经营期限；

⑨财务负责人、联系电话；

⑩国家税务总局确定的其他有关事项。

已办理税务登记的扣缴义务人应当自扣缴义务发生之日起 30 日内，向税务登记地税务机关申报办理扣缴税款登记。税务机关在其税务登记证件上登记扣缴税款事项，但不再发放扣缴税款登记证件。根据税收法律、行政法规的规定可不办理税务登记的扣缴义务人，应当自扣缴义务发生之日起 30 日内，向机构所在地税务机关申报办理扣缴税款登记，税务机关发放扣缴税款登记证件。

2.1.2.2 变更登记

房地产企业税务登记内容发生变化的，应当向原税务登记机关申报办理变更税务登记。

房地产企业已在工商行政管理机关办理变更登记的，应当自工商行政管理机关变更登记之日起 30 日内，向原税务登记机关如实提供下列证件、资料，申报办理变更税务登记：

（1）工商登记变更表及工商营业执照；

（2）变更登记内容的有关证明文件；

（3）其他有关资料。

房地产企业按照规定不需要在工商行政管理机关办理变更登记，或者其变更登记的内容与工商登记内容无关的，应当自税务登记内容实际发生变化之日起 30 日内，或者自有关机关批准或宣布变更之日起 30 日内，持下列证件到原税务登记机关申报办理变更税务登记：

①纳税人变更登记内容的有关证明文件；

②其他有关资料。

2.1.2.3 外出经营报验登记

房地产企业到外县（市）临时从事生产经营活动的，应当在外出生产经营以前，持税务登记证到主管税务机关开具《外出经营活动税收管理证明》（以下简称《外管证》），税务机关按照"一地一证"的原则，发放《外管证》，《外管证》的有效期限一般为 30 日，最长不得超过 180 天。

省级税务机关管辖区域内跨县（市）经营需要开具《外管证》的，税务机关应积

第 2 章　房地产企业设立阶段的税务管理

极推进网上办税服务厅建设，开具电子《外管证》，通过网络及时向经营地税务机关推送相关信息。

房地产企业应当在《外管证》注明地进行生产经营前向当地税务机关报验登记，并提交工商营业执照和《外管证》。

房地产企业在《外管证》注明地销售货物的，除提交以上证件、资料外，应如实填写《外出经营货物报验单》，申报查验货物。

房地产企业在外出经营活动结束时，应当向经营地税务机关填报《外出经营活动情况申报表》，并结清税款。

房地产企业应当在《外管证》有效期届满后 10 日内，持《外管证》回原税务登记地税务机关办理《外管证》缴销手续。

2.1.2.4　非正常户处理

已办理税务登记的房地产企业未按照规定的期限申报纳税，在税务机关责令其限期改正的情况下，逾期不改正的，税务机关应当派员实地检查，查无下落并且无法强制其履行纳税义务的，由检查人员出具非正常户认定书，存入纳税人档案，税务机关暂停其税务登记、发票领购簿和发票的使用。

房地产企业被列入非正常户超过 3 个月的，税务机关可以宣布其税务登记证件失效，其应纳税款的追征仍按《税收征收管理法》及其实施细则的规定执行。

2.2　房地产企业设立阶段的税务管理

房地产企业的出资方式、注册登记地点、组织形式、投资方向、投资期限的不同，都将影响后期的税务成本，企业应根据市场现状、宏观经济环境、企业财务现状等综合因素选择最有利的模式。

2.2.1　增值税纳税人资格管理

2.2.1.1　增值税纳税人分类

根据《关于全面推开营业税改征增值税试点的通知》（财税〔2016〕36 号）规定，在中华人民共和国境内销售货物、提供加工、修理、修配劳务以及进口货物（以下简称应税行为）的单位和个人，为增值税纳税人。

其中，单位是指企业、行政单位、事业单位、军事单位、社会团体及其他单位。个人是指个体工商户和其他个人。"单位"和"个体工商户"的机构所在地应当在我国境内，即在境内办理税务登记的单位和个体工商户；其他个人的居住地应当在境内。

房地产企业所属各子公司、分公司存在增值税应税行为的均为增值税纳税人。为了便于征收管理，增值税纳税人分为一般纳税人和小规模纳税人。

2.2.1.2 增值税小规模纳税人

（1）政策规定。

①应税行为的年应征增值税销售额（以下简称应税行为年销售额）未超过500万元的纳税人为小规模纳税人。

②小规模纳税人的特殊规定：应税行为年销售额超过规定标准的其他个人不属于一般纳税人；不经常提供应税行为的非企业性单位、企业和不经常提供应税行为的个体工商户的应税行为年销售额超过一般纳税人标准可选择按小规模纳税人纳税。

（2）房地产企业的应用。

①房地产企业年应征增值税销售额未超过500万元的纳税人为小规模纳税人。

②年应征增值税销售额是指房地产企业及其所属各独立纳税人在连续不超过12个月内的经营期内提供房地产销售、物业管理、不动产租赁、设计服务等应税服务累计取得的销售额，含减、免税销售额。

2.2.1.3 增值税一般纳税人

（1）政策规定。

①《增值税一般纳税人登记管理办法》（国家税务总局令第43号）第二条规定，增值税纳税人，年应税销售额超过财政部、国家税务总局规定的小规模纳税人标准的，除按照政策规定选择按照小规模纳税人、其他个人纳税以外，均应当向主管税务机关办理一般纳税人登记。

年应税销售额，是指在连续不超过12个月或4个季度的经营期内累计应征增值税销售额，包括纳税申报销售额、稽查查补销售额、纳税评估调整销售额。销售服务、无形资产或者不动产有扣除项目的纳税人，其年应税销售额按未扣除之前的销售额计算，纳税人偶然发生的销售无形资产、转让不动产的销售额，不计入应税行为年应税销售额。

②《增值税一般纳税人登记管理办法》（国家税务总局令第43号）第三条规定，年应税销售额未超过规定标准的纳税人，会计核算健全，能够提供准确税务资料的，可以向主管税务机关办理一般纳税人登记。该办法所称会计核算健全，是指能够按照国家统一的会计制度规定设置账簿，并根据合法、有效凭证进行核算。

③财税〔2016〕36号文件规定，纳税人年应征增值税销售额超过500万元（含）的为一般纳税人。

（2）房地产企业的应用。

①房地产企业所属独立纳税人年销售额超过500万元的纳税人为增值税一般纳税人。纳税人营改增实施前的年销售额按以下公式换算：

年销售额 = 连续不超过 12 个月应税营业额合计 ÷（1 + 适用税率）

②应税行为年销售额未超过 500 万元以及新开业的增值税纳税人，可以向主管税务机关申请一般纳税人资格登记。对提出申请并且同时符合下列条件的纳税人，主管税务机关应当为其办理一般纳税人资格登记：

- 有固定的生产经营场所；
- 能够按照国家统一的会计制度规定设置账簿，根据合法、有效凭证核算，能够提供准确税务资料。

2.2.1.4　小规模纳税人与一般纳税人的转换

（1）超标小规模纳税人转换为一般纳税人。纳税人若先被认定为小规模纳税人，经营一段时间后成为超标小规模纳税人，可按照以下程序进行一般纳税人资格登记。超标小规模纳税人是指年销售额超过财政部和国家税务总局规定标准的纳税人。

①纳税人登记规定。在申报期结束后 20 个工作日内按照登记程序的规定办理相关手续；未按规定时限办理的，主管税务机关应当在规定期限结束后 10 个工作日内制作《税务事项通知书》，告知纳税人应当在 10 个工作日内向主管税务机关办理相关手续。

②登记程序：

- 纳税人向主管税务机关填报《增值税一般纳税人资格登记表》，并提供税务登记证件；
- 纳税人填报内容与税务登记信息一致的，主管税务机关当场登记；
- 纳税人填报内容与税务登记信息不一致，或者不符合填列要求的，税务机关应当场告知纳税人需要补正的内容。

③若该超标小规模纳税人选择继续按照小规模纳税人纳税，应当向主管税务机关提交《选择按小规模纳税人纳税的情况说明》。

④纳税人自其选择的一般纳税人资格生效之日起，按照增值税一般计税方法计算应纳税额，并按照规定领用增值税专用发票。

（2）新开业纳税人和未超标小规模纳税人转为一般纳税人。新开业纳税人和未超标小规模纳税人可以向主管税务机关申请增值税一般纳税人资格登记。新开业纳税人是指自税务登记日起 30 日内申请一般纳税人资格认定的纳税人；未超标小规模纳税人是指在连续不超过 12 个月的经营期内累计应税年销售额（包括免税销售额）未超过财政部和国家税务总局规定标准的纳税人。

①登记程序：

- 纳税人向主管税务机关填报《增值税一般纳税人资格登记表》，并提供税务登记证件；
- 纳税人填报内容与税务登记信息一致的，主管税务机关当场登记；
- 纳税人填报内容与税务登记信息不一致，或者不符合填列要求的，税务机关应当场告知纳税人需要补正的内容。

②纳税人自其选择的一般纳税人资格生效之日起,按照增值税一般计税方法计算应纳税额,并按照规定领用增值税专用发票。

(3)转换期后纳税辅导期管理。纳税人认定为一般纳税人后,不得发生增值税偷税、虚开增值税发票的行为。一旦发生上述行为,税务机关可以对其实行不少于6个月的纳税辅导期管理。

主管税务机关自税务稽查部门做出《税务稽查处理决定书》后40个工作日内,制作、送达《税务事项通知书》告知纳税人对其实行纳税辅导期管理,纳税辅导期自主管税务机关出具《税务事项通知书》的次月起执行。辅导期管理工作要求如下:

①辅导期纳税人取得的增值税专用发票抵扣联、海关进口增值税专用缴款书以及运输费用结算单据应当在交叉稽核比对无误后,方可抵扣进项税额。

②主管税务机关对辅导期纳税人实行限量限额发售专用发票。

● 专用发票最高开票限额应根据企业实际经营情况重新核定。

● 辅导期纳税人专用发票的领购实行按次限量控制,主管税务机关可根据纳税人的经营情况核定每次专用发票的供应数量,但每次发售专用发票数量不得超过25份。

● 辅导期纳税人领购的专用发票未使用完需再次领购的,主管税务机关发售专用发票的份数不得超过核定的每次领购专用发票份数与未使用完的专用发票份数的差额。

③辅导期纳税人一个月内多次领购专用发票的,应从当月第二次领购专用发票起,按照上一次已领购并开具的专用发票销售额的3%预交增值税,未预交增值税的,主管税务机关不得向其发售专用发票。预交增值税时,纳税人应提供已领购并开具的专用发票记账联,主管税务机关根据其提供的专用发票记账联计算应预缴的增值税。

④辅导期纳税人按照上一次已领购并开具的专用发票销售额的3%预交的增值税,可在本期增值税应纳税额中抵减,抵减后预交增值税仍有余额的,可抵减下期再次领购专用发票时应当预交的增值税。纳税辅导期结束后,纳税人因增购专用发票发生的预交增值税有余额的,主管税务机关应在纳税辅导期结束后的第一个月内,一次性退还纳税人。

⑤辅导期纳税人应当在"应交税费"科目下增设"待抵扣进项税额"明细科目,核算尚未交叉稽核比对的专用发票抵扣联、海关进口增值税专用缴款书注明或者计算的进项税额。辅导期纳税人取得增值税抵扣凭证后,借记"应交税费——待抵扣进项税额"明细科目,贷记相关科目。交叉稽核比对无误后,借记"应交税费——应交增值税(进项税额)"科目,贷记"应交税费——待抵扣进项税额"科目。经核实不得抵扣的进项税额,红字借记"应交税费——待抵扣进项税额"科目,红字贷记相关科目。

⑥主管税务机关定期接收交叉稽核比对结果,通过稽核系统导出发票明细数据及

《稽核结果通知书》，并告知辅导期纳税人。辅导期纳税人根据交叉稽核比对结果相符的增值税抵扣凭证本期数据申报抵扣进项税额，未收到交叉稽核比对结果的增值税抵扣凭证，必须当月到税务机关申请处理。

⑦纳税辅导期内，主管税务机关未发现纳税人存在偷税、逃避追缴欠税、抗税或其他需要立案查处的税收违法行为的，从期满的次月起不再实行纳税辅导期管理，主管税务机关应制作、送达《税务事项通知书》，告知纳税人；主管税务机关发现辅导期纳税人存在偷税、逃避追缴欠税、骗取出口退税、抗税或其他需要立案查处的税收违法行为的，从期满的次月起按照规定重新实行纳税辅导期管理，主管税务机关应制作、送达《税务事项通知书》，告知纳税人。

（4）房地产企业的措施。根据上述政策，达到年销售额500万元的房地产企业必须登记为一般纳税人，未达到此销售额的符合会计核算健全等条件的情况下，也可以直接登记为一般纳税人。

房地产企业在拿到预售许可证前一般没有收入，可登记为小规模纳税人，但如果登记成小规模纳税人，在开发前期发生的规划设计、施工、采购、营销策划等投入，只能取得增值税普通发票，即使取得了增值税专用发票，也会因小规模纳税人的身份而不能用于抵扣。等到实现销售后，销售额达到了规定的一般纳税人标准，登记为一般纳税人，前期投入取得的增值税普通发票或增值税专用发票，仍不能用于抵扣销售环节的销项税额，会造成房地产开发企业的税收负担。所以，建议房地产企业在设立时直接登记为一般纳税人。

2.2.2 增值税计税方法及选择

增值税的计税方法，包括一般计税方法、简易计税方法和扣缴计税方法。

2.2.2.1 一般计税方法

增值税一般纳税人采用一般计税方法计税缴纳增值税，即采用国际上通行的购进扣税法，当期应纳增值税额的大小取决于当期销项税额和当期进项税额。小规模纳税人不适用一般计税方法。

（1）计算公式。增值税一般纳税人的应纳税额，就是当期销项税额抵扣当期进项税额后的余额，其计算公式如下：

当期应纳增值税额＝当期销项税额－当期进项税额

当期销项税额小于当期进项税额不足抵扣时，其不足部分可以结转下期继续抵扣。

［案例2.1］房地产企业某项目公司2019年9月取得房屋销售收入109万元（含税），当月发生设计服务费10万元（不含税金额，取得增值税专用发票），勘察服务费20万元（不含税金额，取得增值税专用发票），发生的办公用品支出50万元（不含税金额，取得增值税专用发票）。

该公司相关账务处理如下：

借：管理费用　　　　　　　　　　　　　　　　　　　800 000
　　应交税费——应交增值税——进项税额　　　　　 83 000
　　贷：银行存款　　　　　　　　　　　　　　　　　883 000
借：应收账款　　　　　　　　　　　　　　　　　　 1 090 000
　　贷：主营业务收入　　　　　　　　　　　　　　1 000 000
　　　　应交税费——应交增值税——销项税额　　　　90 000

该纳税人 2019 年 9 月应纳税额 = 109÷(1+9%)×9% - 10×6% - 20×6% - 50×13% = 9 - 0.6 - 1.2 - 6.5 = 0.7（万元）

（2）预缴税款。

①房地产企业一般纳税人采取预收款方式销售自行开发的房地产项目的，应在收到预收款时按照 3% 的预征率预缴增值税。

应预缴税款 = 预收款÷(1+适用税率或征收率)×3%

适用一般计税方法计税的，按照 9% 的适用税率计算；适用简易计税方法计税的，按照 5% 的征收率计算。

②一般纳税人出租其 2016 年 5 月 1 日后取得的不动产或者 2016 年 4 月 30 日前取得的不动产选择适用一般计税方法计税的，分以下两种情况：

● 不动产所在地与机构所在地不在同一县（市、区）的，纳税人应按照 3% 的预征率向不动产所在地主管税务机关预缴税款，向机构所在地主管税务机关申报纳税。

应预缴税款 = 含税销售额÷(1+适用税率)×3%

● 不动产所在地与机构所在地在同一县（市、区）的，纳税人应向机构所在地主管税务机关申报纳税。

实务中需要注意的是：一是房地产开发企业中的一般纳税人销售房地产老项目，以及一般纳税人出租其 2016 年 4 月 30 日前取得的不动产，适用一般计税方法计税的，应以取得的全部价款和价外费用，按照 3% 的预征率在不动产所在地预缴税款后，向机构所在地主管税务机关进行纳税申报。二是房地产开发企业中的一般纳税人跨省（自治区、直辖市或者计划单列市）销售、出租取得的与机构所在地不在同一省（自治区、直辖市或者计划单列市）的不动产，在机构所在地申报纳税时，计算的应纳税额小于已预缴税额，且差额较大的，由国家税务总局通知不动产所在地省级税务机关，在一定时期内暂停预缴增值税。

（3）销售使用过的固定资产应纳税额的计算。

①销售使用过的固定资产（不动产除外）。

● 营改增前不属于增值税一般纳税人的情况：房地产企业内各公司营改增后成为一般纳税人的单位销售自己使用过的营改增之前购进的、自制的固定资产（不动产除外)或者购进或自制固定资产(不动产除外)时为小规模纳税人,登记为一般纳税人后销售该固定资产,按照 3% 征收率减按 2% 缴纳增值税,但不得开具增值税专用发票。如果纳税人选择放弃优惠,直接按照 3% 征收率缴纳增值税,则可以开具增值税专用发票。

[案例 2.2] 营改增后房地产企业 A 销售 2019 年购进的已做固定资产管理的计算机设备可按照 3% 征收率减按 2% 征收增值税。但购买方只能取得企业 A 开具的普通发票,不能抵扣进项税。如果企业 A 放弃优惠,选择按照 3% 征收率征收增值税,则可以开具增值税专用发票,对方可以抵扣进项税。

• 房地产企业营改增前就属于增值税一般纳税人的情况:房地产企业内各公司营改增前属于一般纳税人的单位销售自己使用过的 2016 年 4 月 30 日以前购进或者自制的固定资产(不动产除外),以及销售自己使用过的属于《中华人民共和国增值税暂行条例》(以下简称《增值税暂行条例》)第十条规定的不得抵扣且未抵扣进项税额的固定资产(不动产除外),按照 3% 征收率减按 2% 缴纳增值税,但不得开具增值税专用发票。如果纳税人选择放弃优惠,直接按照 3% 征收率缴纳增值税,则可以开具增值税专用发票。

• 重点事项提示:销售使用过的固定资产按 3% 征收率减按 2% 征收,其使用过的固定资产(不动产除外),是指纳税人根据财务会计制度已经计提折旧的固定资产,不包含不动产。销售使用过的除固定资产以外的物品,应按适用税率征收增值税。

②销售不动产(不包含房地产开发公司销售自行开发的房地产项目)。房地产企业为一般纳税人,转让其取得的不动产,按照以下规定缴纳增值税:

• 一般纳税人转让其 2016 年 4 月 30 日前取得(不含自建)的不动产,可以选择适用简易计税方法计税,以取得的全部价款和价外费用扣除不动产购置原价或者取得不动产时作价后的余额为销售额,按照 5% 的征收率计算应纳税额。纳税人应按照上述计税方法向不动产所在地主管税务机关预缴税款并向机构所在地主管税务机关申报纳税。

• 一般纳税人转让其 2016 年 4 月 30 日前自建的不动产,可以选择适用简易计税方法计税,以取得的全部价款和价外费用为销售额,按照 5% 的征收率计算应纳税额。纳税人应按照上述计税方法向不动产所在地主管税务机关预缴税款,向机构所在地主管税务机关申报纳税。

• 一般纳税人转让其 2016 年 4 月 30 日前取得(不含自建)的不动产,选择适用一般计税方法计税的,以取得的全部价款和价外费用为销售额计算应纳税额。纳税人应以取得的全部价款和价外费用扣除不动产购置原价或者取得不动产时作价后的余额,按照 5% 的预征率向不动产所在地主管税务机关预缴税款,向机构所在地主管税务机关申报纳税。

● 一般纳税人转让其2016年4月30日前自建的不动产，选择适用一般计税方法计税的，以取得的全部价款和价外费用为销售额计算应纳税额。纳税人应以取得的全部价款和价外费用，按照5%的预征率向不动产所在地主管税务机关预缴税款，向机构所在地主管税务机关申报纳税。

● 一般纳税人转让其2016年5月1日后取得（不含自建）的不动产，适用一般计税方法，以取得的全部价款和价外费用为销售额计算应纳税额。纳税人应以取得的全部价款和价外费用扣除不动产购置原价或者取得不动产时作价后的余额，按照5%的预征率向不动产所在地主管税务机关预缴税款，向机构所在地主管税务机关申报纳税。

● 一般纳税人转让其2016年5月1日后自建的不动产，适用一般计税方法，以取得的全部价款和价外费用为销售额计算应纳税额。纳税人应以取得的全部价款和价外费用，按照5%的预征率向不动产所在地主管税务机关预缴税款，向机构所在地主管税务机关申报纳税。

2.2.2.2 简易计税方法

简易计税方法是指纳税人销售货物、提供应税劳务和应税服务，可按照销售额和征收率计算应纳税额，同时不得抵扣进项税额，其应纳税额计算公式为：

应纳税额 = 销售额 × 征收率

小规模纳税人提供应税行为一律适用简易计税方法计税。

（1）计算公式。简易计税方法的应纳税额，是指按照销售额和增值税征收率计算的增值税额，不得抵扣进项税额。应纳税额计算公式为：

应纳税额 = 销售额 × 征收率

这里所说的销售额为不含税销售额，征收率为3%或者5%。

（2）预缴税款。

①房地产企业中的小规模纳税人采取预收款方式销售自行开发的房地产项目，应在收到预收款时按照3%的预征率预缴增值税。

应预缴税款 = 预收款 ÷ (1 + 5%) × 3%

②房地产企业中一般纳税人出租其2016年4月30日前取得的不动产，可以选择适用简易计税方法，按照5%的征收率计算应纳税额。一般分以下两种情况：

● 不动产所在地与机构所在地不在同一县（市、区）的，纳税人应按照上述计税方法向不动产所在地主管税务机关预缴税款，向机构所在地主管税务机关申报纳税。

应预交税款 = 含税销售额 ÷ (1 + 5%) × 5%

● 不动产所在地与机构所在地在同一县（市、区）的，纳税人向机构所在地主管税务机关申报纳税。

（3）应税行为扣减销售额的规定。若纳税人提供适用简易计税方法计税的业务，因服务中止或者折让而退还给接受方的销售额,应当从当期销售额中扣减。扣减当期销售额后仍有余额,造成多缴的税款,可以从以后的应纳税额中扣减。

适用对象:一般纳税人提供特定应税行为;小规模纳税人提供应税行为。

小规模纳税人提供应税行为并收取价款后,发生服务中止或者折让而退还销售额给接受方,依照规定将所退的款项扣减当期销售额的,如果小规模纳税人已就该项业务委托税务机关为其代开了增值税专用发票的,则小规模纳税人必须从接受方相应取得《开具红字增值税专用发票通知单》,并将通知单交代开税务机关后,方可扣减当期销售额;小规模纳税人未相应取得《开具红字增值税专用发票通知单》的,或者未将通知单交代开税务机关的,均不得扣减当期销售额。

[案例2.3] 某房地产企业为小规模纳税人,仅经营某项应税行为,2019年8月发生一笔销售额为1 000元的业务并就此缴纳税额,9月该业务由于合理原因发生退款(销售额为不含税销售额)。

第一种情况:9月该应税行为销售额为5 000元,在9月销售额中扣除退款的1 000元,9月最终计税销售额为4 000元(5 000 - 1 000),9月缴纳增值税为120元(4 000 × 3%)。

第二种情况:9月该应税行为销售额为600元,10月该应税行为销售额为5 000元,在9月销售额中扣除退款中的600元,9月最终计税销售额为0(600 - 600),9月应纳增值税额为0;9月销售额不足扣减而多缴的税款为12元(400 × 3%),可以从以后纳税期扣减应纳税额。10月企业实际缴纳税额为138元(5 000 × 3% - 12)。

(4)销售使用过的固定资产应纳税额的计算。

①销售使用过的固定资产(不动产除外)。小规模纳税人销售自己使用过的固定资产(不动产除外),按照3%征收率减按2%征收,不得由税务机关代开增值税专用发票;若放弃减税,按照简易计税办法依照3%征收率缴纳增值税,可以由税务机关代开增值税专用发票。

②销售不动产(不包含房地产开发公司销售自行开发的房地产项目)。小规模纳税人转让其取得的不动产,按照以下规定缴纳增值税:

• 小规模纳税人转让其取得(不含自建)的不动产,以取得的全部价款和价外费用扣除不动产购置原价或者取得不动产时作价后的余额为销售额,按照5%的征收率计算应纳税额。

• 小规模纳税人转让其自建的不动产,以取得的全部价款和价外费用为销售额,按照5%的征收率计算应纳税额。小规模纳税人应按照上述规定的计税方法向不动产所在地主管税务机关预缴税款,向机构所在地主管税务机关申报纳税。

(5)简易计税方法申请程序。选择按照简易计税方法计算缴纳增值税的单位应向税务机关报送如下资料:

①《增值税一般纳税人简易征收备案表》2份；

②一般纳税人选择简易计税办法征收备案事项说明；

③选择简易计税办法征收的产品、服务符合条件的证明材料，或者企业符合条件的证明材料。

2.2.2.3 增值税计税方法的选择

（1）房地产老项目计税方法的选择建议。在营业税改征增值税改革的过渡期，一般纳税人销售自行开发的房地产老项目、出租其2016年4月30日前取得的不动产，既可以选择简易计税方法按照5%的征收率计税，也可以选择一般计税方法计缴增值税。

同一房地产企业开发的多个老项目，也可以部分选择简易计税方法，部分选择一般计税方法。一经选择简易计税方法计税的项目，36个月内不得变更为一般计税方法计税。

房地产老项目是指，《建筑工程施工许可证》注明的合同开工日期在2016年4月30日前的房地产项目；《建筑工程施工许可证》未注明合同开工日期或者未取得《建筑工程施工许可证》，但建筑工程承包合同注明的开工日期在2016年4月30日前的建筑工程项目。

对于计税方法的选择，主要取决于房地产企业是否有足够的增值税进项抵扣的项目，须通过详细的测算选择对纳税人有利的计税方式。

一般来说，对于盈利较高，开发成本在营改增前已发生，且难以取得增值税专业发票的老项目，建议选择简易计税方法。

对于明显亏损，土地成本票据健全，单位土地成本已明显高于售价的老项目，建议选择一般计税方法。

[案例2.4] 房地产老项目两种计税方法下的增值税临界点。

假设房地产销售价格为A，向政府部门支付的土地价款为B（获得合规票据），无其他房地产项目的进项税，计算分析过程如下：

$(A-B) \times 9\% \div (1+9\%) = A \times 5\% \div (1+5\%)$

得：$A = 2.3625B$

计算分析得出结果，在只考虑售价及土地成本的因素下，当出售房地产价格高于取得土地成本的2.3625倍时，应选择简易计税方法；反之，选择一般计税方法。

按照上述计算结果，假设某房地产企业取得土地成本楼面地价为6 000元/平方米，而地上部分的销售均价为10 000元/平方米，通过比较可知10 000小于14 175（6 000×2.3625），该项目应选择一般计税方法。

（2）房地产项目选择简易计税办法的注意事项。

①梳理老项目采购合同执行及结算的情况。按照已执行和未执行情况进行分别统计。已执行合同，在2016年4月30日前应当结算完毕，取得相应的发票。未执行的

合同，核查是否受到营改增政策的影响，其中货物采购合同税务政策未变，仍可按原合同执行；购进服务合同，因受营改增政策变化的影响，2016年5月1日后应取得增值税普通发票。特别注意建筑业服务，因建筑业为老项目提供建筑劳务，可按简易计税办法缴纳增值税，建筑企业的税负未发生重大变化，所以建议不调整建筑企业工程合同总价。

②梳理销售合同执行及结算情况。房地产老项目选择简易计税办法的，其税收负担保持稳定，在此情况下，客户要求开具增值税专用发票或者普通发票，公司均无需对销售合同的价格做出调整。

③应及时与客户及供应商沟通，协商处理税改事项。房地产企业业务部门的经办人员，应及时与客户和供应商取得联系，就税改事项进行交流、沟通，对合同的执行、结算、开票、价格等事项争取达成一致，各方确认老项目采取简易计税方法缴纳增值税，房地产企业不要求施工方提供增值税专用发票，同时也不接受施工方提出的加价要求。

房地产企业各部门应根据税务部门要求及时提供所需资料，做好老项目税务登记、税务备案等工作。

(3) 房地产项目选择一般计税办法的注意事项。

①适当调整项目经营管理模式。房地产企业可适当改变目前经营模式，实行项目管理外包办法，即在母公司层面组建技术和管理团队，各项目子公司不再大范围组建项目管理团队，通过母公司与子公司之间建立服务关系，取得增值税专用发票，增加可抵扣的进项税额。

②调整报价机制。增值税实行价外税，不论是在购进环节，还是在销售环节，均应当采取价税分离法报价。从购进环节来看，采取价税分离法商定价格，同时要求供应商提供增值税专用发票。从销售环节来看，采取价税分离法商定价格，以体现增值税税款的转嫁性。

③合理安排购进或销售进度。房地产企业开发产品周期有自身的特殊性，加之预售制度的政策性影响，前期费用、工程款的发生与销售（预售）进度之间有一定的时间差异，公司财务、采购、业务等部门紧密配合，事先做好计划，合理安排当期的购进和当期的销售进度，使当期的增值税进项税额和销项税额保持合理配比，提高企业资金使用效率。

④规范供应商的选择。房地产企业尽量选择一般纳税人作为供应商为其服务，取得供应商自行开具的增值税专用发票，特殊情况必须选择小规模纳税人的，也应取得税务机关代开的增值税专用发票，同时应当要求对方在购进价格上做出让步，不能抵扣的税款由供应商自行承担。

⑤"甲供工程"的应用。2019年4月1日以后，房地产企业购买货物的进项税额

是按13%计算的，而销售房地产项目的增值税率是9%，税率倒挂4%，有利于降低税负。如果全部实行总包，建筑业进项税额是按9%计算的，房地产企业税负较高，建议采用"甲供工程"，"甲供材"部分可以获得13%的进项税，高于总包9%的进项税。应当注意的是，项目采取"甲供工程"，总包方可以选择简易方法计税，专用发票征收率为3%，不利于公司降低税负。因此，各部门应做好"甲供材"范围、金额及税负测算，与总包商展开谈判，争取取得9%的增值税专用发票。

⑥"清包工"的应用。房地产企业销售的精装修房、自持物业的装修业务建议采取"清包工"方式进行施工。

⑦合同条款的修订。

- 合同定价方式。自2016年5月1日起新签订合同，合同定价方式改为不含税价，合同中应分别注明不含税价、税金和价税合计，国家税务总局另有规定的除外。

- 发票要求及相应责任。一是购进货物（材料、设备等）、租赁设备，结算时，要求供应商提供13%的增值税专用发票。二是购进建筑服务，结算时，要求建筑商提供9%的增值税专用发票，"甲供材"和"清包工"，总包选择简易计税方法的，要求提供3%的增值税专用发票。三是购进广告、设计、监理、商务咨询等服务，结算时，要求服务商提供6%的增值税专用发票。

在特殊情况下，选择小规模纳税人为供应商的，结算时，要求提供税务机关代开或自行开具的征收率为3%的增值税专用发票。供应商提供的增值税专用发票出现虚假、错误、延迟等情形影响公司进项税额抵扣的，给公司造成的经济损失由供应商承担赔偿责任。

- 支付款项。在营改增政策下，原则上不得向合同外的第三方付款，保证货物（服务）流、资金流、发票流一致，防止税务风险发生。

房地产企业各部门应根据税务部门要求及时提供所需资料，做好新项目税务登记、税务备案等工作。

2.2.3 设立阶段的税务管理

2.2.3.1 前期费用的税务管理

房地产企业只有项目开发到预售阶段才会有销售，才涉及缴纳企业所得税，而前期只有费用发生，基本不会缴纳企业所得税。对房地产公司来说设立阶段前期费用的管理方式将会影响整体税务成本。

（1）前期费用资本化与费用化管理。房地产开发企业设立阶段没有收入，只有前期费用，而企业发生的前期费用应该资本化还是费用化需要根据具体情况来判断。如果前期费用全部费用化会形成前期亏损，则必须考虑亏损弥补期限为5年，5年之内是否能弥补的问题。如果前期费用资本化，则需要待销售房屋结转成本时才能确认该成本。因此，对于前期费用，如果建设期较长，在 5 年内不能弥补该亏损则前期费用应尽量资本化，否则就费用化。

（2）广告费和业务宣传费管理。根据《中华人民共和国企业所得税法实施条例》（国务院令第 512 号，以下简称《企业所得税法实施条例》）第四十四条规定，企业发生的符合条件的广告费和业务宣传费支出，除国务院财政、税务主管部门另有规定外，不超过当年销售（营业）收入 15% 的部分，准予扣除；超过部分，准予在以后纳税年度结转扣除。

前期广告费和业务宣传费属于与收入相关的限额扣除费用。广告费和业务宣传费用即使前期不能扣除也能结转以后纳税年度扣除，且无结转扣除年限限制，因此如果广告费和业务宣传费不超过总的项目销售收入的 15%，则不存在税前不能扣除的情况。

（3）业务招待费管理。根据《企业所得税法实施条例》第四十三条规定，企业发生的与生产经营活动有关的业务招待费支出，按照发生额的 60% 扣除，但最高不得超过当年销售（营业）收入的 5‰。

前期业务招待费属于与收入相关的限额扣除费用，且不能结转以后期间扣除，纳税调整属永久性差异。如果前期设立阶段无收入，一旦发生则全额调整，所以企业在前期设立阶段应控制业务招待费的发生。

2.2.3.2 不同类型投资主体的税务管理

投资主体的性质直接决定企业的经济类型。企业的结构类型包括国有企业、集体所有制企业、股份制企业、联营企业、外商投资企业、港澳台投资企业等多种经济形式。选择不同的组织形式，直接影响税后利益分配的税务成本。

（1）企业所得税税后利润分配纳税依据。根据《中华人民共和国企业所得税法》（以下简称《企业所得税法》）及其实施条例的规定，居民企业应当就其来源于中国境内、境外的所得缴纳企业所得税，企业所得税税率为 25%，居民企业直接投资于其他居民企业取得的股息、红利等权益性投资收益为免税收入，但不包括连续持有居民企业公开发行并上市流通的股票不足 12 个月取得的投资收益。

非居民企业在中国境内未设立机构、场所的，或者虽设立机构、场所但取得的所得与其所设机构、场所没有实际联系的，应当就其来源于中国境内的所得缴纳企业所得税，适用税率为 20%，但可以减按 10% 的税率征收企业所得税。非居民企业取得股息、红利等权益性投资收益和利息、租金、特许权使用费所得，收入全额为应纳税所得额。对非居民企业应缴纳的所得税实行源泉扣缴，以支付人为扣缴义务人。税款由扣缴义务人在每次支付或者到期应支付时，从支付或者到期应支付的款项中扣缴。

根据《财政部　国家税务总局关于企业所得税若干优惠政策的通知》（财税〔2008〕1 号）关于外国投资者从外商投资企业取得利润的优惠政策的规定，2008 年 1

月1日之前外商投资企业形成的累积未分配利润，在2008年以后分配给外国投资者的，免征企业所得税；2008年及以后年度外商投资企业新增利润分配给外国投资者的，依法缴纳企业所得税。

（2）税金及附加对企业净利润的影响。2010年前选择外商投资企业类型，考虑更多的是外商投资企业免缴城市维护建设税和教育费附加的政策优惠，因此对内、外资企业的税收负担水平和净利润有一定影响。但是，自2010年12月1日起，外商投资企业也要缴纳城市维护建设税和教育费附加，因此营改增后，内、外资房地产企业销售不动产计算缴纳的税金及附加不会再有差异，企业所得税和净利润也不再有内外资差别。

（3）内、外资企业利润分配的税收差异。房地产开发企业向境内企业股东和境外企业股东分配相同的利润，它们的实际收益会有所差别。根据《企业所得税法》的规定，非居民企业取得股息、红利等权益性投资收益以收入全额为应纳税所得额缴纳企业所得税，适用税率为20%，可减按10%计算。另外，根据《国家税务总局关于下发协定股息税率情况一览表的通知》（国税函〔2008〕112号）和《国家税务总局国际税务司关于补充及更正协定股息税率情况一览表的通知》（际便函〔2008〕35号）的规定，2008年1月1日起，非居民企业从我国居民企业获得的股息将按照10%的税率征收预提所得税；但是我国政府同外国政府订立的关于对所得避免双重征税和防止偷漏税的协定以及内地与香港、澳门特区间的税收安排（以下统称协定），与国内税法有不同规定的，依照协定的规定办理。而居民企业直接投资于其他居民企业取得的股息、红利等权益性投资收益为免税收入。

[**案例2.5**] 内、外资企业利润分配的税收差异。

房地产开发企业甲公司和乙公司，甲公司注册资金2 000万元，由境外股东A投资设立；乙公司注册资金2 000万元，由境内企业股东B投资设立。2017年，甲、乙两公司收入总额均为20 000万元，增值税选择适用简易计税方法，不含税毛利率20%，城市维护建设税7%、教育费附加3%、地方教育附加2%。2019年3月，甲、乙两公司对2016年净利润进行了分配。分析甲、乙两公司及其投资股东的税负差异和净收益差异，不考虑企业所得税其他纳税调整事项。

[**分析**]

①税金及附加：甲、乙两公司税金及附加均为：$20\,000 \div (1+5\%) \times 5\% \times (7\% + 3\% + 2\%) = 114.28$（万元）

无税收差异。

②企业所得税：甲、乙两公司企业所得税均为：$[20\,000 \div (1+5\%) \times 20\% - 114.28] \times 25\% = 923.81$（万元）

③净利润：甲、乙两公司净利润均为：$20\,000 \div (1+5\%) \times 20\% - 114.28 - 923.81$

=2 771.43（万元）

不考虑其他因素，甲、乙两公司进行全额利润分配，由于甲公司属于外商投资企业，境外股东 A 来源于境内分红应纳企业所得税为 277.14 万元（2 771.43×10%）；乙公司属于境内居民企业，股东 B 来源于乙公司分红属于免税收入，应纳企业所得税为 0。甲、乙两公司股东税收差异为 277.14 万元。甲公司股东 A 净收益为 2 494.29 万元（2 771.43－277.14），乙公司股东 B 净收益为 2 771.43 万元，乙公司股东 B 净收益要远高于甲公司股东 A。

注意：并非所有境外企业取得的来源于境内的股息、红利收入都要缴纳企业所得税。比如，境内企业集团为实现香港特区上市融资的需要，在香港特区注册公司并拥有境内企业股权，但其实际管理机构仍然在境内，根据《关于境外注册中资控股企业依据实际管理机构标准认定为居民企业有关问题的通知》（国税发〔2009〕82 号）的规定，可以判定其为非境内注册居民企业，那么其来源于境内的股息、红利所得一样为免税收入。

2.2.3.3 注册地选择的税务管理

设立房地产开发企业，无论设立为单一的开发企业还是独立核算的项目子公司，注册地、项目所在地都是必须考虑的问题。根据《国家税务总局关于全面推开营业税改征增值税试点后增值税纳税申报有关事项的公告》（国家税务总局公告 2016 年第 13 号）的规定，纳税人跨县（市）提供建筑服务、房地产开发企业预售自行开发的房地产项目、纳税人出租与机构所在地不在同一县（市）的不动产，按规定需要在项目所在地或不动产所在地主管税务机关预缴税款的，需填写《增值税预缴税款表》。

财税〔2016〕36 号文件附件 2 第一条第十款第二项规定，房地产开发企业中的一般纳税人销售房地产老项目，以及一般纳税人出租其 2016 年 4 月 30 日前取得的不动产，适用一般计税方法计税的，应以取得的全部价款和价外费用，按照 3% 的预征率在不动产所在地预缴税款后，向机构所在地主管税务机关进行纳税申报。

因此，房地产开发企业中的一般纳税人销售房地产老项目应在不动产所在地预缴税款后，向机构所在地主管税务机关进行纳税申报。在国家税务总局进一步明确前，本着不动产所在地财政利益保持不变的原则，对房地产开发企业适用一般计税方法的新项目以及适用简易计税方法的老项目跨县（市、区）经营，各地均采取在不动产所在地预缴税款后，向机构所在地主管税务机关进行纳税申报。为避免预缴税款所在地与机构所在地不一致，项目所在地税务机关主观上都会要求开发商拿地后在当地注册项目公司。

《中华人民共和国土地增值税暂行条例》（以下简称《土地增值税暂行条例》）规定，纳税人应当自转让房地产合同签订之日起 7 日内向房地产所在地主管税务机关办理纳税申报，并在税务机关核定的期限内缴纳土地增值税。《中华人民共和国城镇土地使用税暂行条例》(国务院令第483号,以下简称《城镇土地使用税暂行条例》)规定,土地使用税由土地所在地的税务机关征收。《中华人民共和国房产税暂行条例》(以下简称《房产税暂行条例》)规定,房产税由房产所在地的税务机关征收。

《财政部 海关总署 国家税务总局关于深入实施西部大开发战略有关税收政策问题的通知》(财税〔2011〕58号)规定,自2011年1月1日至2020年12月31日,对设在西部地区的鼓励类产业企业减按15%的税率征收企业所得税。鼓励类产业企业是指以《西部地区鼓励类产业目录》中规定的产业项目为主营业务,且其主营业务收入占企业收入总额70%以上的企业。除此之外,《企业所得税法》中对于新办企业基本没有基于注册地的税率差异的规定。根据《产业结构调整指导目录(2019年本)》列举内容分析,房地产开发不属于此税收优惠规定的产业项目。因此,新办房地产企业已无法谋求地域的税收优惠。

因为房地产企业经营过程中发生的不同税种纳税管理上存在属人和属地的差别,其经营过程又过度依赖于土地,且经常随着开发地块的变化不断变换经营地点,而每一开发项目所在地的税务机关对其均有增值税、土地增值税等主要税种的管辖权,所以房地产企业选址一般会选择项目所在地,以保证企业注册地与项目所在地一致。已经设立的房地产企业外出经营,不想接受项目所在地税务机关的企业所得税管理,通常会增设项目部或二级分支机构进行开发以转移企业所得税管辖权。

2.2.3.4 分公司与子公司选择的税务管理

《中华人民共和国公司法》(以下简称《公司法》)第十四条规定,子公司具有法人资格,依法独立承担民事责任;分公司不具有法人资格,其民事责任由公司承担。企业设立分支机构,因分支机构不具有法人资格,且不实行独立核算,可由总公司汇总缴纳企业所得税,可以调节盈亏,合理减轻企业所得税的负担。当然,在设置分支机构时有以下三个因素应当综合考虑:

(1)分支机构的盈亏情况。当总机构盈利而新设置的分支机构可能出现亏损时,应当选择总分公司模式。根据税法规定,分公司是非独立纳税人,其亏损可以由总公司的利润弥补。如果设立子公司,子公司是独立纳税人,其亏损只能由以后年度实现的利润弥补,且总公司不能弥补子公司的亏损,也不得冲减对子公司投资的投资成本。当总机构亏损而新设置的分支机构可能盈利且必须独立运营时应当选择母子公司模式。子公司不需要承担母公司的亏损,可以自我积累资金求得发展,总公司可以把其效益好的资产转移给子公司,把不良资产处理掉。

(2)享受税收优惠的情况。按照税法规定,当总机构享受税收优惠而分支机构不享受税收优惠时,可以选择总分公司模式,使分支机构也享受税收优惠。如果分公司所在地有税收优惠政策,则当分公司开始盈利后,可以变更注册分公司为子公司,通过统筹安排以享受更好的税收利益。不过,对于房地产行业来说,可以享受的税收优惠很少。

（3）分支机构的利润分配形式及风险责任问题。分支机构因为不具有独立法人资格，所以不利于进行独立的利润分配，且未能实现项目的风险隔离，如一个项目分公司发生风险，其他分公司及总公司都受到影响。因而，房地产企业更多地选择以子公司的形式设立。

同时，分公司与子公司的选择应以经营风险为最重要的因素，并根据自身的发展状况进行选择。当企业设立分支机构时，由于设立初期分支机构面临高昂的成本支出，因此亏损的概率较高，通常采用分公司的形式较为合适，可以享受和总部收益盈亏互抵的好处。经过两三年的经营，分公司开始转亏为盈时，再把分公司变更注册为子公司，便可以弱化分支机构对总机构的法律影响。

在增值税处理层面，总公司和分公司为两个不同的纳税主体，各自确定计税方式和应纳税额。

2.2.3.5 分支机构跨地区经营的税务管理

若房地产开发企业的所有分支机构均不跨地区（指跨省、自治区、直辖市和计划单列市，下同），则只需要由总机构申报缴纳企业所得税，各分支机构均不需要申报。

若房地产开发企业有某一个或多个分支机构跨地区经营，需要按《跨地区经营汇总纳税企业所得税征收管理办法》（国家税务总局公告 2012 年第 57 号）的规定将企业所得税在总机构和各分支机构之间分摊企业所得税，则分支机构需要申报缴纳企业所得税。考虑到跨地区经营涉及财政利益分配的特殊情况，税法制定了在经营地预缴税款、总机构汇算清缴的特殊规定，具体可分两种情形来处理。

（1）跨省份经营。属于跨省份经营的，根据《跨地区经营汇总纳税企业所得税征收管理办法》的规定，按照"统一计算、分级管理、就地预缴、汇总清算、财政调库"的办法计算缴纳企业所得税，分支机构应在项目所在地按月或按季预缴企业所得税。

不属于汇总纳税的例外情形包括：

①不具有主体生产经营职能，并且在当地不预缴增值税的产品售后服务、内部研发、仓储等汇总纳税企业内部辅助性的二级分支机构，不就地分摊缴纳企业所得税。

②上年度认定为小型微利企业的，其二级分支机构不就地分摊缴纳企业所得税。

③新设立的二级分支机构，设立当年不就地分摊缴纳企业所得税。

④当年撤销的二级分支机构，自办理注销税务登记之日所属企业所得税预缴期间起，不就地分摊缴纳企业所得税。

⑤汇总纳税企业在中国境外设立的不具有法人资格的二级分支机构，不就地分摊缴纳企业所得税。

（2）同一省份跨市经营。《跨地区经营汇总纳税企业所得税征收管理办法》规定，居民企业在中国境内没有跨地区设立不具有法人资格分支机构，仅在同一省、自治区、直辖市和计划单列市内设立不具有法人资格分支机构的，其企业所得税征收管理办法，由各省、自治区、直辖市和计划单列市税务机关参照本办法联合制定。

居民企业在中国境内既跨地区设立不具有法人资格分支机构，又在同一地区内设立不具有法人资格分支机构的，其企业所得税征收管理按照《跨地区经营汇总纳税企业所得税征收管理办法》执行。例如，《河北省地方税务局关于印发〈河北省房地产开发企业所得税征收管理办法（修订稿）〉的通知》（冀地税发〔2010〕28号）规定，纳税人在中国境内跨地区设立不具有法人资格的营业机构、场所的，其企业所得税可实行汇总缴纳。根据该通知的规定，既跨省又在省内跨市经营的总分支机构，不执行省内跨市经营企业所得税征收管理的相关规定；既在省内跨市又市内跨县（市、区）经营的总分支机构，按省税务局跨地区经营企业所得税征收管理的规定执行，不执行市内跨县（市、区）经营企业所得税征收管理的相关规定。在河北省从事房地产开发经营的外省分支机构，未按规定及时提供其外省份总机构出具的《中华人民共和国企业所得税汇总纳税分支机构分配表》的，主管地方税务机关可暂按当地县级地方税务机关规定的应税所得率对其实行分月或分季核定预征税额。其中，对账目健全能够及时准确核算出经营成果的分支机构，也可暂按其实际实现的利润额计算预缴分摊的税额，待分支机构将《中华人民共和国企业所得税汇总纳税分支机构分配表》送达后，再重新计算预缴分摊的税额，多退少补。

（3）房地产企业跨地区经营企业所得税的汇总与分配。房地产企业总分支机构汇总纳税，有利因素包括：一是能够将各分支机构之间盈利企业的利润与亏损企业的损失相抵。二是扣除项目的确认不是各分支机构自行计算，而是由法人企业统一核算，如职工福利费、职工教育经费、工会经费、业务招待费、广告费、业务宣传费、利息支出等。这样在特定阶段可以减少企业的纳税负担，达到递延纳税及节约资金成本的目的。另外，总分支机构汇总纳税，还可以避免母子公司收取管理费多缴纳增值税。不利因素是，汇总纳税相比母子公司单独申报纳税，实务处理会更加复杂。

跨地区经营汇总纳税企业是指居民企业在中国境内跨地区设立不具有法人资格分支机构的企业；总机构和具有主体生产经营职能的二级分支机构，就地分摊缴纳企业所得税。

统一计算，是指总机构统一计算包括汇总纳税企业所属各不具有法人资格分支机构在内的全部应纳税所得额、应纳税额。

分级管理，是指总机构、分支机构所在地的主管税务机关都有对当地机构进行企业所得税管理的责任，总机构和分支机构应分别接受机构所在地主管税务机关的管理。

就地预缴，是指总机构、分支机构应按《跨地区经营汇总纳税企业所得税征收管理办法》的规定，分月或分季分别向所在地主管税务机关申报预缴企业所得税。

汇总清算，是指在年度终了后，总机构统一计算汇总纳税企业的年度应纳税所得额、应纳所得税额，抵减总机构、分支机构当年已就地分期预缴的企业所得税款后，多退少补。

财政调库，是指财政部定期将缴入中央国库的汇总纳税企业所得税待分配收入，按照核定的系数调整至地方国库。

总机构应按照上年度分支机构的营业收入、职工薪酬和资产总额三个因素计算各分支机构分摊所得税款的比例；三级及以下分支机构，其营业收入、职工薪酬和资产总额统计入二级分支机构；三因素的权重依次为 0.35、0.35、0.30。

计算公式如下：

某分支机构分摊比例 =（该分支机构营业收入÷各分支机构营业收入之和）×0.35 +（该分支机构职工薪酬÷各分支机构职工薪酬之和）×0.35 +（该分支机构资产总额÷各分支机构资产总额之和）×0.30

总机构设立具有主体生产经营职能的部门，且该部门的营业收入、职工薪酬和资产总额与管理职能部门分开核算的，可将该部门视同一个二级分支机构，按规定计算分摊并就地缴纳企业所得税；该部门与管理职能部门的营业收入、职工薪酬和资产总额不能分开核算的，该部门不得视同一个二级分支机构，不得计算分摊并就地缴纳企业所得税。

2.2.3.6 设立阶段其他税种的管理

（1）设立阶段印花税的管理。房地产开发企业在设立阶段，取得营业执照等权利许可证照后，需要按照会计制度的规定建立会计账簿，根据《中华人民共和国印花税暂行条例》（国务院令第 11 号，以下简称《印花税暂行条例》）及其相关规定，应当缴纳印花税。

①资金账簿印花税。《国家税务总局关于资金账簿印花税问题的通知》（国税发〔1994〕25 号）规定，企业执行"两则"启用新账簿后，其"实收资本"和"资本公积"两项的合计金额大于原已贴花资金的，就增加的部分补贴印花。

《财政部 税务总局关于对营业账簿减免印花税的通知》（财税〔2018〕50 号）规定，自 2018 年 5 月 1 日起，对按 0.05% 税率贴花的资金账簿减半征收印花税。

所以，2018 年 5 月 1 日前房地产企业增加的实收资本和资本公积需要按 0.05% 缴纳印花税，2018 年 5 月 1 日以后的按 0.025% 缴纳印花税。

②其他账簿印花税。《印花税暂行条例》规定，其他账簿按件每件贴花 5 元。

《财政部 税务总局关于对营业账簿减免印花税的通知》（财税〔2018〕50 号）规定，自 2018 年 5 月 1 日起，对按件贴花 5 元的其他账簿免征印花税。

[案例 2.6] 甲、乙、丙三家公司于 2017 年度共同出资设立诚信房地产公司，公司注册资本为 10 000 000 元，该公司设置总账一本，其他营业账簿 10 本。

借：税金及附加　　　　　　　　　　　　　　　　　　　　　　　5 050
　　贷：银行存款　　　　　　　　　　　　　　　　　　　　　　　5 050
记载资金的账簿应纳印花税额＝100 000 00×0.05％＝5 000（元）
其他账簿应纳印花税额＝10×5＝50（元）

③权利许可证照印花税。根据《印花税暂行条例》、《国家税务局地方税管理司关于对权利许可证照如何贴花问题的复函》（国税地函〔1991〕2号），需要缴纳印花税的权利许可证照的征税范围仅指政府部门发给的房屋产权证、工商营业执照、商标注册证、专利证、土地使用证；其他各种权利许可证照均不贴花。

④房屋租赁印花税。公司设立需要经营场所，一般采用租赁的形式，根据《印花税暂行条例》的规定，房屋租赁需要按财税租赁税目缴纳印花税：税额＝合同规定的租赁费金额×0.1％

《国家税务局关于印花税若干具体问题的规定》（国税地字〔1988〕25号）第四条规定，财产租赁合同，只是规定了月（天）租金标准而无租赁期限的，对这类合同，可在签订时先按定额5元贴花，以后结算时再按实际金额计税，补贴印花。

无租使用房屋，且不存在视同销售的情形的，目前没有政策规定需要缴纳印花税。

⑤土地使用权合同印花税。在房地产开发企业设立阶段，如果接受出资人的土地使用权出资，还应按照《财政部　国家税务总局关于印花税若干政策的通知》（财税〔2006〕162号）的规定，对土地使用权出让合同、土地使用权转让合同按产权转移书据征收印花税，按合同记载金额的0.05％贴花。

在缴纳印花税时，借记"管理费用"科目，贷记"库存现金"或"银行存款"科目。

⑥公司设立阶段不需要缴纳印花税的业务和情形。

注册资本未实缴不缴纳印花税；

公司成立时与中介机构签订的验资服务协议不缴纳印花税；

投资方在投资前签订的股权投资协议不缴纳印花税；

公司签订的商标权许可使用合同不缴纳印花税；

公司签订的劳务、劳动用工合同及招聘合同不缴纳印花税；

资本公积转增实收资本不缴纳印花税。

⑦印花税税务处理的注意事项与税务风险防范。

印花税科目属于正列举事项，不在税目中的业务不需要缴纳印花税。

具体一项合同是否需要按某一税目缴纳印花税，需要结合合同内容和名称判断。

合同印花税在签订合同时发生纳税义务，税务管理方面需要企业关注合同签订情况，加强档案管理工作和基础信息管理工作。

（2）设立阶段城镇土地使用税的管理。城镇土地使用税是以征税范围内的土地为征税对象，以实际占用的土地面积为计税标准，按照规定税额对拥有土地使用权的单位和个人征收的一种税。《城镇土地使用税暂行条例》规定，在城市、县城、建制镇、工矿区范围内使用土地的单位和个人，为城镇土地使用税的纳税人，应当依照条例的规定缴纳城镇土地使用税。

城镇土地使用税由拥有土地使用权的单位或个人缴纳。拥有土地使用权的纳税人不在土地所在地的，由代管人或实际使用人纳税；土地使用权未确定或权属纠纷未解决的，由实际使用人纳税；土地使用权共有的，由共有各方分别纳税。

城镇土地使用税以实际使用的土地面积为计税依据，税率随地理位置而变化，一般市区的税率最高，郊区的税率最低。税额＝实际使用土地面积×单位税额

房地产开发企业从取得土地使用权开始产生纳税义务，开始销售开发产品后，实际占用土地面积将逐渐减少，需要缴纳的税款将越来越少，将开发产品房屋全部销售后不再缴纳城镇土地使用税。

（3）设立阶段房产税的管理。房产税是以房屋为征税对象，按照房屋原值一次减除10%—30%后的余值或租金收入为计税依据，向房屋产权所有人征收的一种财产税。《房产税暂行条例》规定，房产税在城市、县城、建制镇和工矿区征收。财务上计入固定资产以及投资性房地产科目核算的房屋，一般来说属于房产税规定的应税范围，如属于房产的自持商业、酒店以及产权归属于项目公司所有的配套设施等。与房屋不可分割的附属设施、一般不单独计算价值的配套设施属于房产；独立于房屋之外的建筑物，如围墙、水塔、变电塔、室外游泳池、玻璃暖房等不属于房产税的征税对象。房地产开发企业开发的房地产在开发过程中和待售过程中属于存货，不需要缴纳房产税，转为自用或用于出租时需要缴纳房产税。

（4）设立阶段契税的管理。在房地产开发企业设立阶段，如果接受出资人的土地使用权等不动产出资，根据《中华人民共和国契税暂行条例》（国务院令第224号，以下简称《契税暂行条例》）及其实施细则的规定，接受出资的房地产开发企业应当按照国有土地使用权出让、土地使用权出售、房屋买卖成交价格的3%—5%适用税率缴纳契税，契税的适用税率，由省、自治区、直辖市人民政府在前款规定的幅度内按照本地区的实际情况确定，并报财政部和国家税务总局备案。

说明：契税是土地、房屋权属转移时向其承受者征收的一种税收，在中国境内取得土地、房屋权属的企业和个人，应当依法缴纳契税。

[**案例2.7**] 甲、乙、丙三家公司共同出资设立诚信房地产公司，公司注册资本为1 000万元，甲、乙、丙公司持股比例分别为50%、30%和20%。甲公司以位于河北省廊坊市安次区广阳路88号的土地使用权出资，土地使用权的评估价值为500万元，乙、丙公司以货币资金出资。乙、丙公司一次性缴足投资款项的同时，甲公司办理财产转移手续，诚信房地产公司按时缴纳契税，当地契税的税率为4%。

```
借：开发成本                                    5 200 000
    银行存款                                    5 000 000
  贷：实收资本                                             10 000 000
      银行存款                                                200 000
```

应纳契税额 = 5 000 000 × 4% = 200 000（元）

对于房地产开发企业，其取得土地使用权所发生的支出，包括其缴纳的契税，应当计入开发成本。

（5）设立阶段城市维护建设税的管理。城市维护建设税是以纳税人实际缴纳的增值税、消费税的税额为计税依据，依法计征的一种税收。按照纳税人所在地不同，实施不同档次的城市维护建设税税率。

纳税人所在地在市区的，税率为7%；

纳税人所在地在县城、建制镇的，税率为5%；

纳税人所在地不在市区、县城或建制镇的，税率为1%。

自2016年5月1日起纳税人跨地区提供建筑服务、销售和出租不动产的，应在建筑服务发生地、不动产所在地预缴增值税时，以预缴增值税税额为计税依据，并按预缴增值税所在地的城市维护建设税适用税率和教育费附加征收率就地计算并缴纳城市维护建设税和教育费附加。预缴增值税的纳税人在其机构所在地申报缴纳增值税时，以其实际缴纳的增值税税额为计税依据，并按机构所在地的城市维护建设税适用税率和教育费附加征收率就地计算并缴纳城市维护建设税和教育费附加。

（6）设立阶段个人所得税的管理。个人所得税以自然人为纳税人，税目具体包括9个：工资、薪金所得；劳务报酬所得；稿酬所得；特许权使用费所得；经营所得；利息、股息、红利所得；财产租赁所得；财产转让所得；偶然所得。

房地产开发企业不是个人所得税的纳税人，但根据《中华人民共和国个人所得税法》（以下简称《个人所得税法》）第十条"扣缴义务人应当按照国家规定办理全员全额扣缴申报"的规定，房地产开发企业在其设立后应就其支付给自然人的个人所得税的应征收入履行代扣代缴个人所得税的义务，所以房地产开发企业仍涉及个人所得税的申报和缴纳。

另外，企业履行个人所得税代扣代缴义务，可从税务机关取得扣缴税款金额的2%作为手续费收入。

个人所得税运用：

● 工资、薪金所得个人所得税代扣代缴。房地产开发企业在发放工资时按税法规定的方法计算应纳税所得额，按工资、薪金个人所得税预扣率代扣代缴个人所得税。具体代扣方法为累计预扣法：累计预扣预缴应纳税所得额 = 累计收入 - 累计免税收入 - 累计减除费用 - 累计专项扣除 - 累计专项附加扣除 - 累计依法确定的其他扣除

- 减除费用。《财政部 税务总局关于2018年第四季度个人所得税减除费用和税率适用问题的通知》(财税〔2018〕98号) 第一条规定,纳税人在2018年10月1日(含)后实际取得的工资、薪金所得,减除费用统一按照5 000元/月执行。所以累计减除费用即为纳税人本年在本单位任职、受雇的月数。
- 专项扣除。专项扣除指包括居民个人按照国家规定的范围和标准缴纳的基本养老保险、基本医疗保险、失业保险等社会保险费和住房公积金等。
- 专项附加扣除。《个人所得税专项附加扣除暂行办法》(国发〔2018〕41号) 规定,专项附加扣除包括子女教育、继续教育、大病医疗、住房贷款利息或者住房租金、赡养老人等支出,目前的具体范围和扣除办法如下:

子女教育。纳税人子女接受全日制学历教育、年满3岁至小学入学前处于学前教育阶段,可按每名子女每月1 000元的标准定额扣除。受教育子女的父母分别按扣除标准的50%扣除;经父母约定,也可以选择由其中一方按扣除标准的100%扣除。具体扣除方式在一个纳税年度内不得变更。

继续教育。纳税人在中国境内接受学历(学位)继续教育的支出,在学历(学位)教育期间按照每月400元定额扣除。同一学历(学位)继续教育的扣除期限不能超过48个月。纳税人接受技能人员职业资格继续教育、专业技术人员职业资格继续教育的支出,在取得相关证书的当年,按照3 600元定额扣除。

大病医疗。在一个纳税年度内,纳税人发生的与基本医保相关的医药费用支出,扣除医保报销后个人负担(指医保目录范围内的自付部分) 累计超过15 000元的部分,由纳税人在办理年度汇算清缴时,在80 000元限额内据实扣除。纳税人发生的医药费用支出可以选择由本人或者其配偶扣除;未成年子女发生的医药费用支出可以选择由其父母一方扣除。

住房贷款利息。纳税人本人或者配偶单独或者共同使用商业银行或者住房公积金个人住房贷款为本人或者其配偶购买中国境内住房,发生的首套住房贷款利息支出,在实际发生贷款利息的年度,按照每月1 000元的标准定额扣除,扣除期限最长不超过240个月。纳税人只能享受一次首套住房贷款的利息扣除。

经夫妻双方约定,可以选择由其中一方扣除,具体扣除方式在一个纳税年度内不能变更。

夫妻双方婚前分别购买住房发生的首套住房贷款,其贷款利息支出,婚后可以选择其中一套购买的住房,由购买方按扣除标准的100%扣除,也可以由夫妻双方对各自购买的住房分别按扣除标准的50%扣除,具体扣除方式在一个纳税年度内不能变更。

住房租金。纳税人在主要工作城市没有自有住房而发生的住房租金支出,可以按照以下标准定额扣除:直辖市、省会(首府)城市、计划单列市以及国务院确定的其他城市，扣除标准为每月1 500元；除第一项所列城市以外，市辖区户籍人口超过100万人的城市，扣除标准为每月1 100元；市辖区户籍人口不超过100万人的城市，扣除标准为每月800元。纳税人的配偶在纳税人的主要工作城市有自有住房的，视同纳税人在主要工作城市有自有住房。住房租金支出由签订租赁住房合同的承租人扣除；纳税人及其配偶在一个纳税年度内不能同时分别享受住房贷款利息和住房租金专项附加扣除。

赡养老人。纳税人赡养一位及以上60岁以上被赡养人的赡养支出，统一按照以下标准定额扣除：

纳税人为独生子女的，按照每月2 000元的标准定额扣除。

纳税人为非独生子女的，由其与兄弟姐妹分摊每月2 000元的扣除额度。

每人分摊的额度不能超过每月1 000元。可以由赡养人均摊或者约定分摊，也可以由被赡养人指定分摊。约定或者指定分摊的须签订书面分摊协议，指定分摊优先于约定分摊。具体分摊方式和额度在一个纳税年度内不能变更。

其他扣除。根据《财政部 税务总局关于公益慈善事业捐赠个人所得税政策的公告》（财政部 税务总局公告2019年第99号）规定，个人通过中华人民共和国境内公益性社会组织、县级以上人民政府及其部门等国家机关，向教育、扶贫、济困等公益慈善事业的捐赠（以下简称公益捐赠），发生的公益捐赠支出，可以按照《个人所得税法》有关规定在计算应纳税所得额时扣除。居民个人发生的公益捐赠支出可以在财产租赁所得、财产转让所得、利息股息红利所得、偶然所得（以下统称分类所得），或者综合所得，或者经营所得中扣除。在当期一个所得项目扣除不完的公益捐赠支出，可以按规定在其他所得项目中继续扣除。居民个人发生的公益捐赠支出，在综合所得、经营所得中扣除的，扣除限额分别为当年综合所得、当年经营所得应纳税所得额的30%；在分类所得中扣除的，扣除限额为当月分类所得应纳税所得额的30%。

根据《财政部 税务总局 人力资源和社会保障部 中国银行保险监督管理委员会 证监会关于开展个人税收递延型商业养老保险试点的通知》（财税〔2018〕22号）规定，对试点地区个人通过个人商业养老资金账户购买符合规定的商业养老保险产品的支出，允许在一定标准内税前扣除；计入个人商业养老资金账户的投资收益，暂不征收个人所得税；个人领取商业养老金时再征收个人所得税。

根据《财政部 人力资源和社会保障部 国家税务总局关于企业年金 职业年金个人所得税有关问题的通知》（财税〔2013〕103号）规定，个人根据国家有关政策规定缴付的年金个人缴费部分，在不超过本人缴费工资计税基数的4%标准内的部分，暂从个人当期的应纳税所得额中扣除。超过规定的标准缴付的年金单位缴费和个人缴费部分，应并入个人当期的工资、薪金所得，依法计征个人所得税。

- 劳务报酬所得个人所得税代扣代缴。劳务报酬也属于个人综合所得，房地产开发企业也需要代扣代缴。劳务报酬个人所得税的代扣代缴按次或按月计算，每次收入不超过 4 000 元的，费用按 800 元计算；每次收入 4 000 元以上的，减除费用按 20% 计算。

- 全年一次性奖金、年度绩效薪金和任期奖励的过渡性政策。《新个人所得税法过渡政策及全年一次性奖金税收政策》（财税〔2018〕164 号）对个人所得税的特定政策在过渡期内（2019 年 1 月 1 日至 2021 年 12 月 31 日）的处理做出了具体规定。

居民个人取得全年一次性奖金，在 2021 年 12 月 31 日前，不并入当年综合所得，以全年一次性奖金收入除以 12 个月得到的数额，按月换算后的综合所得税率表（以下简称月度税率表），确定适用税率和速算扣除数，单独计算纳税。

计算公式为：应纳税额 = 全年一次性奖金收入 × 适用税率 - 速算扣除数

居民个人取得全年一次性奖金，也可以选择并入当年综合所得计算纳税。

自 2022 年 1 月 1 日起，居民个人取得全年一次性奖金，应并入当年综合所得计算缴纳个人所得税。

中央企业负责人取得年度绩效薪金延期兑现收入和任期奖励，在 2021 年 12 月 31 日前，参照全年一次性奖金收入执行；2022 年 1 月 1 日之后的政策另行明确。

上述个人所得税的政策适用于企业设立至注销的整个生命周期。

2.3 设立阶段不同出资方式的税务管理

根据《公司注册资本登记管理规定》（国家工商行政管理总局令第 64 号）的规定，股东或者发起人可以用货币出资，也可以用实物、知识产权、土地使用权等可以用货币估价并能够依法转让的非货币财产作价出资。

近年来，随着经济的进一步发展，房地产企业出资的方式也呈现多样化，而不同的出资方式对税务成本的影响也存在较大差异，以货币出资设立房地产企业相对简单，本节拟从非货币出资的角度探讨涉税问题。在入股时，以土地使用权、不动产作价出资会面临产权变更的问题。出资人以土地使用权、不动产出资，已经交付公司使用但未办理权属变更手续且公司、其他股东或者公司债权人主张认定出资人未履行出资义务的，人民法院应当责令当事人在指定的合理期间内办理权属变更手续；在前述期间内已办理了权属变更手续的，人民法院应当认定其已经履行了出资义务；出资人主张自其实际交付土地使用权、不动产给公司使用时即享有相应股东权利的，人民法院应予支持。交付和办理产权登记是土地使用权和不动产出资行为不可分割的两个方面，这不仅意味着要将土地或不动产实际交付给公司使用，还要将土地使用权和不动产产权过户到公司名下。只有这样公司才能取得完整的、排他的权利，出资人才算完整履行了自己的出资义务。

在持有时，以土地使用权或不动产出资在持有期间会面临如何分红的问题。总体来说，以土地使用权或不动产出资在持有期间的分红有两种方式。股东可以用土地使用权或不动产作价出资，对作为出资的土地使用权或不动产进行评估作价，核实相关财产，不得高估或者低估作价，然后确定出资比例，按比例进行分红。投资者也可以与被投资单位约定分红金额，被投资单位根据约定向投资者支付固定收益，即我们所说的明股实债。明股实债是指投资回报不与被投资企业的经营业绩挂钩，分红时不是根据企业的投资收益或亏损进行分配，而是向投资者提供保本保收益的承诺，根据约定定期向投资者支付固定收益，并在满足特定条件后由被投资企业赎回股权或者偿还本息的投资方式。

以土地使用权或不动产作价出资后续进行撤资在法律上是被允许的。已经办理过产权过户的以无形资产作价出资的股东想要撤资时，应该按照《公司法》第一百七十八条、《公司注册资本登记管理规定》（国家工商行政管理总局令第64号）、《公司登记管理条例》（国务院令第451号）等法律、法规的要求办理减资手续。公司需要减少注册资本时，必须编制资产负债表及财产清单。公司应当自做出减少资本决议之日起10日内通知债权人，债权人自接到通知书之日起30日内，未接到通知书的自公告之日起45日内，有权要求公司清偿债务或提供相应的担保。另外，公司减资后的注册资本不得低于法定的最低限额。

2.3.1 以土地使用权出资的税务管理

房地产企业以出让方式获得的土地使用权作价入股，实际上是将土地使用权作为资本，投资（转让）于其他的股份制企业，企业的身份由原来的土地使用权人（个人独资有限责任公司除外）转变为股份制企业的股东，并以股东身份参与到企业分红和享受其他收益。因此，只有满足《中华人民共和国城市房地产管理法》规定的25%投资比例的要求，才能办理作价入股手续，并办理土地使用权变更登记（过户到股份制企业）手续。以土地使用权作价入股或投资设立新公司，投资方需要缴纳增值税及附加、土地增值税（房地产企业）、企业所得税（特殊性税务处理）、印花税；被投资方缴纳契税（被投资企业为投资企业100%全资子公司，被投资企业免征契税）、印花税（属于企业改制则不交印花税）。以土地使用权出资入股的形式在后期开发过程中可能面临两个问题，一是出资入股至非房地产企业的过程中虽然暂时避开了土地增值税，但后续转为房地产开发企业可能遇到审批层面的障碍；二是已享受房产、土地投资作价入股暂不征收土地增值税的，在投资作价之后从事房地产开发清算时，其应按作价入股前取得该土地实际支付的金额进行扣除。

2.3.1.1 以土地使用权出资的增值税管理

财税〔2016〕36号文件附件1《营业税改征增值税试点实施办法》第十条规定，销售服务、无形资产或者不动产，是指有偿提供服务、有偿转让无形资产或者不动产。同时，第十一条规定，有偿，是指取得货币、货物或者其他经济利益。

财税〔2016〕36号文件附件2《营业税改征增值税试点有关事项的规定》第一条第四款对"进项税额"的抵扣做出了规定，具体为适用一般计税方法的试点纳税人，2016年5月1日后取得并在会计制度上按固定资产核算的不动产，或者2016年5月1日后取得的不动产在建工程，其进项税额应自取得之日起分2年从销项税额中抵扣，第一年抵扣比例为60%，第二年抵扣比例为40%。取得不动产，包括以直接购买、接受捐赠、接受投资入股、自建以及抵债等各种形式取得不动产，不包括房地产开发企业自行开发的房地产项目。

根据《财政部 税务总局 海关总署关于深化增值税改革有关政策的公告》（财政部 税务总局 海关总署公告2019年第39号）第五条规定，自2019年4月1日起，《营业税改征增值税试点有关事项的规定》（财税〔2016〕36号附件2）第一条第（四）项第1点、第二条第（一）项第1点停止执行，纳税人取得不动产或者不动产在建工程的进项税额不再分2年抵扣。此前按照上述规定尚未抵扣完毕的待抵扣进项税额，可自2019年4月税款所属期起从销项税额中抵扣。

基于以上税收政策的规定，企业将无形资产、不动产投资入股换取被投资企业股权的行为属于有偿取得"其他经济利益"的行为，且被投资企业取得不动产包括接受投资入股形式取得的不动产，其进项税额同样准予从销项税额中抵扣。这就意味着投资企业以不动产投资应作为销售缴纳增值税，并可计算销项税额、开具增值税专用发票交给被投资企业作为抵扣进项税额的凭据，而且以不动产投资入股行为列入了增值税"销售不动产"税目的征税范围。因此，企业以无形资产、不动产投资入股的行为，应按有偿销售不动产、无形资产行为征收增值税。

通过以上税收政策分析，企业将国有土地投资入股视同有偿转让国有土地的行为，应缴纳增值税。

将国有土地投资入股存在以下两种增值税处理方法：

（1）将2016年4月30日前取得的国有土地使用权投资入股的增值税处理。《关于进一步明确全面推开营改增试点有关劳务派遣服务、收费公路通行费抵扣等政策的通知》（财税〔2016〕47号）第二条规定："纳税人转让2016年4月30日前取得的土地使用权，可以选择适用简易计税方法，以取得的全部价款和价外费用减去取得该土地使用权的原价后的余额为销售额，按照5%的征收率计算缴纳增值税。"

基于以上税收政策规定，企业将2016年4月30日前取得的土地使用权，投资入股到被投资企业名下，可以选择适用简易计税方法，以取得的全部价款和价外费用减去取得该土地使用权原价后的余额为销售额，按 5% 的征收率计算缴纳增值税。投资者给被投资企业开具全额的增值税专用发票，被投资企业可以抵扣增值税进项税额。

（2）将 2016 年 4 月 30 日后取得的国有土地使用权投资入股的增值税处理。《财政部 国家税务总局关于全面推开营业税改征增值税试点的通知》（财税〔2016〕36 号）附件 2 第十条规定："房地产开发企业中的一般纳税人销售其开发的房地产项目（选择简易计税方法的房地产老项目除外），以取得的全部价款和价外费用，扣除受让土地时向政府部门支付的土地价款后的余额为销售额。"从文件中可知，能减去土地使用权原价的情形只针对"自行开发的房地产项目"。

《国家税务总局关于发布〈房地产开发企业销售自行开发的房地产项目增值税征收管理暂行办法〉的公告》（国家税务总局公告 2016 年第 18 号）第二条规定："自行开发，是指在依法取得土地使用权的土地上进行基础设施和房屋建设。"

基于以上税收政策规定，《财政部 国家税务总局关于全面推开营业税改征增值税试点的通知》（财税〔2016〕36 号）附件 2 第十条"能减去土地使用权原价"计缴增值税的情形只限于选择一般计税方法计征增值税的一般纳税人的房地产开发企业销售其开发的房地产项目，不包括转让 2016 年 4 月 30 日后取得的国有土地使用权的情形。另外，财税〔2016〕36 号文件中规定的简易计税情形也未包括转让 2016 年 4 月 30 日后取得的国有土地使用权的情形。

因此，增值税一般纳税人以 2016 年 4 月 30 日后取得的国有土地使用权投资入股，不可以选择差额征税计征增值税，必须以一般计税方法按照相关税率全额计征增值税。

2.3.1.2　以土地使用权出资的土地增值税管理

《财政部 税务总局关于继续实施企业改制重组有关土地增值税政策的通知》（财税〔2018〕57 号）第四条规定："单位、个人在改制重组时以房地产作价入股进行投资，对其将房地产转移、变更到被投资的企业，暂不征土地增值税。"同时，第五条规定："上述改制重组有关土地增值税政策不适用于房地产转移任意一方为房地产开发企业的情形。"

基于此政策规定，投资方与被投资方均为非房地产开发企业时，投资方以国有土地投资入股到被投资企业名下，则不征土地增值税；投资方或被投资方有一方为房地产开发企业时，投资方以国有土地投资入股到被投资企业名下，投资方必须依法缴纳土地增值税。

具体而言，投资方将国有土地投资到被投资企业名下，土地增值税分以下三种情况进行处理：

（1）非房地产企业将国有土地投资入股到非房地产企业名下，则非房地产企业不缴纳土地增值税。

(2) 非房地产企业将国有土地投资入股到房地产企业名下，则非房地产企业必须缴纳土地增值税。

(3) 房地产企业将国有土地投资入股到非房地产企业名下，则房地产企业必须缴纳土地增值税。

2.3.1.3 以土地使用权出资的企业所得税管理

《财政部　国家税务总局关于非货币性资产投资企业所得税政策问题的通知》（财税〔2014〕116号）规定，非货币性资产是指除现金、银行存款、应收账款、应收票据以及准备持有至到期的债券投资等货币性资产以外的资产，且非货币性资产投资限于以非货币性资产出资设立新的居民企业（以下简称企业），或将非货币性资产注入现存的居民企业。

该文件中规定，居民企业以非货币性资产对外投资确认的非货币性资产转让所得，可在不超过5年期限内，分期均匀计入相应年度的应纳税所得额，按规定计算缴纳企业所得税。企业以非货币性资产对外投资，应对非货币性资产进行评估并按评估后的公允价值扣除计税基础后的余额，计算确认非货币性资产转让所得。企业以非货币性资产对外投资，应于投资协议生效并办理股权登记手续时，确认非货币性资产转让收入的实现。

而土地使用权则属于货币性资产以外的资产，即非货币性资产，且投资方式为以土地使用权出资设立新的企业或者注入现存的企业中，即以土地使用权作价入股。

基于此政策规定，以国有土地投资入股，投资方可以将土地转让所得税按不超过5年的时间均匀计入相应年度的应纳税所得额，计算企业所得税。

同时，《财政部　国家税务总局关于企业重组业务企业所得税处理若干问题的通知》（财税〔2009〕59号）以及《关于促进企业重组有关企业所得税处理问题的通知》（财税〔2014〕109号）规定：对100%直接控制的居民企业之间，以及受同一或相同多家居民企业100%直接控制的居民企业之间按账面净值划转股权或资产，凡具有合理商业目的、不以减少、免除或者推迟缴纳税款为主要目的，股权或资产划转后连续12个月内不改变被划转股权或资产原来实质性经营活动，且划出方企业和划入方企业均未在会计上确认损益的，可以选择按以下规定进行特殊性税务处理：

(1) 划出方企业和划入方企业均不确认所得。

(2) 划入方企业取得被划转股权或资产的计税基础，以被划转股权或资产的原账面净值确定。

(3) 划入方企业取得的被划转资产，应按其原账面净值计算折旧扣除。

对于符合财税〔2014〕116号文件规定的企业非货币性资产投资行为，同时又符合《财政部　国家税务总局关于企业重组业务企业所得税处理若干问题的通知》（财税〔2009〕59号）等规定的特殊性税务处理条件的，可由企业选择特殊性税务处理，且一经选择，不得改变。

2.3.1.4 以土地使用权出资的印花税管理

根据《财政部 国家税务总局关于印花税若干政策的通知》（财税〔2006〕162号）的规定，对土地使用权出让合同、土地使用权转让合同按产权转移书据征收印花税。因此，投资方将土地投资入股到被投资企业名下，投资方需按照产权转移书据缴纳印花税，适用税率为0.05%。

根据《印花税暂行条例》的规定，被投资方按实收资本与资本公积增加额缴纳印花税，适用税率为0.05%。《财政部 税务总局关于对营业账簿减免印花税的通知》（财税〔2018〕50号）规定自2018年5月1日起，对按0.05%税率贴花的资金账簿减半征收印花税，对按件贴花5元的其他账簿免征印花税。因此，基于此政策规定，被投资方按实收资本与资本公积增加额缴纳印花税，适用税率为0.025%。

《财政部 国家税务总局关于企业改制过程中有关印花税政策的通知》（财税〔2003〕183号）规定，企业因改制签订的产权转移书据免予贴花。

2.3.1.5 以土地使用权出资的契税管理

根据《中华人民共和国契税暂行条例细则》（以下简称《契税暂行条例细则》）第八条规定，以土地、房屋权属作价投资入股的，视同土地使用权转让、房屋买卖征收契税。

《关于继续支持企业事业单位改制重组有关契税政策的通知》（财税〔2018〕17号）第七条规定："母公司以土地、房屋权属向其全资子公司增资，视同划转，免征契税。"因此，投资方以土地向被投资方增资，被投资方免征契税。如果是投资方以土地投资设立公司，则可通过投资方先以少量货币资金设立公司，再以土地向被投资方增资，被投资方就可以享受免征契税的规定。

2.3.2 以不动产出资的税务管理

以不动产作价入股或投资设立新公司，投资方需要缴纳增值税及附加、土地增值税、企业所得税、印花税，被投资方缴纳契税、印花税，如符合政策规定可以不缴纳土地增值税、企业所得税、契税、印花税。

2.3.2.1 以不动产出资的增值税管理

财税〔2016〕36号文件附件1《营业税改征增值税试点实施办法》第十条规定，销售服务、无形资产或者不动产，指有偿提供服务、有偿转让无形资产或者不动产。同时，第十一条规定，有偿，指取得货币、货物或者其他经济利益。将房产投资入股属于有偿取得"其他经济利益"，属于销售不动产行为，应缴纳增值税。

同时，《营业税改征增值税试点有关事项的规定》（财税〔2016〕36号附件2）中规定，适用一般计税方法的试点纳税人，2016年5月1日后取得并在会计制度上按固定资产核算的不动产或者 2016 年 5 月 1 日后取得的不动产在建工程，其进项税额应自取得之日起分 2 年从销项税额中抵扣，第一年抵扣比例为 60%，第二年抵扣比例为 40%。《财政部　税务总局　海关总署关于深化增值税改革有关政策的公告》（财政部　税务总局　海关总署公告 2019 年第 39 号）第五条规定，自 2019 年 4 月 1 日起，纳税人取得不动产或者不动产在建工程的进项税额不再分 2 年抵扣。取得不动产，包括以直接购买、接受捐赠、接受投资入股、自建以及抵债等各种形式取得不动产，不包括房地产开发企业自行开发的房地产项目。

根据以上规定，以不动产作价入股需征收增值税，接受投资入股取得不动产的进项税额可以从销项税额中抵扣，并可开具增值税专用发票用于被投资单位进行抵扣。

2.3.2.2　以不动产出资的土地增值税管理

以不动产投资入股是否涉及土地增值税，主要看投资主体及被投资企业是否为房地产企业。《财政部　国家税务总局关于继续实施企业改制重组有关土地增值税政策的通知》（财税〔2018〕57 号）规定，单位、个人在改制重组时以房地产作价入股进行投资，对其将房地产转移、变更到被投资的企业，暂不征土地增值税。

但上述改制重组有关土地增值税政策不适用于房地产开发企业。

故房地产企业以不动产作价入股，投资方依然要按照评估价缴纳土地增值税，缴纳后，被投资方可以按照评估价入账，进行后期成本抵扣。

2.3.2.3　以不动产出资的企业所得税管理

根据《关于非货币性资产投资企业所得税政策问题的通知》（财税〔2014〕116 号）第一条规定，以不动产投资入股，投资方可以将不动产转让所得税按不超过 5 年的时间均匀计入相应年度的应纳税所得额，计算企业所得税。

对于符合财税〔2014〕116 号文件规定的企业非货币性资产投资行为，同时又符合《财政部　国家税务总局关于企业重组业务企业所得税处理若干问题的通知》（财税〔2009〕59 号）等规定的特殊性税务处理条件的，可由企业选择特殊性税务处理，且一经选择，不得改变。

2.3.2.4　以不动产出资的印花税管理

企业以不动产投资入股属于财产所有权的转移，根据印花税规定应当按"产权转移书据"税目征收印花税，投资双方均要按 0.05% 的税率缴纳印花税。

《财政部　国家税务总局关于企业改制过程中有关印花税政策的通知》（财税〔2003〕183 号）规定，企业因改制签订的产权转移书据免予贴花。

2.3.2.5　以不动产出资的契税管理

根据《契税暂行条例细则》第八条的规定，以土地、房屋权属作价投资入股的，视同土地使用权转让、房屋买卖征收契税。

需要注意的是，以不动产出资入股过程中如出资方为唯一的股东，则同一控制下资产全资注入目标公司不需对目标公司征收契税。政策依据为：《关于继续支持企业事业单位改制重组有关契税政策的通知》（财税〔2018〕17号）规定，同一投资主体内部所属企业之间土地、房屋权属的划转，包括母公司与其全资子公司之间，同一公司所属全资子公司之间，同一自然人与其设立的个人独资企业、一人有限公司之间土地、房屋权属的划转，免征契税。母公司以土地、房屋权属向其全资子公司增资，视同划转，免征契税。

第 3 章
房地产企业融资阶段的税务管理

房地产业是一个具有高度综合性与关联性的行业，同时又是典型的资金密集型产业，其经济活动需要巨额资金投入，需要金融业和健全的资本市场作为强有力的支撑。

当前，国家为抑制高房价，出台众多调控政策，以剔除投机行为，确保房屋的真正需求者能够合理公平地购置房产。国家加强金融管理，使房地产业融资规模和渠道都受到很大限制。如何在符合政策规定的前提下，提升企业融资能力、拓展项目融资渠道、保证项目开发现金流正常运转，是当前房地产企业关注的问题。

从税务角度而言，房地产企业的融资途径可以概括为两种：债权性融资和股权融资。房地产企业的债权性融资与股权融资的比例不同，且在未来会给企业带来不同的税收成本，从而影响企业的收益情况。

3.1 债权性融资的税务管理

债权性融资是指企业通过举债的方式进行融资。债权性融资所获得的资金，需要承担固定的利息，并在借款到期后偿还本金。债权性融资存在以下几个特点：

（1）债权性融资资本成本较低，债权性融资能获得资金的使用权，以利息方式支付资金成本，债务到期归还本金，与股权融资相比较其资金成本较低。

（2）债权性融资具有财务杠杆作用，可以提高企业所有权资金的回报率。

（3）债权性融资具有降低税负作用。根据税法规定，企业在生产经营活动中发生的利息支出，准予进行企业所得税税前扣除，即企业适用所得税税率越高、支付利息越高，债权融资产生的税盾效应越大。

（4）债权性融资与股权融资相比，不用稀释股东权益，并且可以避免出资人过多参与企业的经营管理。

企业债权性融资属于间接融资方式，商业银行贷款形式是债权性融资的主要方式，但是随着经济的发展，其他债权性融资也呈现多元化态势。包括向个人借入资金、向非金融机构借入资金等多种形式。

3.1.1　向个人借入资金的税务管理

房地产企业向个人借入资金一般操作流程比较简单，资金到位及时，借款利率由双方协定，融资期限比较灵活。但是，向个人借入资金存在一定分散性和隐蔽性，导致其缺乏法律保护和相关部门的监管。本节从税务管理角度对房地产企业向个人借入资金涉及的税务问题进行具体分析。

3.1.1.1　向个人借入资金的增值税管理

（1）房地产企业不可抵扣进项税额。根据《财政部　国家税务总局关于全面推开营业税改征增值税试点的通知》（财税〔2016〕36号）规定，纳税人接受贷款服务向贷款方支付的与该笔贷款直接相关的投融资顾问费、手续费、咨询费等费用，其进项税额不得从销项税额中抵扣。

因此，房地产企业向个人借款支付利息取得的增值税发票不得抵扣进项税额。

（2）个人收到借款利息需要缴纳增值税。

①根据财税〔2016〕36号文件规定，在中华人民共和国境内销售服务、无形资产或者不动产的单位和个人，为增值税纳税人。

政策规定，金融服务是指经营金融保险的业务活动。包括贷款服务、直接收费金融服务、保险服务和金融商品转让。其中，贷款服务是指将资金贷与他人使用而取得利息收入的业务活动。各种占用、拆借资金取得的收入，包括金融商品持有期间（含到期）利息（保本收益、报酬、资金占用费、补偿金等）收入、信用卡透支利息收入、买入返售金融商品利息收入、融资融券收取的利息收入，以及融资性售后回租、押汇、罚息、票据贴现、转贷等业务取得的利息及利息性质的收入，按照贷款服务缴纳增值税。

个人收到借款利息时按照金融服务缴纳增值税，同时个人属于小规模纳税人，可以按照3%征收率缴纳增值税，并开具增值税普通发票。

②《国家税务总局关于支持个体工商户复工复业等税收征收管理事项的公告》（国家税务总局公告2020年第5号）规定，增值税小规模纳税人取得应税销售收入，纳税义务发生时间在2020年2月底以前，适用3%征收率征收增值税的，按照3%征收率

开具增值税发票;纳税义务发生时间在 2020 年 3 月 1 日至 12 月 31 日,适用减按 1% 征收率征收增值税的,按照 1% 征收率开具增值税发票。

因此,个人收到借款利息时按照金融服务缴纳增值税,纳税义务发生时点属于 2020 年 3 月 1 日至 12 月 31 日的,可以按照 1% 征收率缴纳增值税,并开具增值税普通发票。

③根据《财政部 国家税务总局关于全面推开营业税改征增值税试点的通知》(财税〔2016〕36 号)规定,个人发生应税行为的销售额未达到增值税起征点的,免征增值税;达到起征点的,全额计算缴纳增值税。增值税起征点不适用于登记为一般纳税人的个体工商户。

- 按期纳税的,为月销售额 5 000—20 000 元(含本数)。
- 按次纳税的,为每次(日)销售额 300—500 元(含本数)。

起征点的调整由财政部和国家税务总局规定。省、自治区、直辖市财政厅(局)和税务局应当在规定的幅度内,根据实际情况确定本地区适用的起征点,并报财政部和国家税务总局备案。

个人收到借款利息时按照金融服务缴纳增值税,如果个人收到利息金额未达到所在省、自治区、直辖市政策规定的增值税起征点,可以与主管税务机关沟通确定是否属于无需缴纳增值税的经济业务,并无需开具增值税发票。

3.1.1.2 向个人借入资金的企业所得税管理

(1) 签订借款合同。根据《国家税务总局关于企业向自然人借款的利息支出企业所得税税前扣除问题的通知》(国税函〔2009〕777 号)规定,企业与个人之间借贷行为应签订借款合同,明确款项用途、还款期限、利率水平等内容,体现企业与个人之间借贷的真实、合法、合规,不属于非法集资或其他违反法律、法规的行为,确保利息费用在企业所得税税前扣除的基本要求。

(2) 设定借款利率不超限额。根据《企业所得税法实施条例》第三十八条规定,非金融企业向非金融企业借款的利息支出,不超过按照金融企业同期同类贷款利率计算的数额部分,可以在企业所得税税前扣除。即,利息应以金融机构同期同类的业务贷款利率为标准,不超过按照此标准贷款利率计算出的数额部分,可以在企业所得税税前扣除,超出部分不可在企业所得税税前扣除。

"同期同类贷款利率"是指在贷款期限、贷款金额、贷款担保以及企业信誉等条件基本相同下,金融企业提供贷款的利率水平。既可以是金融企业公布的同期同类平均利率,也可以是金融企业对某些企业提供的实际贷款利率。

(3) 取得利息支出的合规票据。《企业所得税税前扣除凭证管理办法》(国家税务总局公告 2018 年第 28 号)第二条规定,税前扣除凭证,指企业在计算企业所得税应纳税所得额时,证明与取得收入有关的、合理的支出实际发生,并据以税前扣除的各类凭证。第九条规定,企业在境内发生的支出项目属于增值税应税项目的,对方为已办理税务登记的增值税纳税人,其支出以发票(包括按照规定由税务机关代开的发票)作为税前扣除凭证;对方为依法无需办理税务登记的单位或者从事小额零星经营业务的个人,其支出以税务机关代开的发票或者收款凭证及内部凭证作为税前扣除凭证,收款凭证应载明收款单位名称、个人姓名及身份证号、支出项目、收款金额等相关信息。

因此,房地产企业在向个人支付利息时,需要取得个人通过税务机关代开的增值税发票。否则,未取得合规票据的成本费用不得在企业所得税税前扣除。此外,代开发票时个人需就取得利息部分缴纳增值税,并预缴个人所得税。

(4)关注股东作为借款人的债资比限制。根据《财政部 国家税务总局关于企业关联方利息支出税前扣除标准有关税收政策问题的通知》(财税〔2008〕121号)的规定:企业实际支付给关联方的利息支出,不超过以下规定比例和税法及其实施条例有关规定计算的部分,准予扣除,超过的部分不得在发生当期和以后年度扣除。

企业实际支付给关联方的利息支出,其接受关联方债权性投资与其权益性投资比例为:

①金融企业为5∶1;

②其他企业为2∶1。

若是该借款属于公司向个人股东的借款,则支付给股东个人的利息应按企业关联方利息支出税前扣除的标准扣除,其债资比超过2倍部分支付的利息不得在企业所得税税前扣除。

3.1.1.3 向个人借入资金的土地增值税管理

《国家税务总局关于土地增值税清算有关问题的通知》(国税函〔2010〕220号)规定,财务费用中的利息支出,凡能够按转让房地产项目计算分摊并提供金融机构证明的,允许据实扣除,但最高不能超过按商业银行同类同期贷款利率计算的金额。其他房地产开发费用,在按照"取得土地使用权所支付的金额"与"房地产开发成本"金额之和的5%以内计算扣除。向个人借入资金的土地增值税管理应关注以下几点:

(1)出借资金主体的范围。土地增值税中未对出借资金主体范围进行明确,仅提出需要提供金融机构证明资料。中国人民银行定义金融机构是指依法设立的、经国家金融管理部门批准从事金融业务的机构,并列举以下几类机构,即商业银行(不含村镇银行),金融租赁公司,信托公司,金融资产管理公司,证券公司、基金管理公司、期货公司,人身保险公司、财产保险公司、再保险公司、保险资产管理公司,金融管理部门认定的其他金融机构,但并未进一步阐明"金融管理部门认定的其他金融机构"。基金管理公司仅指中国证监会颁发许可证的公募基金,不包括私募基金管理人。

因此，个人作为出借资金主体不属于金融机构，如在土地增值税税前据实扣除利息费用，则需要取得金融机构出具的证明资料，实际业务中存在较大的难度，多数以10%的比例进行扣除。

（2）利息费用在土地增值税中的据实扣除条件。土地增值税中利息费用据实扣除的条件为：①借款来源于金融机构，且可以提供金融机构证明；②借款利率不得高于商业银行同类同期的贷款利率。

房地产企业向个人借款支付的利息支出在土地增值税税前据实扣除的最大限制条件是需要提供金融机构证明，该要求与目前资本金融市场有所脱节，从企业的角度看，无论哪种融资方式，均有实际的成本支出，如果税务处理上单纯以"能否提供金融机构证明"强制划分为能否据实扣除的标准，则不符合税收中性的原则。因此，如果房地产企业向个人借入资金支付的利息费用可以提供金融机构开具的证明，则可以按商业银行同类同期贷款利率计算的限额在土地增值税清算时扣除，否则不允许扣除。如无法满足据实扣除条件的，则可以按照"取得土地使用权所支付的金额"与"房地产开发成本"金额之和的10%以内计算扣除。

3.1.1.4 向个人借入资金的印花税管理

根据《印花税暂行条例》，借款合同是指银行及其他金融机构和借款人（不包括银行同业拆借）所签订的借款合同。《中华人民共和国印花税暂行条例施行细则》（以下简称《印花税暂行条例施行细则》）第十条规定："印花税只对税目税率表中列举的凭证和经财政部确定征税的其他凭证征税。"因此，企业与个人签订的借款合同无需贴花。

3.1.1.5 向个人借入资金的个人所得税管理

个人向企业提供资金而收取利息，应依照《个人所得税法》规定，以每次收入额为应纳税所得额，按照20%的税率计算缴纳个人所得税，同时可以向税务机关申请代开增值税普通发票，提供给企业作为利息支出的扣除凭证。

根据《个人所得税法》第八条的规定，对于"个人与其关联方之间的业务往来不符合独立交易原则而减少本人或者关联方应纳税额，且无正当理由的，税务机关有权按照合理方法进行纳税调整"，在企业向关联方个人支付借款利息时，应充分考虑上述风险。

[案例3.1] 2019年度A房地产开发企业向自然人吴某借款100万元，约定借款期限为2年，年利率9%，按月付息，到期一次性还本。

[分析] 每月房地产开发公司应向吴某支付借款利息7 500元（100×9%÷12），应代扣代缴个人所得税1 500元（7 500×20%）。

吴某每月应在税务机关代开利息增值税普通发票，缴纳增值税218.45元[7 500÷(1+3%)×3%]，缴纳附加税费26.21元[218.45×(7%+3%+2%)]。吴某代开发票时缴纳的增值税及附加 244.66 元不得在个人所得税税前扣除。

③吴某每月应缴纳的税费为：1 500 + 244.66 = 1 744.66（元）

3.1.1.6 向个人借入资金的案例解析

[**案例3.2**] 甲房地产企业由于资金紧张，经过协商决定向其个人股东李某借款1 000 万元，借款期限为 1 年，年利率为 5%，按月向其支付借款利息，并由企业代个人承担相应的税费，双方签订借款合同并注明款项用于企业的正常经营活动。

企业于 2020 年 3 月 1 日收到这笔借款并入账，4 月 1 日企业通过银行支付李某 3 月借款利息 4.17 万元，并收到李某通过税务局代开的增值税发票。

会计核算：

①3 月 1 日收到借款时账务处理：

借：银行存款　　　　　　　　　　　　　　　　10 000 000.00

　　贷：短期借款——李某　　　　　　　　　　　10 000 000.00

②4 月 1 日支付李某借款利息时账务处理：

借：财务费用　　　　　　　　　　　　　　　　41 700.00

　　贷：银行存款　　　　　　　　　　　　　　　41 700.00

③李某个人缴纳相应的税费：

因李某缴纳增值税时，可以享受国家税务总局公告 2020 年第 5 号中对应的按照 1% 征收率的规定，因此应缴纳的增值税 = 41 700 ÷（1 + 1%）× 1% = 412.87（元）

李某应缴纳的附加税费 = 412.87 ×（7% + 3% + 2%）= 49.54（元）

李某应缴纳的个人所得税 = 41 700 × 20% = 8 340（元）

税务处理：

①增值税。甲房地产企业收到股东李某开具增值税普通发票不得抵扣进项税额。

②企业所得税。甲房地产企业与股东签订借款合同，并取得利息费用发票，符合利息费用在企业所得税税前扣除的前提条件，且借款金额符合债资比的要求，因此其发生的利息费用可以在企业所得税税前扣除。

③其他税种。甲房地产企业进行土地增值税清算时，因无法提供金融机构证明，因此利息部分未按据实扣除的规定执行，按照取得土地使用权所支付的金额与房地产开发成本金额之和的 10% 以内计算扣除。

由于甲房地产企业向股东个人借款签订的借款合同不属于目前《印花税暂行条例》中规定的征税项目，因此该借款合同不缴纳印花税。

3.1.2　向金融机构借入资金的税务管理

房地产企业要借入资金，金融机构是债权性融资的首选，企业能否在银行或其他金融机构获取资金，直接影响到企业的效益。其一，金融机构贷款利率比其他非金融机构借款的利率要低；其二，金融机构筹资速度快，又能增加本企业信誉度。所以，向金融机构借入资金是房地产企业优选的融资方式。以下我们从税务管理角度具体分析房地产企业向金融机构借入资金涉及的税务问题。

3.1.2.1 向金融机构借入资金的增值税管理

根据财税〔2016〕36号文件规定，纳税人接受贷款服务向贷款方支付的与该笔贷款直接相关的投融资顾问费、手续费、咨询费等费用，其进项税额不得从销项税额中抵扣。金融机构在向房地产企业贷款，发生贷款服务收取利息收入时可以自开发票。但是，房地产企业支付利息对应的进项税额不得抵扣，因此只需取得增值税普通发票即可。

3.1.2.2 向金融机构借入资金的企业所得税管理

根据《中华人民共和国企业所得税法暂行条例》第六条规定，计算应纳税所得额时准予扣除的项目，是指与纳税人取得收入有关的成本、费用和损失。纳税人在生产、经营期间，向金融机构借款的利息支出，按照实际发生数扣除。

需要注意的是，企业所得税扣除成本费用，属于增值税应税项目的，对方为已办理税务登记的增值税纳税人，其支出以发票作为税前扣除凭证，因此金融机构的利息支出必须取得金融机构开具的增值税发票。

3.1.2.3 向金融机构借入资金的土地增值税管理

国税函〔2010〕220号文件规定，借款费用在土地增值税清算时按照以下规定扣除：

（1）财务费用中的利息支出，凡能够按转让房地产项目计算分摊并提供金融机构证明的，允许据实扣除，但最高不能超过按商业银行同类同期贷款利率计算的金额。其他房地产开发费用，在按照"取得土地使用权所支付的金额"与"房地产开发成本"金额之和的5%以内计算扣除。

（2）凡不能按转让房地产项目计算分摊利息支出或不能提供金融机构证明的，房地产开发费用在按"取得土地使用权所支付的金额"与"房地产开发成本"金额之和的10%以内计算扣除。全部使用自有资金，没有利息支出的，按照以上方法扣除。上述具体适用的比例按省级人民政府规定的比例执行。

（3）房地产开发企业既向金融机构借款，又有其他借款的，其房地产开发费用计算扣除时不能同时适用上述两种办法。

（4）土地增值税清算时，已经计入房地产开发成本的利息支出，应调整至财务费用中计算扣除。

房地产开发企业向金融机构借入资金发生的利息支出，符合据实扣除的规定。

3.1.2.4 向金融机构借入资金的印花税管理

根据《印花税暂行条例》第八条规定：借款合同是指银行及其他金融组织和借款

人（不包括银行同业拆借）所签订的借款合同，并按借款金额的万分之零点五贴花。据此，企业与银行或其他金融机构签订的借款合同双方均需要缴纳印花税。

3.1.2.5 向金融机构借入资金的案例分析

[**案例3.3**] 由于资金周转紧张，甲房地产企业于2020年5月1日向建设银行借款2 000万元，借款期限为2年，年利率为4.5%，按合同约定甲房地产企业按月支付银行借款利息，合同到期后一次性归还本金，企业于2020年6月1日收到这笔借款并入账。7月1日，甲房地产企业支付银行借款利息7.5万元，并收到银行开具的增值税普通发票。

（1）会计核算：

①计提及缴纳印花税的账务处理：

企业应计提缴纳的印花税 = 20 000 000.00 × 0.00005 = 1 000.00（元）

借：税金及附加——印花税	1 000.00
贷：应交税费——印花税	1 000.00
借：应交税费——印花税	1 000.00
贷：银行存款	1 000.00

②6月1日收到借款时账务处理：

借：银行存款	20 000 000.00
贷：长期借款——建设银行	20 000 000.00

③7月1日支付借款利息时账务处理：

借：财务费用	75 000.00
贷：银行存款	75 000.00

（2）税务处理：

甲房地产企业在每月支付给银行利息费用时取得增值税普通发票即可，不得抵扣增值税进项税额，在企业所得税税前据实扣除。但是，土地增值税清算时需要结合房地产企业其他债权性融资情况分析判断扣除。

3.1.3 向非金融机构借入资金的税务管理

3.1.3.1 向非金融机构借入资金的增值税管理

非金融机构在向房地产企业贷款，发生贷款服务收取利息收入时可以自开发票。房地产企业只要取得普票即可，不需要取得增值税专用发票。

3.1.3.2 向非金融机构借入资金的企业所得税管理

根据《企业所得税法实施条例》第三十八条规定："企业在生产经营活动中发生的下列利息支出，准予扣除：非金融企业向非金融企业借款的利息支出，不超过按照金融企业同期同类贷款利率计算的数额的部分。"

房地产企业向非金融企业借款的利息支出，不超过按照金融企业同期同类贷款利率计算的数额的部分，准予税前扣除。鉴于目前我国对金融企业利率要求的具体情况，企业在按照合同要求首次支付利息并进行税前扣除时，应提供"金融企业的同期同类贷款利率情况说明"，以证明其利息支出的合理性。

"金融企业的同期同类贷款利率情况说明"中，应包括在签订该借款合同时，本省任何一家金融企业提供同期同类贷款利率情况。该金融企业应为经政府有关部门批准成立的可以从事贷款业务的企业，包括银行、财务公司等金融机构。

"同期同类贷款利率"是指在贷款期限、贷款金额、贷款担保以及企业信誉等条件基本相同时，金融企业提供贷款的利率。既可以是金融企业公布的同期同类平均利率，也可以是金融企业对某些企业提供的实际贷款利率。

3.1.3.3 向非金融机构借入资金的土地增值税管理

根据《国家税务总局关于土地增值税清算有关问题的通知》（国税函〔2010〕220号）规定，借款费用在土地增值税清算时按照以下规定扣除：财务费用中的利息支出，凡能够按转让房地产项目计算分摊并提供金融机构证明的，允许据实扣除，但最高不能超过按商业银行同类同期贷款利率计算的金额。其他房地产开发费用，在按照"取得土地使用权所支付的金额"与"房地产开发成本"金额之和的5%以内计算扣除。

如果房地产企业向非金融机构借入资金支付的利息费用可以提供金融机构开具的证明，可以按商业银行同类同期贷款利率计算的限额在土地增值税清算时扣除，否则不允许扣除。

[案例3.4] A房地产开发企业（以下简称A公司）于20×7年1月1日向信托公司取得借款5亿元，借款合同约定该款项专项用于某高档住宅项目的开发（可以提供信托公司证明），年利率为12%，借款期限为3年。20×9年12月，项目开发并销售完毕，A公司依法办理土地增值税清算（已知20×7年1月，当地商业银行同类同期贷款利率为8%）。

[分析]

①A公司应向信托公司支付的利息为：$5 \times 12\% \times 3 = 1.8$（亿元）

②按同类同期商业银行贷款利息计算限额为：$5 \times 8\% \times 3 = 1.2$（亿元）

③在该项目清算时，A公司可在土地增值税税前"据实"扣除的财务费用为1.2亿元。

3.1.3.4 向非金融机构借入资金的印花税管理

根据《印花税暂行条例》规定，借款合同是指银行及其他金融机构和借款人（不包括银行同业拆借）所签订的借款合同。《印花税暂行条例施行细则》第十条规定："印花税只对税目税率表中列举的凭证和经财政部确定征税的其他凭证征税。"因此，企业与银行或其他金融机构签订的借款合同需要缴纳印花税，企业间借款不需要缴纳印花税。

3.1.3.5 向非金融机构借入资金的案例分析

[案例3.5] 由于资金周转紧张，甲房地产企业于2020年6月1日向A信托公司借款1 000万元，借款期限为1年，年利率为5%，按合同约定甲房地产企业按月支付其借款利息，合同到期后一次性归还本金，企业于2020年6月10日收到这笔借款并入账。7月10日甲房地产企业支付给A信托公司借款利息7.5万元，并收到其开具的增值税普通发票。

会计核算：

(1) 6月10日收到借款时账务处理：

借：银行存款　　　　　　　　　　　　　　　　　　10 000 000.00
　　贷：短期借款——A信托公司　　　　　　　　　　　10 000 000.00

(2) 7月10日支付借款利息时账务处理：

借：财务费用　　　　　　　　　　　　　　　　　　　　75 000.00
　　贷：银行存款　　　　　　　　　　　　　　　　　　　75 000.00

税务处理：

(1) 增值税。甲房地产企业在每月支付给信托公司利息费用时，根据财税〔2016〕36号文件对纳税人接受贷款服务向贷款方支付相关费用不得抵扣进项税的规定，房地产企业在向信托公司支付借款利息时不会涉及增值税进项税额的抵扣问题，所以房地产企业只要取得普票即可，不需要取得增值税专用发票。

(2) 企业所得税。《企业所得税法实施条例》规定，非金融企业向非金融企业借款的利息支出，不超过按照金融企业同期同类贷款利率计算的数额的部分。那么，甲房地产企业向非金融企业借款的利息支出，不超过按照金融企业同期同类贷款利率计算的数额的部分，准予税前扣除，并且需提供"金融企业的同期同类贷款利率情况说明"，以证明其利息支出的合理性。

(3) 其他税种。在甲房地产企业进行土地增值税清算时，对于支付给非金融企业的借款利息支出，如果企业能够按转让房地产项目计算分摊并提供金融机构证明，且不超过按商业银行同类同期贷款利率计算的金额的，允许在清算时进行抵扣，否则不允许抵扣。

由于甲房地产企业向非金融机构借款签订的借款合同不属于目前《印花税暂行条例》中规定的征税项目，因此该借款合同不缴纳印花税。

3.1.4　向关联企业借入资金的税务管理

房地产企业是资金密集型企业，房地产企业在项目开发初期的土地"招拍挂"和工程项目开工时，往往需要巨额的资金支持。房屋进入预售阶段后，大量的资金回笼又会带来大量资金的临时闲置。为了对集团所属企业的资金实现集中管控，提高资金的使用效率，统筹使用集团项目公司的资金，"集团资金池"的现金管理模式便应运而生。除了"集团资金池"融资模式，房地产企业还可以通过向关联企业借款的方式筹集资金。

3.1.4.1 向关联企业借入资金的增值税管理

（1）关联方之间有偿借入资金的增值税管理。关联企业之间将资金贷与他人使用的行为，均应视为发生贷款应税服务行为。出借资金方按照"金融服务——贷款服务"缴纳增值税，借款方不得抵扣进项税额。

（2）关联方之间无偿借入资金的增值税管理。根据《关于明确养老机构免征增值税等政策的通知》（财税〔2019〕20号）规定，自2019年2月1日至2020年12月31日，对企业集团内单位（含企业集团）之间的资金无偿借贷行为，免征增值税。因此，在此期间的集团内关联企业之间无偿使用资金的，免征增值税。

（3）房地产"集团资金池"的增值税管理。根据财税〔2016〕36号附件2《营业税改征增值税试点有关事项的规定》的规定，存款利息属于不征收增值税项目。但是，"集团资金池"统一管理资金产生的利息与上述规定不同，其产生的利息应当缴纳增值税。

《河北省国家税务局关于全面推开营改增有关政策问题的解答（之五）》明确：根据《营业税改征增值税试点有关事项的规定》，存款利息属于不征收增值税项目。存款利息是指按照《中华人民共和国商业银行法》的规定，经国务院银行业监督管理机构审查批准，具有吸收公众存款业务的金融机构支付的存款利息。"集团资金池"不具有吸收公众存款业务范围，企业从集团内财务公司取得的存款利息不可以免征增值税。

根据《税收征收管理法》第三十六条规定："企业或者外国企业在中国境内设立的从事生产、经营的机构、场所与其关联企业之间的业务往来，应当按照独立企业之间的业务往来收取或者支付价款、费用；不按照独立企业之间的业务往来收取或者支付价款、费用，而减少其应纳税的收入或者所得额的，税务机关有权进行合理调整。"

根据《中华人民共和国税收征收管理法实施细则》第五十四条规定："纳税人与其关联企业之间的业务往来有下列情形之一的，税务机关可以调整其应纳税额——融通资金所支付或者收取的利息超过或者低于没有关联关系的企业之间所能同意的数额，或者利率超过或者低于同类业务的正常利率。"

因此，"集团资金池"管理中可以参照同类借款利率向借款方收取利息，并开具利息增值税发票。借入方凭发票将利息费用在所得税税前扣除。

（4）委托贷款产生利息增值税处理。根据《中国银监会关于印发商业银行委托贷款管理办法的通知》（银监发〔2018〕2号）规定，委托贷款，是指委托人提供资金，由商业银行（受托人）根据委托人确定的借款人、用途、金额、币种、期限、利率等代为发放、协助监督使用、协助收回的贷款，不包括现金管理项下委托贷款和住房公积金项下委托贷款。同时，明确委托贷款业务是商业银行的委托代理业务。商业银行按照"谁委托谁付费"的原则向委托人收取代理手续费。商业银行与委托人、借款人就委托贷款事项三方签订委托贷款借款合同，不承担信用风险。委托资金来源是委托人有权自主支配的资金，并按合同约定及时向商业银行提供。

因此，可以看到委托贷款的特点包括：一是资金提供方是委托人的自有资金，需要交给银行专户，不是银行的资金；二是三方签订的是委托贷款借款合同，但银行在其中只是代理服务，代为发放，协助监督作用，不是借出款项的一方；三是商业银行向委托人而不是借款人收取代理手续费。

税务处理上，出借资金的委托人将资金通过银行提供给借款人使用取得的利息收入，属于销售贷款服务，应缴纳增值税。

借入资金的借款人属于接受贷款服务方，支付利息对应的发票不得抵扣进项税额，但是支付金融机构的手续费部分可以抵扣进项税额。

提供代理服务的金融机构，应开具代理服务的发票，按照代理服务缴纳增值税。

3.1.4.2 向关联企业借入资金的企业所得税管理

（1）关联企业之间借款收取利息。对于关联企业之间收取利息的资金借入，《企业所得税法实施条例》第三十八条第（二）项规定："在生产经营活动中，非金融企业向非金融企业借款的利息支出，不超过按照金融企业同期同类贷款利率计算的数额的部分。"

《国家税务总局关于企业所得税若干问题的公告》（国家税务总局公告2011年第34号）特别规定：鉴于目前我国对金融企业利率要求的具体情况，企业在按照合同要求首次支付利息并进行税前扣除时，应提供"金融企业的同期同类贷款利率情况说明"，以证明其利息支出的合理性。

"金融企业的同期同类贷款利率情况说明"中，应包括在签订该借款合同时，本省任何一家金融机构提供同期同类贷款利率情况。该金融企业应为经政府有关部门批准成立的可以从事贷款业务的企业，包括银行、财务公司、信托公司等金融机构。

"同期同类贷款利率"是指在贷款期限、贷款金额、贷款担保以及企业信誉等条件基本相同时，金融企业提供贷款的利率。既可以是金融企业公布的同期同类平均利率，也可以是金融企业对某些企业提供的实际贷款利率。

也就是说，纳税人如果能够充分举证可比的本省金融企业的同期同类贷款利率，可以按照"基准利率＋浮动利率"在企业所得税税前申请扣除；否则按照基准利率在企业所得税税前申报扣除。

同时，付款方应当取得收款方开具的发票，否则不得在企业所得税税前申报扣除。

（2）关联企业之间无偿资金拆借。《税收征收管理法》第三十六条规定："企业或者外国企业在中国境内设立的从事生产、经营的机构、场所与其关联企业之间的业务往来，应当按照独立企业之间的业务往来收取或者支付价款、费用；不按照独立企业之间的业务往来收取或者支付价款、费用，而减少其应纳税的收入或者所得额的，税务机关有权进行合理调整。"

《特别纳税调查调整及相互协商程序管理办法》（国家税务总局公告2017年第6号）第三十八条规定：实际税负相同的境内关联方之间的交易，只要该交易没有直接或者间接导致国家总体税收收入的减少，原则上不作特别纳税调整。

关联企业间无偿资金拆借的情况，使其面临较大的企业所得税风险，对于借出资金一方存在税务机关调整财务利息收入补交企业所得税的风险，对于借入资金一方因缺失利息支出的成本费用，存在利润虚增多交企业所得税的风险。因此，不建议关联企业之间无偿借入资金。

若关联企业之间以低于同期贷款利率借入资金，则应符合独立交易原则，并需要提供符合独立交易原则的证明材料。

3.1.4.3 向关联企业借入资金的土地增值税管理

根据《国家税务总局关于土地增值税清算有关问题的通知》（国税函〔2010〕220号）规定，借款费用在土地增值税清算时按照以下规定扣除：财务费用中的利息支出，凡能够按转让房地产项目计算分摊并提供金融机构证明的，允许据实扣除，但最高不能超过按商业银行同类同期贷款利率计算的金额。其他房地产开发费用，在按照"取得土地使用权所支付的金额"与"房地产开发成本"金额之和的5%以内计算扣除。

如果房地产企业向关联方企业借入资金支付的利息费用可以提供金融机构开具的证明，可以按商业银行同类同期贷款利率计算的限额在土地增值税清算时扣除，否则不允许扣除。

3.1.4.4 向关联企业借入资金的案例分析

[案例3.6] 甲房地产企业由于资金周转紧张，于2020年7月1日与集团公司协商，从集团公司无偿借入1 000万元，资金使用期限为1年。甲房地产企业于2020年7月5日收到这笔借款并入账。

会计核算：

7月5日收到借款时账务处理：

借：银行存款　　　　　　　　　　　　　　　　　　　　10 000 000.00
　　贷：短期借款　　　　　　　　　　　　　　　　　　　　10 000 000.00

税务处理：

（1）增值税。自2019年2月1日至2020年12月31日，对企业集团内单位（含企业集团）之间的资金无偿借贷行为，免征增值税。甲房地产企业向其集团公司无偿借入资金截止时间为2020年12月，不涉及增值税处理，之后要根据相关税收政策的规定作相应的处理。

（2）企业所得税。实际税负相同的境内关联方之间的交易，只要该交易没有直接或者间接导致国家总体税收收入的减少，原则上不作特别纳税调整。对于甲房地产企业与其集团公司之间无偿资金拆借的情况，需要提供符合独立交易原则的证明材料。

3.1.5 统借统贷的税务管理

由于金融机构对企业的贷款要求比较严格，同时企业的融资成本比较高。为了缓解这种现状，降低融资成本和税收负担，提高公司集团信贷资金管理水平，实施统借统贷的政策，由集团公司统一向金融机构借款，所属企业按一定的程序申请使用，并按同期银行贷款利率将利息支付给集团公司，再由集团公司统一与金融机构结算，从而改变原实行的"集团担保，各自贷款"模式的弊端。

3.1.5.1 统借统贷的增值税管理

（1）增值税免税处理。一般来说，企业将自有或借入的资金贷与他人使用而收取的资金占用费，应当按照贷款服务缴纳增值税。但根据《财政部　国家税务总局关于全面推开营业税改征增值税试点的通知》（财税〔2016〕36号）附件3《营业税改征增值税试点过渡政策的规定》，统借统还业务中，企业集团或企业集团中的核心企业以及集团所属财务公司按不高于支付给金融机构的借款利率水平或者支付的债券票面利率水平，向企业集团或者集团内下属单位收取的利息，免征增值税。具体来说，统借统还享受免征增值税必须同时符合以下三个条件：

首先，必须是集团企业。根据《国家市场监管总局关于做好取消企业集团核准登记等4项行政许可等事项衔接工作的通知》，明确企业不需要再办理企业集团核准登记和申请《企业集团登记证》。取消企业集团核准登记前，成立企业集团需要具备3个基本条件：集团母公司注册资本在5 000万元人民币以上，母公司和其子公司（至少5家）的注册资本总和在1亿元人民币以上，集团成员单位均具有法人资格。取消企业集团核准登记后，企业不需要再办理企业集团核准登记和申请《企业集团登记证》。工商和市场监管部门对企业集团成员企业的注册资本和数量不做审查。取消企业集团核准登记后，集团母公司应当将企业集团名称及集团成员信息通过国家企业信用信息公示系统的"集团母公司公示"栏目向社会公示。相关企业是否属于同一企业集团时，最直观、最简单的办法，就是通过国家企业信用信息公示系统的"集团母公司公示"查询。有些企业联合体虽然对外称为"集团"或"集团公司"，但并未办理企业集团设立登记或未按现行规定向社会公示，只是单纯的股权投资与被投资关系，该类企业并非真正意义上的企业集团，不论以什么标准收取利息，均不能享受免征增值税优惠。

《国务院关于取消一批行政许可等事项的决定》（国发〔2018〕28号）规定，取消现有公司集团核准登记制度，取消审批后，将由市场监管总局出台相关法规规定，完善集团公司使用标准和要求，加强集团公司信息公示，接受社会监督。

其次，借款主体或借款实施主体必须符合规定。企业集团统借统还业务主要有两种方式：一是企业集团或者企业集团中的核心企业（即母公司）向金融机构借款或对外发行债券取得资金后，将所借资金分拨给下属单位（包括独立核算单位和非独立核算单位），并向下属单位收取用于归还金融机构或债券购买方本息的业务。二是企业集团向金融机构借款或对外发行债券取得资金后，由集团所属财务公司与企业集团或者集团内下属单位签订统借统还贷款合同并分拨资金，并向企业集团或者集团内下属单位收取本息，再转付企业集团，由企业集团统一归还金融机构或债券购买方的业务。企业债券，是指企业依照法定程序发行（由证券经营机构承销）、约定在一定期限内还本付息的有价证券。企业债券持有人有权按照约定期限取得利息、收回本金，但是无权参与企业的经营管理且对企业的经营状况不承担责任。企业以支付利息为条件取得债券资金，对债券持有人而言，就是将持有的社会闲散资金以债权性投资形式提供给发行债券的企业使用，从而取得回报即利息收入的一种行为。可见，统借方利用发行债券资金开展统借统还业务，实质也是一种利用贷款资金开展统借统还业务的行为，与向金融机构借款后开展的统借统还业务相同，仅是提供资金的贷款主体不同，一方是银行，另一方是企业或个人的区别而已。

统借统还业务资金的拨付路径，要把握好两个方面：一方面资金取得、收取、归还需做到"三个统一"，即由企业集团或者企业集团中的核心企业统一向金融机构借款或对外发行债券取得资金；企业集团统一向使用资金的下属单位收取用于归还金融机构或债券购买方的本息；企业集团统一归还金融机构或债券购买方本息。另一方面，要按去向和层级分拨资金，即统借方取得资金后，由企业集团或者企业集团中的核心企业分拨给下属单位，或是集团所属财务公司与借款企业签订统借统还贷款合同，将所借入的资金分拨给企业集团或者集团内下属单位。虽然政策没有明确规定下属单位的级次问题，实务中一般认为是一级下属单位。例如，某企业集团向银行取得借款后，以统借统还的方式按相同的利率分拨给其子公司，其向子公司收取的利息适用免税政策；若子公司再以同样的利率转贷给下属孙公司，那么子公司收取孙公司的利息就不满足资金拨付路径要求，不能免征增值税。

最后，利率水平必须一致。统借方向资金使用单位收取的利息，高于支付给金融机构借款利率水平或者支付的债券票面利率水平的，应全额缴纳增值税。即统借统还业务应按不高于支付给金融机构的借款利率水平或者支付的债券票面利率水平执行，统借方支付的利率与资金使用方支付统借方的利率应保持一致。例如，某符合条件的企业集团以10%的利率从银行取得借款后，以统借统还的方式按10%利率拨给其子公司，同时收取一定比例的管理费。表面上看，借款利率水平与支付利率水平一致，但企业集团向下属子公司收取了管理费（代办费），这部分费用实质上是隐性的利息，子公司实际支付的利率水平高于集团公司借款的利率水平，则不能享受统借统还免征增值税待遇。再比如，某企业集团从银行取得两笔借款，利率分别为8%和10%，然后按综合利率9%将两笔借款资金分拨给两个子公司使用，这样一个子公司支付的利率低于集团公司向银行借款的利率，一个子公司支付的利率高于集团公司向银行借款的利率，集团公司向两个子公司收取的利息不满足利率一致性的要求，因此不能享受免税待遇。

（2）增值税发票的管理。统借统还业务属于增值税应税行为，应当取得发票，统借统还业务中成员企业支付利息未取得发票，在企业所得税税前扣除将有很大风险。不征税和免税是两个不同的概念。前者不属于征税范围，后者属于征税范围，但免予征收；前者不是税收优惠，后者是税收优惠；前者不能开具发票，后者可以开具普通发票。

营改增后，收取利息的企业集团是增值税纳税人，该业务是增值税征税范围，可以开具增值税普通发票。统借统还业务的流转税由不征税改为免税，收取利息的企业集团由开不了发票变成可以开具发票，这是否意味着分摊利息的成员单位也要由不凭票扣除改为凭票扣除？没有任何政策规定取得免税收入就可以不开具发票，若严格遵循属于增值税征税范围，就应当遵循取得发票的原则，分摊利息的成员单位应取得增值税普通发票，否则不能税前扣除。

3.1.5.2 统借统贷的企业所得税管理

（1）统借统贷不受限于债资比。根据《企业所得税法》第四十六条规定："企业从其关联方接受的债权性投资与权益性投资的比例超过规定标准而发生的利息支出，不得在计算应纳税所得额时扣除。"《企业所得税法实施条例》第三十八条第二款规定："企业在生产经营活动中发生的下列利息支出，准予扣除：非金融企业向非金融企业借款的利息支出，不超过按照金融企业同期同类贷款利率计算的数额的部分。"

《财政部 国家税务总局关于企业关联方利息支出税前扣除标准有关税收政策问题的通知》（财税〔2008〕121号）具体规定了其接受关联方债权性投资与其权益性投资的比例，即金融企业为5∶1，其他企业为2∶1。

因统借统贷并非是关联企业之间借款的融资关系，其资金来源均为金融机构，因此统借统贷不受债资比的限制。

（2）企业所得税税前扣除统借统贷利息支出凭证的要求。《房地产开发经营业务企业所得税处理办法》（国税发〔2009〕31号）第二十一条规定，企业集团或其成员企业统一向金融机构借款分摊集团内部其他成员企业使用的，借入方凡能出具从金融机构取得借款的证明文件，可以在使用借款的企业间合理地分摊利息费用，使用借款的企业分摊的合理利息准予在税前扣除。但企业集团或其成员企业不得重复扣除。

集团公司按不高于支付给金融机构的借款利率收取贷款利息，下属子公司支付的贷款利息可在企业所得税税前全额扣除。集团公司按高于支付给金融机构的借款利率收取利息，下属子公司支付的贷款利息超过金融企业同期同类贷款利率计算的数额的部分，不得在企业所得税税前扣除。集团公司超过金融企业同期同类贷款利率收取利息收入计入应纳税所得额缴纳企业所得税。

同时满足以下3个条件，下属各公司向集团公司拆借统借贷的资金并支付利息可以全额税前扣除：

①不高于金融机构同类同期贷款利率计算的数额以内的部分。

②集团公司能够出具从金融机构取得贷款的证明文件。

③借款符合统一借款的概念。

统借统贷应提供以下有效凭证备查：

①母公司与金融部门借款合同复印件（可以证明是母公司向金融部门的借款）。

②母子公司签订的统借统还合同（结合母公司与金融部门签订的借款合同就可以证明符合统借统还）。

③计提利息，应有分段计算利息的说明及公式。对房地产开发企业要有在使用借款的企业间分摊合理利息的《利息分摊表》（集团公司利息分摊办法、分摊企业名单等）。

④支付利息，需要由母公司收取利息的收款凭证（银行回单、收据等）。

3.1.5.3 统借统贷的土地增值税管理

根据《国家税务总局关于土地增值税清算有关问题的通知》（国税函〔2010〕220号）规定，借款费用在土地增值税清算时按照以下规定扣除：财务费用中的利息支出，凡能够按转让房地产项目计算分摊并提供金融机构证明的，允许据实扣除，但最高不能超过按商业银行同类同期贷款利率计算的金额。其他房地产开发费用，在按照"取得土地使用权所支付的金额"与"房地产开发成本"金额之和的5%以内计算扣除。

如果房地产企业向非金融机构借入资金支付的利息费用可以提供金融机构开具的证明，可以按商业银行同类同期贷款利率计算的限额在土地增值税清算时扣除，否则不允许扣除。

3.1.5.4 统借统贷的案例分析

[**案例3.7**] 由于资金周转紧张，甲房地产企业于2020年8月1日与集团公司协商由集团公司向银行借款5 000万元，借款期限为3年，年利率4%。再由集团公司将

资金拨付给甲房地产企业使用,同时约定由甲房地产企业按月将借款利息费用交付给集团公司用于支付给银行,不再收取其他服务费用。2020年8月15日,甲房地产企业收到集团公司转账,9月15日支付集团借款利息费用16.67万元。

会计核算:

(1) 8月15日收到借款时账务处理:

借:银行存款　　　　　　　　　　　　　　50 000 000.00

　　贷:长期借款——集团　　　　　　　　　　　50 000 000.00

(2) 9月15日支付利息时账务处理:

借:财务费用　　　　　　　　　　　　　　166 700.00

　　贷:银行存款　　　　　　　　　　　　　　166 700.00

税务处理:

(1) 增值税。《营业税改征增值税试点过渡政策的规定》规定,统借统还业务中,企业集团或企业集团中的核心企业以及集团所属财务公司按不高于支付给金融机构的借款利率水平或者支付的债券票面利率水平,向企业集团或者集团内下属单位收取的利息,免征增值税。甲房地产企业支付给集团公司的费用没有超过集团公司支付给银行的借款利率水平,所以甲房地产企业与集团公司发生的借款业务符合政策规定免征增值税事项。

(2) 企业所得税。《企业所得税法》规定,企业从其关联方接受的债权性投资与权益性投资的比例超过规定标准而发生的利息支出,不得在计算应纳税所得额时扣除。因统借统贷并非是关联企业之间借款的融资关系,其资金来源均为金融机构,因此,统计统贷不受债资比的限制。

对于支付的借款利息费用甲房地产企业在企业所得税税前扣除时需要提供集团公司从金融机构取得借款的证明文件,以及不高于金融机构同类同期贷款利率计算的数额证明材料,并且提供统借统贷相关资料留存备查。

3.2　股权融资的税务管理

股权融资,是指通过扩大企业的所有权益,如吸引新的投资者、发行新股、追加投资等来实现。而不是出让所有权益或出卖股票,股权融资的后果是稀释了原有投资者对企业的控制权。权益资本的主要渠道有自有资本、朋友和亲人或风险投资公司。为了改善经营或进行扩张,特许人可以利用多种股权融资方式获得所需的资本。股权融资的优势有以下几点:

第一，有利于降低房地产投资进入门槛。从进入渠道来说，房地产本是需要大量资金投入而资金回流较慢的行业，而房地产与互联网融合推出的房地产众筹项目，无疑打破了这一屏障，使得中小投资者甚至是普通人都可参与其中，为普通人投资房地产打开了一扇门，再加上房地产众筹提供的各类回报都具有较大的诱惑力，这就促使了众多的房地产众筹项目能在短时间内募集到高额的资金。

第二，有利于房地产与互联网金融深度融合。从技术层面上看，房地产众筹的出现与互联网金融思维拓展释放有关，这一模式将成为我国房地产行业转变的关键点。近年来，伴随着互联网发展的大潮，"互联网思维"正影响着传统的房地产行业，在房地产行业深度调整之际，互联网众筹正是房地产开发商与互联网思维深度融合的产物。从目前传统房地产寻求转型的角度看，互联网众筹也许是一条新出路。

第三，有利于开发商与消费者节约成本。当前房价居高不下，众筹开发可免除很多成本环节。对于消费者而言，能够拿到比市场上更实惠的房价和个性化的购房需求。对于开发商而言，相当于提前锁定了消费客群。

3.2.1 股权融资主要方式

3.2.1.1 上市融资

所谓的房地产上市融资，简单来说就是房地产企业通过发行股票在资本市场上融通资金。本质上是房地产企业所有者通过出售可接受的部分股权换取企业当期急需的发展资金，依靠资本市场这种短期的输血发展壮大企业的规模。从长远的角度讲，融资是手段而不是企业的终极目的。融资通过企业有效资本的具备而指向了企业现阶段所选择的产业或将转型的产业的竞争优势塑造，进一步指向了企业的利润以及终极的股东价值回报的最大化。

上市融资可分为直接上市融资和间接上市融资：直接上市融资即IPO融资，是指房地产企业在国内A股市场公开发行股票并上市。间接上市融资即买壳上市，是指非上市公司通过收购债权、控股、直接出资、购买股票等收购手段，以取得一家上市公司一定比例的控股股权来取得上市的地位，然后通过注入与自己有关的业务及资产，实现间接上市的目的。

开发商之所以重视与资本市场的对接，是因为采取这种方式融资不仅能给房地产企业带来发展所急需的资金，而且还能促使房地产企业规范经营，有利于企业长远发展。具体讲，采用上市的方式融资对房地产企业具有以下三点好处：

第一，融资成本低、效率高。进行股权融资最大的好处就是企业没有定期还本付息的压力，可以很好地规避企业在经营状况出现起伏时伴随的财务风险。发行股票意味着企业可以降低其资产负债率，还可以为企业再融资奠定良好的基础，这是其他融资方式无法比拟的。

第二，具有广告效应，能带动房地产销售。房地产企业股票上市流通后，就会受到公众的关注。

第三，有利于规范管理，提高其核心竞争力。

3.2.1.2 夹层融资

夹层融资是一种介于优先债务和股本之间的融资方式，指企业或项目通过夹层资本的形式融通资金的过程。之所以称为夹层，从资金费用角度看，夹层融资的融资费用低于股权融资，如可以采取债权的固定利率方式，对股权人体现出债权的优点；从权益角度看，夹层融资的权益低于优先债权，所以对于优先债权人来讲，可以体现出股权的优点。这样，在传统股权、债券的二元结构中增加了一层。夹层融资是一种非常灵活的融资方式，作为股本与债务之间的缓冲，使得资金效率得以提高。

夹层融资模式大致分成四种。第一种是股权回购式，就是募集资金投资到房地产公司股权中，然后再回购。第二种是房地产公司一方面贷款，另一方面将部分股权和股权受益权转给信托公司，即"贷款＋信托公司＋股权质押"模式。第三种是贷款加认股期权，到期贷款作为优先债券偿还。第四种模式是多层创新。

夹层融资的特点主要有：

第一，夹层融资结合了固定收益资本的特点和股权资本的特点，可以获得现金收益和资本升值双重收益。

第二，对投资者而言，夹层融资在融资期内有可预测的、稳定的、正向的现金流入，并且可以通过财务杠杆来改变资本结构，提高投资收益。

第三，对融资方而言，夹层融资成本一般高于优先债务但低于股本融资，而且可以按照客户的独特需求设计融资条款，在最大程度上减少对企业控制权的稀释。夹层融资适合那些现金流可以满足现有优先债务的还本付息，但是难以承担更多优先债务的企业或项目。

第四，从行业角度看，因为融资规模、现金流和信用等级的要求，夹层融资主要应用于基础设施和工商业项目。

第五，夹层融资的不足在于产品非标准化，信息透明度低，法律架构复杂，其费用远高于抵押贷款。此外，借款者在考虑夹层融资时，还必须征得抵押贷款投资人的同意。

3.2.2 股权融资的税务管理

3.2.2.1 股权融资初始投资的税务管理

（1）增值税。营改增之后，股权转让所得仍然不征增值税。但考虑到上市公司的股权与股票具有关联性，因而在转让上市公司股票时，我们需要区分其中的股权性收益与金融商品转让性收益，对股权性收益仍然不征税，只有对金融商品性转让收入征收增值税。

（2）企业所得税。《企业所得税法》及其实施条例规定："转让财产收入，是指企业转让固定资产、生物资产、无形资产、股权、债权等财产取得的收入。"因此，企业转让股权取得的收入应作为企业的收入总额计算应纳税所得额。

一般性税务处理：

- 被收购方应确认股权转让所得或损失；
- 收购方取得股权或资产的计税基础应以公允价值为基础确定；
- 被收购企业的相关所得税事项原则上保持不变。

同时符合下列条件的，可以选择适用特殊性税务处理规定：

- 具有合理的商业目的，且不以减少、免除或者推迟缴纳税款为主要目的；
- 被收购的股权不低于被收购企业全部股权的75%；
- 企业重组后的连续12个月内不改变重组资产原来的实质性经营活动；
- 收购企业在该股权收购发生时的股权支付金额不低于其交易支付总额的85%；
- 企业重组中取得股权支付的原主要股东，在重组后连续12个月内，不得转让所取得的股权。

特殊性税务处理规定：即暂不确认股权转让的所得或损失。

- 被收购企业的股东取得收购企业股权的计税基础，以被收购股权的原有计税基础确定；
- 收购企业取得被收购企业股权的计税基础，以被收购股权的原有计税基础确定；
- 收购企业、被收购企业的原有各项资产和负债的计税基础和其他相关所得税事项保持不变。

（3）印花税。根据《印花税暂行条例》，以及国税发〔1991〕155号文件第十条规定，"财产所有权"转移书据的征税范围是：经政府管理机关登记注册的动产、不动产的所有权转移所立的书据，以及企业股权转让所立的书据。这里的企业股权转让所立的书据，是指未上市公司股权转让所书立的书据，不包括上市公司的股票转让所书立的书据。

税目：由于属于财产所有权转让行为，应按照"产权转移书据"缴纳印花税。

税率：《印花税税目税率表》第十一项规定，产权转移书据应按所载金额的0.05%贴花。

财政部对上市公司股票转让所书立的书据怎样征收印花税做出了专门规定。经国务院批准，财政部决定，从2008年9月19日起，对证券交易印花税政策进行调整，由现行双边征收改为单边征收，税率保持1‰。即对买卖、继承、赠予所书立的A股、B股股权转让书据，由立据双方当事人分别按1‰的税率缴纳证券交易印花税，改为由出让方按 1‰的税率缴纳证券交易印花税,受让方不再征收。

3.2.2.2 股权融资持有期间的税务管理

(1)增值税。持股企业在股权持有期间收到房地产企业分红时,根据《财政部 国家税务总局关于明确金融、房地产开发、教育辅助服务等增值税政策的通知》(财税〔2016〕140号附件1附)第一条规定,《销售服务、无形资产、不动产注释》(财税〔2016〕36号)第一条第(五)项第1点所称"保本收益、报酬、资金占用费、补偿金",是指合同中明确承诺到期本金可全部收回的投资收益。金融商品持有期间(含到期)取得的非保本的上述收益,不属于利息或利息性质的收入,不征收增值税。

因此,持股企业在收到房地产企业分红时,持股企业不需要缴纳增值税,也不需要开具发票。

(2)企业所得税。股权持有企业在收到房地产企业分配的股息、红利时,根据《企业所得税法》第二十六条规定:"符合条件的居民企业之间的股息、红利等权益性投资收益,为免税收入。"以及根据《企业所得税法实施条例》第八十三条规定:"符合条件的居民企业之间的股息、红利等权益性投资收益,是指居民企业直接投资于其他居民企业取得的投资收益,但是不包括连续持有居民企业公开发行并上市流通的股票不足十二个月取得的投资收益。"

因此,持股企业对于在股权持有期间收到房地产企业股息、红利收入,符合《企业所得税法》关于免税收入的确认条件,属于不征税收入。

(3)个人所得税。根据《个人所得税法》第二条规定:"下列各项个人所得,应当缴纳个人所得税:……(六)利息、股息、红利所得;持股个人在收到房地产企业分红时应当缴纳个人所得税。"

《财政部 国家税务总局 证监会关于上市公司股息红利差别化个人所得税政策有关问题的通知》(财税〔2015〕101号)第一条规定:"个人从公开发行和转让市场取得的上市公司股票,持股期限超过1年的,股息红利所得暂免征收个人所得税。个人从公开发行和转让市场取得的上市公司股票,持股期限在1个月以内(含1个月)的,其股息红利所得全额计入应纳税所得额;持股期限在1个月以上至1年(含1年)的,暂减按50%计入应纳税所得额;上述所得统一适用20%的税率计征个人所得税。"

3.2.2.3 股权融资撤回的税务管理

(1)增值税。持股企业在撤回资金转让股权取得收益时,根据《财政部 国家税务总局关于明确金融、房地产开发、教育辅助服务等增值税政策的通知》(财税〔2016〕140号)第一条规定,《销售服务、无形资产、不动产注释》(财税〔2016〕36号附件1附)第一条第(五)项第1点所称"保本收益、报酬、资金占用费、补偿金",是指合同中明确承诺到期本金可全部收回的投资收益。金融商品持有期间(含到期)取得的非保本的上述收益,不属于利息或利息性质的收入,不征收增值税。

因此，持股企业撤回资金转让股权取得收益时，持股企业不需要缴纳增值税，也不需要开具发票。

（2）企业所得税。法人股东在撤回资金时对应的分红收入符合条件的居民企业之间的股息、红利等权益性投资收益，为免税收入。

对于法人股东在撤回资金转让股权时取得的收入，根据《企业所得税法》第六条规定："企业以货币形式和非货币形式从各种来源取得的收入，为收入总额。包括：……（三）转让财产收入……"，以及《企业所得税法实施条例》第十六条规定："企业所得税法第六条第（三）项所称转让财产收入，是指企业转让固定资产、生物资产、无形资产、股权、债权等财产取得的收入。"企业转让股权收入，应于转让协议生效且完成股权变更手续时，确认收入的实现。转让股权收入扣除为取得该股权所发生的成本后，为股权转让所得。企业在计算股权转让所得时，不得扣除被投资企业未分配利润等股东留存收益中按该项股权所可能分配的金额。

（3）个人所得税。根据《国家税务总局关于个人终止投资经营收回款项征收个人所得税问题的公告》（国家税务总局公告 2011 年第 41 号）规定，根据《中华人民共和国个人所得税法》及其实施条例等规定，现对个人终止投资、联营、经营合作等行为收回款项征收个人所得税问题公告如下：个人因各种原因终止投资、联营、经营合作等行为，从被投资企业或合作项目、被投资企业的其他投资者以及合作项目的经营合作人取得股权转让收入、违约金、补偿金、赔偿金及以其他名目收回的款项等，均属于个人所得税应税收入，应按照"财产转让所得"项目适用的规定计算缴纳个人所得税。

应纳税所得额的计算公式如下：

应纳税所得额 = 个人取得的股权转让收入、违约金、补偿金、赔偿金及以其他名目收回款项合计数 - 原实际出资额（投入额）及相关税费

个人股东收到撤资时属于分红收入的按照 20% 税率缴纳个人所得税。

3.2.3　夹层融资涉及的税务管理

（1）增值税。根据《财政部　国家税务总局关于全面推开营业税改征增值税试点的通知》（财税〔2016〕36 号）规定，以货币资金投资收取的固定利润或者保底利润，按照贷款服务缴纳增值税。例如，对 A 信托公司在持有股权期间从甲房地产公司取得的固定利润应按"贷款服务"申报缴纳增值税，但对于约定投资期满由乙集团回购，其中的溢价部分实务中存在一定的争议，一种观点认为：取得的固定收益属于向其他方的股权转让所得，不属于增值税征税范围，而税务机关一般认为投资方只要获得固定收益，无论是从被投资企业还是第三方取得，均应按照"贷款服务"缴纳增值税。

（2）企业所得税。《国家税务总局关于企业混合性投资业务企业所得税处理问题的公告》（国家税务总局公告2013年第41号）以实质重于形式原则对混合性投资业务的企业所得税处理进行了界定，并规定了五个条件：①被投资企业接受投资后，需要按投资合同或协议约定的利率定期支付利息（或定期支付保底利息、固定利润、固定股息，下同）；②有明确的投资期限或特定的投资条件，并在投资期满或者满足特定投资条件后，被投资企业需要赎回投资或偿还本金；③投资企业对被投资企业净资产不拥有所有权；④投资企业不具有选举权和被选举权；⑤投资企业不参与被投资企业日常生产经营活动。

对于同时符合上述5个条件的，属于"明股实债"。双方应按照一致性的税务处理原则，即被投资人被视为债务人，其支付的利息只要符合税法规定的扣除条件可以在应付利息的日期，确认为利息支出并在税前扣除；投资人被视为债权人，其收到的利息应于被投资企业应付利息的日期，确认利息收入的实现缴纳企业所得税。

融资阶段明股实债的税务管理

融资阶段私募基金的税务管理

第 4 章
房地产企业取得土地阶段的税务处理

土地是房地产企业从事经济活动的基础,房地产企业取得土地的方式包括招标拍卖挂牌(以下简称招拍挂)、划拨、收购项目公司股权、合作开发、购买在建工程等。

4.1 招拍挂方式取得土地使用权

4.1.1 土地招拍挂情形

一般来说,六类情形的土地必须实行招拍挂方式出让,即:
(1)供应工业、商业、旅游、娱乐和商品住宅等各类经营性用地。
(2)其他土地供地计划公布后同一宗地有两个或者两个以上意向用地者的。
(3)划拨土地使用权改变用途,《国有土地划拨决定书》或法律、法规、行政规定等明确应当收回土地使用权,实行招拍挂方式出让的。
(4)划拨土地使用权转让,《国有土地划拨决定书》或法律、法规、行政规定等明确应当收回土地使用权,实行招拍挂方式出让的。
(5)出让土地使用权改变用途,《国有土地使用权出让合同》约定或法律、法规、行政规定等明确应当收回土地使用权,实行招拍挂方式出让的。
(6)依法应当招拍挂方式出让的其他情形。
房地产开发用地必须采用公开招拍挂方式方式出让,坚决执行停止别墅类房地产开发项目土地供应的规定,从 2016 年 5 月 30 日起,一律停止其供地和办理相关用地手续。

4.1.2 土地出让的政策规定

(1) 土地出让合同签订由市、县人民政府土地管理部门与土地使用者签订。

(2) 土地使用者在支付全部土地使用权出让金后,向土地管理部门办理登记,领取国有土地使用权证,取得土地使用权。

(3) 土地出让成交后,必须在 10 个工作日内签订出让合同,合同签订后 1 个月内必须缴纳出让价款 50% 的首付款,余款要按合同约定及时缴纳,最迟付款时间不得超过 1 年。

(4) 闲置土地指国有建设用地使用权人超过国有建设用地使用权有偿使用合同或者划拨决定书约定、规定的动工开发日期满 1 年未动工开发的国有建设用地。已动工开发但开发建设用地面积占应动工开发建设用地总面积不足 1/3 或者已投资额占总投资额不足 25%,中止开发建设满 1 年的国有建设用地,也可以认定为闲置土地。未动工开发满 1 年的,按照土地出让或者划拨价款的 20% 征缴土地闲置费。但是,因不可抗力或者政府、政府有关部门的行为或者动工开发必需的前期工作造成动工开发迟延的除外。土地闲置费不得列入生产成本。未动工开发满 2 年的,无偿收回国有建设用地使用权。企业所得税可以税前扣除,土地增值税不能税前扣除。

(5) 改变土地使用用途:如果要在划拨土地上进行房地产开发,也要补缴土地出让金,将划拨土地转为出让土地,也就是常说的"土地变性"。土地使用者需要改变原土地使用权出让合同约定的土地用途的,必须取得原出让方和市、县人民政府城市规划行政主管部门的同意,签订土地使用权出让合同变更协议或者重新签订土地使用权出让合同,相应调整土地使用权出让金。

(6) 其他土地政策:住宅项目为限制用地项目,必须符合以下条件,国土资源管理部门和投资管理部门方可办理相关手续:①宗地出让面积不得超过下列标准:小城市和建制镇为 7 公顷,中等城市为 14 公顷,大城市为 20 公顷;②容积率不得低于 1.0(含 1.0)。别墅类房地产开发项目,高尔夫球场项目,赛马场项目,党政机关(含国有企事业单位)新建、改扩建培训中心(基地)和各类具有住宿、会议、餐饮等接待功能的设施或场所建设项目等为禁止用地项目。

4.1.3 招拍挂方式取得土地使用权的税务管理

房地产企业以招拍挂方式从政府受让土地用于房地产开发,需向政府支付的费用包括土地出让金、拆迁补偿费、基础设施配套费、征收补偿款、规费、契税、土地出让金延期支付利息等。如企业未能按土地出让合同约定期限支付土地价款,将向国土部门缴纳滞纳金；未按规定期限开发房地产的，将缴纳土地闲置费。

4.1.3.1 增值税

一般纳税人房地产开发企业销售自行开发的房地产项目，适用一般计税方法。按照取得的全部价款和价外费用，扣除当期销售房地产项目对应的土地价款后的余额计算销售额。

土地价款是指向政府、土地管理部门或受政府委托收取土地价款的单位直接支付的土地价款，包括土地受让人向政府部门支付的征地和拆迁补偿费用、土地前期开发费用和土地出让收益等。土地价款应当取得省级以上（含省级）财政部门监（印）制的财政票据；未取得合规票据不能差额扣除。同时，企业应建立台账登记土地价款的扣除情况，扣除的土地价款不得超过实际支付的土地价款。

4.1.3.2 印花税

企业与土地部门签订的土地出让合同，需按产权转移书据缴纳印花税，税率为0.05‰。

4.1.3.3 契税

契税计税依据为取得该土地使用权而支付的全部经济利益。企业以竞价方式取得出让土地，契税计税依据为竞价的成交价格，包括土地出让金、市政建设配套费以及各种补偿费用。

契税的纳税义务发生时间为签订土地权属转移合同的当天，或者取得其他具有土地权属转移合同性质凭证的当天。企业应当自纳税义务发生之日起10日内，向土地所在地主管税务机关办理纳税申报。

4.1.3.4 土地增值税

"取得土地使用权所支付的金额"可作为计算增值额的扣除项目，且可以加计20%扣除。

"取得土地使用权所支付的金额"是指为取得土地使用权所支付的地价款和按国家统一规定交纳的有关费用。缴纳的契税属于按国家统一规定交纳的费用，可以计入扣除项目。缴纳的土地闲置费，延期付款支付的利息，以及向国土部门支付的滞纳金不能扣除。

取得土地使用权支付的相关价款应取得合法有效凭证，未取得合法有效凭证的不能扣除。从政府部门取得的土地返还款不能作为土地价款扣除。

4.1.3.5 企业所得税

企业受让土地而支付的土地价款和相关费用，应取得合法有效凭证，未取得的合法有效凭据，相关土地成本不得在税前扣除。

4.1.3.6 城镇土地使用税

企业以出让方式有偿取得土地使用权的，应从土地出让合同约定交付土地时间的次月起缴纳城镇土地使用税；合同未约定交付土地时间的，由从合同签订的次月起缴纳城镇土地使用税。

[**案例 4.1**] 某房地产开发有限公司 2019 年 5 月 16 日接该市土地储备中心的拍卖公告要求支付竞拍保证金 5 000 万元，5 月 22 日竞拍成功，支付拍卖佣金 30 万元，通过招拍挂方式取得一宗 7 000 平方米的土地，该地块为非耕地，净地出让，出让金为 10 000 万元，依据拍卖确认书规定，保证金 5 000 万元抵出让金，剩余出让金 5 000 万元于 5 月 28 日支付。6 月 8 日缴纳该笔交易的契税和印花税，契税税率为 3%。

(1) 2019 年 5 月 16 日支付竞拍保证金，依据土地储备部门开具的收据和银行支付凭证，该房地产开发有限公司进行会计处理。

借：其他应收款——竞拍保证金　　　　　　　　　　50 000 000
　　贷：银行存款　　　　　　　　　　　　　　　　50 000 000

(2) 5 月 22 日，竞拍成功支付拍卖佣金，依据拍卖公司开具的服务业发票和付款凭证进行会计处理。

借：开发成本——土地征用及拆迁补偿费——土地征用费　　300 000
　　贷：银行存款　　　　　　　　　　　　　　　　300 000

(3) 5 月 28 日，取得土地使用权，依据财政部门开具的土地出让金专用收据和付款凭证进行会计处理。

借：开发成本——土地征用及拆迁补偿费——土地出让金　100 000 000
　　贷：银行存款　　　　　　　　　　　　　　　　50 000 000
　　　　其他应收款——竞拍保证金　　　　　　　　50 000 000

(4) 6 月 8 日缴纳契税和印花税，依据完税凭证和付款凭证进行会计处理。

借：开发成本——土地征用及拆迁补偿费——契税　　3 000 000
　　税金及附加——印花税　　　　　　　　　　　　50 000
　　贷：银行存款　　　　　　　　　　　　　　　　3 050 000

[**案例 4.2**] 在案例 4.1 中，若通过竞拍的土地状态为现状（毛地），出让合同规定拆迁补偿费用由房地产企业负担，2019 年 10 月拆迁补偿完毕，发生拆迁补偿费 3 000 万元。则：

(1) 参加竞拍及支付土地使用权出让金等业务的会计处理同案例 4.1。

(2) 支付拆迁补偿款以及支付委托拆迁单位拆迁费的会计处理：

借：开发成本——土地征用及拆迁补偿费——拆迁补偿款　30 000 000
　　贷：银行存款　　　　　　　　　　　　　　　　30 000 000

(3) 补缴税款：

借：开发成本——土地征用及拆迁补偿费——契税　　900 000
　　贷：银行存款　　　　　　　　　　　　　　　　900 000

4.1.4 招拍挂方式取得土地使用权的案例解析

[**案例4.3**] 某房地产公司2017年在甲市通过招拍挂获取一宗2 000亩土地，办理土地使用权证时，甲市国土局、税务局要求其按照每亩1.5万元缴纳耕地占用税，约计3 000万元。招拍挂建设用地属于"净地"，土地出让金已经缴纳，为何还需缴纳耕地占用税？另外，缴纳了耕地占用税之后，是否还需缴纳城镇土地使用税？

根据《中华人民共和国土地管理法》和《国务院关于促进节约集约用地的通知》（国发〔2008〕3号）规定，未利用的土地出让前，应当完成必要的前期开发，经过前期开发的土地，才能依法由市、县人民政府国土资源部门统一组织出让。必要的前期开发即应包括征用耕地时应当缴纳的耕地占用税，根据《中华人民共和国耕地占用税暂行条例实施细则》（财政部 国家税务总局令第49号）第四条规定，经申请批准占用耕地的，纳税人为农用地转用审批文件中标明的建设用地人；农用地转用审批文件中未标明建设用地人的，纳税人为用地申请人。未经批准占用耕地的，纳税人为实际用地人。根据《财政部 国家税务总局关于耕地占用税平均税额和纳税义务发生时间问题的通知》（财税〔2007〕176号）第二条规定，经批准占用耕地的，耕地占用税纳税义务发生时间为纳税人收到土地管理部门办理占用农用地手续通知的当天。未经批准占用耕地的，耕地占用税纳税义务发生时间为实际占用耕地的当天。

该房地产公司直接从甲市国土局拍下的建设用地，不是农用地转用审批文件中标明的建设用地人，也不具备耕地占用税的纳税义务发生时间，是否还需缴纳耕地占用税？

目前，地方土地储备中心征用耕地后，对应缴纳的耕地占用税有两种处理方式，一种方式是由地方土地储备中心缴纳，作为土地开发成本费用的一部分，体现在招拍挂的价格当中；另一种方式是由受让土地者缴纳耕地占用税。第一种方式没有争议，第二种方式即该房地产公司取得土地的这种形式，在该房地产公司招拍挂土地前，甲市国土部门代表政府统一办理农用地转用批准文件中无法标明建设用地人。因此，应认定甲市国土部门为用地申请人，即为耕地占用税的纳税人。该房地产公司通过公开拍卖出让方式竞得该宗地土地使用权，成为占用该地从事非农业建设的实际用地人，属于该宗地耕地占用税的实际税负人，即作为该宗土地受让人代国土局缴纳了耕地占用税，国土局应为该房地产公司出具收款凭证。

如果该房地产公司缴纳了耕地占用税，是否一年之后需缴纳城镇土地使用税？

根据《城镇土地使用税暂行条例》第九条规定，新征用的土地，依照下列规定缴纳土地使用税：①征用的耕地，自批准征用之日起满1年时开始缴纳土地使用税；②征用的非耕地，自批准征用次月起缴纳土地使用税。

耕地并非该房地产公司征用的，征用也是国土局土地储备中心先行征收而后出让的，能否适用上述规定？

根据相关规定，目前我国土地出让的主要方式是由地方土地储备中心征用土地，经过前期开发，然后以招标、拍卖、挂牌等方式出让给土地使用人。因此，《财政部 国家税务总局关于房产税、城镇土地使用税有关政策的通知》（财税〔2006〕186号）第二条关于有偿取得土地使用权城镇土地使用税纳税义务发生时间问题明确，以出让或转让方式有偿取得土地使用权的，应由受让方从合同约定交付土地时间的次月起缴纳城镇土地使用税；合同未约定交付土地时间的，由受让方从合同签订的次月起缴纳城镇土地使用税。房地产开发企业有偿取得的出让土地，应按照财税〔2006〕186号文件的规定确定城镇土地使用税纳税义务发生时间。但是，这样处理也导致了税企争议。《国家税务总局关于通过招拍挂方式取得土地缴纳城镇土地使用税问题的公告》（国家税务总局公告2014年第74号）对此问题进行了明确，通过招标、拍卖、挂牌方式取得的建设用地，不属于新征用的耕地，纳税人应按照《财政部 国家税务总局关于房产税、城镇土地使用税有关政策的通知》（财税〔2006〕186号）第二条规定，从合同约定交付土地时间的次月起缴纳城镇土地使用税；合同未约定交付土地时间的，从合同签订的次月起缴纳城镇土地使用税。

因此，该房地产公司招拍挂取得的建设用地，不属于耕地，不能在缴纳耕地占用税起满1年才开始缴纳土地使用税。

4.2 划拨方式取得土地使用权

4.2.1 划拨土地的情形

下列建设用地的土地使用权，确属必需的，可以由县级以上人民政府依法批准划拨：

（1）国家机关用地和军事用地。
（2）城市基础设施用地和公益事业用地。
（3）国家重点扶持的能源、交通、水利等项目用地。
（4）法律、行政法规规定的其他用地。

4.2.2 划拨土地的政策规定

划拨土地使用权一般不得转让、出租、抵押，但符合法定条件的也可以转让、出租、抵押：土地使用者为公司、企业、其他组织和个人，领有土地使用权证，地上建筑物有合法产权证明，经当地政府批准其出让并补交土地使用权出让金或者以转让、出租、抵押所获收益抵交出让金。

4.2.3 划拨方式取得土地使用权的税务管理

（1）土地增值税。划拨土地使用权不需要使用者出钱购买土地使用权，而是经国家批准其无偿地、无年限限制地使用国有土地。但是，取得划拨土地使用权的使用者应依法缴纳土地使用税。

（2）房产税。根据文件规定，对按照房产原值计税的房产，无论会计上如何核算，房产原值均应包含地价，包括为取得土地使用权支付的价款、开发土地发生的成本费用等。对于划拨取得的土地是否需要合并至房产原值中交纳房产税，具体处理情况参照广西壮族自治区的"12366纳税服务热线"的答复，企业提问企业改制后对划拨取得的土地进行评估，以评估后的价值作为无形资产入账，这种评估价值是否属于取得土地使用权支付的价款，是否需要计入房产原值计算房产税？

经"12366纳税服务热线"相关人员查阅相关文件后回复，参照《财政部 国家税务总局关于安置残疾人就业单位城镇土地使用税等政策的通知》（财税〔2010〕121号）第三条的规定："对按照房产原值计税的房产，无论会计上如何核算，房产原值均应包含地价，包括为取得土地使用权支付的价款、开发土地发生的成本费用等。宗地容积率低于0.5的，按房产建筑面积的2倍计算土地面积并据此确定计入房产原值的地价。"但该文件未提到划拨土地上的房产该如何计征房产税。

鉴于上述情况，在目前改革尚未全部到位的前提下，对将土地价值并入房产原值计征房产税的范畴，指的是在出让、转让土地基础上建造的房产。对因划拨而取得的土地，无论是否涉及评估入账的问题，只要该用地没能从划拨转换成出让、转让性质的，就暂不并入房屋原值征收房产税。

另外，常州市地税部门的一个口径解释是，部分企业（主要是老的国有企业）的土地是无偿划拨的，企业为取得土地使用权支付的价款为零。近年来随着国有企业改制，部分划拨土地虽以国家授权经营、作价入股等方式对土地进行了评估增值，但这种评估价值不属于取得土地使用权支付的价款，不需要计入房产原值，如企业补缴了土地出让金，则应并入房产原值。除以上两种原因对土地进行的评估增值不需要并入房产原值外，企业在改制过程中的土地评估增值需并入房产原值征收房产税；企业不是在改制过程中对土地进行的自行评估增值，需并入房产原值的土地价值以原始价值为准。

（3）契税。无偿划拨容易与减免土地出让金混淆。对减免土地出让金的，《国家税务总局关于免征土地出让金出让国有土地使用权征收契税的批复》（国税函〔2005〕436号）规定："对承受国有土地使用权所应支付的土地出让金，要计征契税。不得因减免土地出让金，而减免契税。"而对无偿划拨的土地，《财政部 国家税务总局关于国有土地使用权出让等有关契税问题的通知》（财税〔2004〕134号）规定，先以划拨方式取得土地使用权，后经批准改为出让方式取得该土地使用权的，应依法缴纳契税，其计税依据为应补缴的土地出让金和其他出让费用。由此可见，无偿划拨与减免土地出让金并非同一概念，无偿划拨是法律规定的不征收土地出让金，而减免土地出让金是法律规定应当征收土地出让金而给予了减免。所以，对政府无偿划拨土地不征收契税。但应当注意的是：无偿划拨土地并不意味着受让人不用缴纳土地补偿费（土地补偿费是指因国家征用土地对土地所有者和土地使用者因对土地的投入和收益造成损失的补偿，并非是土地出让金）、安置补助费、青苗补偿费和地上附着物补偿费。《财政部 国家税务总局关于国有土地使用权出让等有关契税问题的通知》（财税〔2004〕134号）规定，以协议方式出让土地的，计税依据为成交价格。成交价格包括土地出让金、土地补偿费、安置补偿费、地上附着物和青苗补偿费、拆迁补偿费、市政建设配套费等承受者应交付的货币、实物、无形资产及其他经济利益。所以，房地产开发公司受让无偿划拨的土地使用权而支付的土地补偿费等，应按适用税率缴纳契税。

4.2.4 划拨方式取得土地使用权的案例解析

[案例4.4] 甲公司2016年7月以行政划拨方式取得一块国有土地使用权，2018年12月甲公司转型为房地产开发企业。2019年4月，经当地政府批准，甲房地产开发企业取得的该地块由原先的行政划拨方式改为出让方式。甲房地产开发企业以出让方式取得该地块土地使用权时按政府规定补缴了土地出让金7亿元，支付其他相关的出让费用3.5亿元。

假设当地政府规定契税税率为3%，那么，在本案例中甲房地产开发企业该如何缴纳契税？

根据《财政部 国家税务总局关于国有土地使用权出让等有关契税问题的通知》（财税〔2004〕134号）第二条规定：先以划拨方式取得土地使用权，后经批准改为出让方式取得该土地使用权的，应依法缴纳契税，其计税依据为应补缴的土地出让金和其他出让费用。

甲房地产开发企业应缴纳契税 = (7 + 3.5) × 3% × 10 000 = 3 150（万元）

4.3 直接取得母公司或其他主体中标的土地使用权

4.3.1 母公司或其他主体办理土地证

房地产母公司中标且缴纳土地出让金，获得土地出让金收据，并取得土地证，拟成立子公司开发。

房地产母公司已经中标拿地，母公司与土地管理部门签订《国有土地使用权出让协议》，并交纳土地出让金取得国有土地使用权证书以及取得土地出让金合规票据入账，然后拟在项目所在地设立全资子公司或项目公司对该土地进行开发。

4.3.2 母公司或其他主体未办理土地证

房地产母公司中标并缴纳土地出让金，获得土地出让金收据，未办理土地证，拟成立子公司开发。

房地产母公司已经中标拿地，母公司与土地管理部门签订《国有土地使用权出让协议》，并交纳土地出让金取得土地出让金合规票据入账，但尚未取得国有土地使用权证书，然后拟在项目所在地设立全资子公司或项目公司对该土地进行开发。

4.3.3 直接取得母公司或其他主体中标的土地使用权税务管理

4.3.3.1 增值税

（1）增值税差额征收。母公司拿地、子公司开发的情形可能存在土地价款财政票据抬头为房地产开发企业，而实际开发销售房地产由其子公司项目公司完成，项目公司扣除土地价款时扣除凭证上的单位名称不一致的问题。根据《财政部　国家税务总局关于明确金融　房地产开发　教育辅助服务等增值税政策的通知》（财税〔2016〕140号）第八条规定，房地产开发企业（包括多个房地产开发企业组成的联合体）受让土地向政府部门支付土地价款后，设立项目公司对该受让土地进行开发，同时符合下列条件的，可由项目公司按规定扣除房地产开发企业向政府部门支付的土地价款。

①房地产开发企业、项目公司、政府部门三方签订变更协议或补充合同，将土地受让人变更为项目公司。

②在政府部门出让土地的用途、规划等条件不变的情况下，签署变更协议或补充合同时，土地价款总额不变。

③项目公司的全部股权由受让土地的房地产开发企业持有。

（2）增值税差额征收需要关注的问题。

①财税〔2016〕140号文件第八条规定的三个条件必须同时满足，否则项目公司不可以扣除房地产开发企业向政府部门支付的土地价款。

②如果存在多个房地产开发企业组成的联合体一起中标拿地，则项目公司的全部股权必须由参与中标土地的多个房地产开发企业组成的联合体共同持有。如果只有一个房地产企业参与中标拿地，则项目公司的全部股权，即100%的股权必须由该参与土地中标的一家房地产企业持有。

③母公司（土地竞得人）在向国土部门提交的《投标（竞买）申请书》中约定的内容，包括但不限于：拟成立子公司进行开发建设；房地产母公司代替拟成立子公

司垫付土地出让金，但是土地出让金的收据直接开至子公司（项目公司）名下。

④《国有土地使用权合同》签订主体的变更，与国土部门协商一致，根据招标挂牌出让结果，由国土部门先与房地产母公司签订《国有土地使用权出让合同》，在房地产母公司办理完子公司注册登记手续后，再与子公司签订《国有土地使用权出让合同变更协议》，或者约定国土部门直接与子公司签订《国有土地使用权出让合同》。

⑤房地产母公司支付土地出让金，国土部门向房地产公司开具抬头为房地产母公司的土地出让金行政事业收据或非税收入缴款书。项目公司开发时，如果无法取得项目公司抬头的票据入账，一是会影响项目公司增值税销项税额的差额抵扣；二是可能涉及土地使用权转让带来的增值税交纳的风险。因此，房地产母公司垫付土地出让金后，项目公司实际开发时，应重点关注《国有土地使用权出让合同变更协议》的签订，同时应与国土部门积极申请，根据新签署的合同重新换取项目公司抬头的票据入账，降低企业涉税风险。

4.3.3.2 企业所得税、土地增值税

（1）母公司取得土地出让金行政事业收据或非税收入缴款书。房地产母公司支付土地出让金，国土部门向房地产公司开具抬头为房地产母公司的土地出让金行政事业收据或非税收入缴款书，根据财税〔2016〕140号文件第八条的规定以及实质重于形式的原则，国土部门向房地产公司开具抬头为房地产母公司的土地出让金行政事业收据或非税收入缴款书可以在子公司做成本入账，在计征增值税时进行抵扣，在企业所得税税前也可扣除。项目公司应当在确认土地成本时，取得并保存好国土部门同意将土地使用权办至本公司名下的文书、母公司签订的土地出让合同复印件和支付土地出让金票据的复印件，以便在计算土地增值税扣除土地成本时查证。

（2）项目公司取得土地出让金行政事业收据或非税收入缴款书。房地产母公司中标拿地，在向国土部门提交土地中标申请书中约定：拟成立子公司的出资构成、成立时间、子公司开发母公司中标的土地等内容，土地中标后，母公司支付了土地出让金，未获得土地证，无论国土部门是否给房地产母公司开具土地出让金行政事业收据或非税收入缴款书，只要国土部门与房地产母公司签署《国有土地使用权出让合同变更协议》，或者国土部门直接与母公司拟成立的子公司签署《国有土地使用权出让合同》，土地使用证过户到母公司拟成立开发该母公司中标土地的子公司名下，就不视同房地产母公司将其中标的土地转让给其子公司的行为，而是认定为国土部门将土地出让给房地产母公司拟成立子公司的行为。房地产母公司不缴纳任何税款。

4.3.4 直接取得母公司或其他主体中标的土地使用权案例分析

［案例4.5］A公司于2016年3月1日，以120万元每亩的价格，通过招投标手续购入白湖片区D8地块共52亩，国土部门对该片区综合评估约为140万元每亩。A公

司领导层商议一致同意：将白湖片区 D8 地块过户到 A 公司 100%控股下的具有房地产开发资质的全资子公司 B 公司名下进行综合开发。但该地块如何变更到 B 公司名下，面临两种合同签订方案：一是 A 公司与 B 公司签订将该地块按账面净值划转到 B 公司名下的土地划转协议；二是 A 公司与 B 公司签订将该地块以增资扩股形式投资入股到 B 公司名下的协议。请分析两种合同的涉税成本。

第一种合同签订方法（资产划转方案）的涉税成本分析如下：

(1) A 公司需缴纳的税收成本。

①企业所得税的处理。根据《财政部 国家税务总局关于促进企业重组有关企业所得税处理问题的通知》（财税〔2014〕109 号）第三条的规定，A 公司按账面净值将土地资产划转到 B 公司，A 公司不需缴纳企业所得税。

②增值税、土地增值税的处理。由于本案例中的 A 公司是将其名下的土地资产无偿划转 B 公司名下。根据《国家税务总局关于资产（股权）划转企业所得税征管问题的公告》（国家税务总局公告 2015 年第 40 号）第一条第（二）项的规定，100%直接控制的母子公司之间，母公司向子公司按账面净值划转其持有的股权或资产，母公司没有获得任何股权或非股权支付。母公司按冲减实收资本（包括资本公积，下同）处理，子公司按接受投资处理。基于以上税收政策的规定，A 公司的账务处理如下：

借：资本公积——实收资本（账面净值）

贷：无形资产——土地（土地的账面净值）

根据会计核算可以发现，A 公司按原账面价值划转，无增值，因此无须缴纳增值税、土地增值税。

③印花税的处理。A 公司将其名下的土地资产无偿划转 B 公司名下的行为，按印花税产权转移书据 0.05%税率缴纳印花税，即：

120×52×0.05% = 3.12（万元）

(2) B 公司需缴纳的税收成本。

①契税的处理。《财政部 国家税务总局关于进一步支持企业事业单位改制重组有关契税政策的通知》（财税〔2015〕37 号）第六条第二款规定："同一投资主体内部所属企业之间土地、房屋权属的划转，包括母公司与其全资子公司之间，同一公司所属全资子公司之间，同一自然人与其设立的个人独资企业、一人有限公司之间土地、房屋权属的划转，免征契税。"基于此规定，B 公司接受 A 公司划转土地资产，不须缴纳契税。

②印花税的处理。A 公司将其名下的土地资产无偿划转 B 公司名下的行为，按印花税产权转移书据 0.05%税率缴纳印花税。B 公司缴纳印花税为 3.12 万元（120×52×0.05%）。

第一种方案下的总税收成本为 6.24 万元。

第二种合同签订方法（投资扩股方式）的涉税成本分析如下：

（1）A公司需缴纳的税收成本。

①增值税的处理。根据《财政部 国家税务总局关于全面推开营业税改征增值税试点的通知》（财税〔2016〕36号）附件1《营业税改征增值税试点实施办法》和《财政部 税务总局 海关总署关于深化增值税改革有关政策的公告》（财政部 税务总局 海关总署公告2019年第39号）规定，非货币性资产投资要视同销售缴纳增值税。

纳税人转让2016年4月30日前取得的土地使用权，可以选择适用简易计税方法，以取得的全部价款和价外费用减去取得该土地使用权的原价后的余额为销售额，按照5%的征收率计算缴纳增值税。

因此，A公司以白湖片区D8地块增资扩股到B公司，需缴纳增值税：

$(140-120) \times 52 \div (1+5\%) \times 5\% = 49.52$（万元）

②印花税的处理。按印花税产权转移书据0.05%税率缴纳印花税，即：

$140 \times 52 \times 0.05\% = 3.64$（万元）

③土地增值税的处理。根据《土地增值税暂行条例》的规定，在中华人民共和国境内转让国有土地、地上建筑物及其附着物并取得收入的单位和个人，是土地增值税的纳税义务人。《国家税务总局关于房地产开发企业土地增值税清算管理有关问题的通知》（国税发〔2006〕187号）第三条第（一）项规定："房地产开发企业将开发产品用于职工福利、奖励、对外投资、分配给股东或投资人、抵偿债务、换取其他单位和个人的非货币性资产等，发生所有权转移时应视同销售房地产。"《财政部 国家税务总局关于企业改制重组有关土地增值税政策的通知》（财税〔2015〕5号）第四条规定："单位、个人在改制重组时以国有土地、房屋进行投资，对其将国有土地、房屋权属转移、变更到被投资的企业，暂不征土地增值税。"第五条规定："上述改制重组有关土地增值税政策不适用于房地产开发企业。"因此，本案例中的A公司需缴纳土地增值税：

$$土地增值税 = \{140 \times 52 \div (1+5\%) - [120 \times 52 \div (1+5\%) + 3.64]\} \times 30\%$$
$$= 296.05（万元）$$

④企业所得税。《财政部 国家税务总局关于非货币性资产投资企业所得税政策问题的通知》（财税〔2014〕116号）第二条规定："企业以非货币性资产对外投资，应对非货币性资产进行评估并按评估后的公允价值扣除计税基础后的余额，计算确认非货币性资产转让所得。"基于此规定，A公司将土地投资扩股到B公司名下，应缴纳企业所得税，即：

$[(140-120) \div (1+5\%) \times 52 - (3.64+296.05)] \times 25\% = 172.7$（万元）

A公司需缴纳税费合计 $= 3.64 + 296.05 + 172.7 = 472.39$（万元）

(2) B公司需缴纳的税费。
①契税的处理。契税为：
140×52÷(1+5%)×3%=208（万元）
②印花税的处理。按印花税产权转移书据0.05%税率缴纳印花税，即：
140×52×0.05%=3.64（万元）
B公司需缴纳税费合计=208+3.64=211.64（万元）
第二种方案下，双方缴纳税费合计=472.39+211.64=684.03（万元）

4.4 企业重组取得土地使用权

4.4.1 企业一般重组取得土地使用权

企业重组取得土地使用权是指对企业的资金、资产、劳动力、技术、管理等要素进行重新配置，构建新的生产经营模式过程中取得土地使用权。

4.4.1.1 重组方式取得土地使用权的情形

（1）无偿划转取得土地使用权。国家无偿划拨给企业的土地使用权属于无形资产，下列情况除外：

①房地产开发企业取得的土地使用权用于建造对外出售的房屋建筑物，相关的土地使用权应当计入所建造的房屋建筑物的成本中。

②企业外购的房屋建筑物支付的价款应当在地上建筑物与土地使用权之间进行分配；难以合理分配的，应当全部作为固定资产处理。

土地使用权用于自行开发建造厂房等地上建筑物时，土地使用权与地上建筑物分别进行摊销和提取折旧。企业改变土地使用权的用途，将其作为用于出租或增值目的时，应将其账面价值转为投资性房地产。

土地使用权是指单位或者个人依法或依约定，对国有土地或集体土地所享有的占有、使用、收益和有限处分的权利。

国有土地使用权是指国有土地的使用人依法利用土地并取得收益的权利。国有土地使用权的取得方式有划拨、出让、出租、入股等。有偿取得的国有土地使用权可以依法转让、出租、抵押和继承。划拨土地使用权在补办出让手续、补缴或抵交土地使用权出让金之后，才可以转让、出租、抵押。

（2）合并取得土地使用权。合并取得土地使用权的常见操作为：甲公司拟收购乙公司的土地，乙公司先将其他资产及负债清理掉，随后甲公司直接将乙公司吸收合并，

12个月后乙公司股东再将股权转售给甲公司原有股东,由此甲公司及其股东最终取得了目标土地。需注意的是,因财税〔2018〕17号文件和财税〔2018〕57号文件所涉企业合并过程中暂不征收土地增值税和免缴契税的税收优惠政策不适用于交易方中存在房地产企业的情形,因此通过企业合并方式拿地更多的是应用在城市更新或"三旧"改造项目早期拿下土地的情形,如旧改(工改工、工改商、工改居等)项目中,开发商通过体系外的与开发商本身不关联的公司先以吸收合并的方式拿下目标工业厂房或工业用地(工厂原主营业务等全部由原工厂主自行剥离和清理),随后申请城市更新或"三旧"改造立项,最后由开发商以拆赔等形式取得实施主体资格并完成目标地块的旧改。

(3)分立取得土地使用权。财税〔2015〕5号文件规定:"按照法律规定或者合同约定,企业分设为两个或两个以上与原企业投资主体相同的企业,对原企业将国有土地、房屋权属转移、变更到分立后的企业,暂不征土地增值税。"

4.4.1.2 重组取得土地使用权的税务处理

为了适应日益加快的经济发展的步伐,每个企业都应不断调整自身的经营策略,以保证不被激烈的竞争所淘汰。企业发展到一定阶段,可能会进行改制重组,企业重组可能会使土地使用权发生转移,那么企业重组后会涉及哪些税种及如何计算?

(1)企业所得税。《财政部 国家税务总局关于促进企业重组有关企业所得税处理问题的通知》(财税〔2014〕109号)第三条规定,对100%直接控制的居民企业之间,以及受同一或相同多家居民企业100%直接控制的居民企业之间按账面净值划转股权或资产,凡具有合理商业目的、不以减少、免除或者推迟缴纳税款为主要目的,股权或资产划转后连续12个月内不改变被划转股权或资产原来实质性经营活动,且划出方企业和划入方企业均未在会计上确认损益的,可以选择按以下规定进行特殊性税务处理:

第一,划出方企业和划入方企业均不确认所得。

第二,划入方企业取得被划转股权或资产的计税基础,以被划转股权或资产的原账面净值确定。

第三,划入方企业取得的被划转资产,应按其原账面净值计算折旧扣除。

《财政部 国家税务总局关于非货币性资产投资企业所得税政策问题的通知》(财税〔2014〕116号)第二条规定:"企业以非货币性资产对外投资,应对非货币性资产进行评估并按评估后的公允价值扣除计税基础后的余额,计算确认非货币性资产转让所得。"

(2)增值税。《财政部 国家税务总局关于全面推开营业税改征增值税试点的通知》(财税〔2016〕36号)附件2《营业税改征增值税试点有关事项的规定》第一条第二款第五项规定:在资产重组过程中,通过合并、分立、出售、置换等方式,将全部或者部分实物资产以及与其相关联的债权、负债和劳动力一并转让给其他单位和个人，其中涉及的不动产、土地使用权转让行为不征增值税。

《财政部 国家税务总局关于全面推开营业税改征增值税试点的通知》（财税〔2016〕36号）规定，经国务院批准，自2016年5月1日起，在全国范围内全面推开营业税改征增值税试点，建筑业、房地产业、金融业、生活服务业等全部营业税纳税人，纳入试点范围，由缴纳营业税改为缴纳增值税。

根据以上规定，自2016年5月1日起，资产重组涉及的不动产、土地使用权转让行为不征增值税。

（3）土地增值税。根据《财政部 税务总局关于继续实施企业改制重组有关土地增值税政策的通知》（财税〔2018〕57号）规定：

①按照相关规定，非公司制企业整体改制为有限责任公司或者股份有限公司，有限责任公司整体改制为股份有限公司，对改制前的企业将国有土地使用权、地上的建筑物及其附着物（以下称房地产）转移、变更到改制后的企业，暂不征土地增值税。

整体改制是指不改变原企业的投资主体，并承继原企业权利、义务的行为。

②两个或两个以上企业合并为一个企业，且原企业投资主体存续的，对原企业将房地产转移、变更到合并后的企业，暂不征土地增值税。

③企业分设为两个或两个以上与原企业投资主体相同的企业，对原企业将房地产转移、变更到分立后的企业，暂不征土地增值税。

④单位、个人在改制重组时以房地产作价入股进行投资，对其将房地产转移、变更到被投资的企业，暂不征土地增值税。

⑤上述改制重组有关土地增值税政策不适用于房地产转移任意一方为房地产开发企业的情形。

综上所述，企业重组房地产企业取得土地使用权应按规定正常缴纳土地增值税。

（4）契税。《财政部 国家税务总局关于进一步支持企业事业单位改制重组有关契税政策的通知》（财税〔2015〕37号）第六条第二款规定："同一投资主体内部所属企业之间土地、房屋权属的划转，包括母公司与其全资子公司之间，同一公司所属全资子公司之间，同一自然人与其设立的个人独资企业、一人有限公司之间土地、房屋权属的划转，免征契税。"

（5）印花税。按印花税产权转移书据0.05%税率缴纳印花税。

4.4.1.3 重组取得土地使用权的案例解析

[案例4.6] 由股东甲出资51%、乙出资49%，共计出资1 000万元组建成立的A公司，2015年6月1日，以200万元/亩的价格，通过招投标手续购入市区W地块共60亩，评估公允价值为230万元/亩。A公司领导层商议一致同意，将成立B公司，将W地块过户到B公司进行开发。

由 A 公司投资成立全资子公司 B 公司，A 公司与 B 公司签订将 W 地块按账面净值划转到 B 公司名下的土地无偿划转协议。

A 公司需缴纳的税金如下：

(1) 增值税。根据财税〔2016〕47 号文件规定，纳税人转让 2016 年 4 月 30 日前取得的土地使用权，可以选择适用简易计税方法，以取得的全部价款和价外费用减去取得该土地使用权的原价后的余额为销售额，按照 5% 的征收率计算缴纳增值税。

A 公司将 W 地块无偿划拨到 B 公司，需缴纳增值税：

(230 − 200) × 60 ÷ (1 + 5%) × 5% = 85.71（万元）

(2) 城市维护建设税、教育费附加、地方教育附加。

需缴纳的城市维护建设税、教育费附加、地方教育附加 = 85.71 × (7% + 3% + 2%) = 10.29（万元）

(3) 印花税。按印花税产权转移书据 0.05% 税率缴纳印花税。

需缴纳的印花税 = 230 × 60 × 0.05% = 6.90（万元）

(4) 土地增值税。

需缴纳的土地增值税 = [230 × 60 ÷ (1 + 5%) − (200 × 60 + 200 × 60 × 3% + 10.29 + 6.90)] × 30% = 229.70（万元）

（注：360 万元（200 × 60 × 3%）为 A 公司取得出让土地时缴纳的契税。）

(5) 企业所得税。根据财税〔2014〕109 号文件规定，A 公司按账面净值将土地资产划转到 B 公司，A 公司不需缴纳企业所得税。

4.4.2　企业特殊重组取得土地使用权

4.4.2.1　股权收购方式取得土地使用权的情形

当前房地产行业投资增速一直在逐渐放缓。一部分房地产公司为了及时回笼资金或逐渐退出房地产行业，将自身闲置的土地，或者将前期进行了相关基础设施建设，但后期因缺乏相关开发经验、资金链紧张而停滞的在建工程，或者项目公司整体打包进行股权转让。即，A 企业购买 B 企业的股权，以实现对被收购企业控制的交易。收购企业支付对价的形式包括股权支付、非股权支付或两者的组合。

4.4.2.2　股权收购方式取得土地使用权的税务管理

由于双方直接进行公司股权转让，土地使用权不用过户，也未发生土地使用权的转移，因此转让方不需要缴纳转移过程中的增值税及土地增值税。股东只涉及印花税和企业所得税。

(1) 印花税。印花税属于行为税，发生股权转让行为，法人股东或自然人股东都应按股权转让金额的 0.05% 交纳产权转移书据的印花税。

(2) 企业所得税或个人所得税。如果转让方是法人股东，需要按股权转让收入减去股权原值及合理费用后的余额,并入企业应纳税所得额,按照25%的税率(或企业享受的优惠税率)计算缴纳企业所得税;如果转让方是自然人股东,则需要按股权转让收入减去股权原值及合理费用后的余额作为应纳税所得额,按财产转让所得缴纳20%的个人所得税。该部分个人所得税代扣代缴义务人为股权款的支付方。

4.4.2.3 股权收购方式取得土地使用权的案例解析

[案例4.7] (1) 股权主体情况与关系。

①股权主体情况与结构。转让方A公司,2016年6月出资成立子公司为房地产开发有限公司B公司,注册资本为1 600万元。B公司在2017年3月从P市土地交易中心取得商业用地2块,支付土地价款15 550.07万元,土地的评估价为16 713万元,一直未开发,土地价值占公司资产总额的95%以上。

②股权主体间经济事项。B公司为支付2块土地出让金向母公司A公司借款,2017年3月25日A公司与B公司签订借款合同,协议规定A公司借给B公司15 550.07万元用于支付土地出让金,未约定还款期限和利息计算方式。

(2) 策划不同转让形式的税负对比(见表4.17)。直接转让房地产需要缴纳增值税及其附加税、印花税、土地增值税和企业所得税等。根据增值税相关规定,房地产公司取得土地且未进行开发,应按税率9%缴纳增值税,且不能从销售额中抵减土地价款,而以股权转让形式不需缴纳增值税和土地增值税,只需缴纳印花税和相应的企业所得税。然而为抑制炒买地皮,国税函〔2000〕687号、国税函〔2009〕387号和财税〔2018〕57号等文件规定,将按转让实质由税务机关判定是否征收土地增值税。但严格来讲以上文件只属于税务公文,实际中P市未征收土地增值税。最终通过策划转让形式,A公司和B公司整体少缴纳税款1 808.72万元(1 938.60 – 129.88)。

表4.1　　　　　　　房地产股权转让与直接转让的税负情况

	股权转让(由A公司承担税负)	直接转让(由B公司承担税负)
增值税		16 713.64×9% = 1 504.23(万元)
增值税附加		1 504.23×(7% + 3% + 2%) = 180.51(万元)
印花税	16 713.64×0.05% = 8.36(万元)	16 713×0.05% = 8.36(万元)
土地增值税	若征收土地增值税,则为: (16 713.64 – 15 550.07)×30% = 349.07(万元)	土地增值额为16 713.64 – 15 550.07 – 1 671.36 – 200.56 – 8.36 < 0,故土地增值税为0
企业所得税	(2 087.14 – 1 600 – 1.04)×25% = 121.53(万元)	(16 713.64 – 15 550.07 – 180.50 – 0.75)×25% = 245.58(万元)
合计	129.89万元;若征收土地增值税,则为478.96万元	1 938.60万元

(3) 策划方向与建议。在应对土地增值税稽征方面,当股权转让也被征收土地增值税时,可依据国税函〔1995〕110号文件的有关规定,和受让方提前协商,适当提

高转让价格,在转让前由目标公司完成"生地"到"熟地"的开发或者投入一定额度的开发投资额,使得在计算土地增值税时,可以多扣除包括财务费用在内的开发费用和加计扣除开发成本的20%。而适当提高转让价格,相当于受让方开发支出前移而不是增加,也会使受让方未来转让或出售房地产计算土地增值税时增加扣除金额。

4.5 投资方式取得土地使用权

目前房地产开发企业获得土地使用权,除了在土地交易市场参加公开竞标外,一些房地产商还采取投资方式获取土地资源。

4.5.1 投资方式取得土地使用权的情形

在改革开放后,我国放松了对企业经营管理的限制,故而目前在经济市场中,各投资者可以自主选择投资方式获取经济利益。就实际情况来看,以土地使用权投资入股是一种常见的投资方式。

4.5.2 投资方式取得土地使用权的税务管理

(1)增值税。《财政部 国家税务总局关于全面推开营业税改征增值税试点的通知》(财税〔2016〕36号)附件1《营业税改征增值税试点实施办法》第十条规定,销售服务、无形资产或者不动产,是指有偿提供服务、有偿转让无形资产或者不动产。第十一条规定,有偿,是指取得货币、货物或者其他经济利益。纳税人取得不动产或者不动产在建工程的进项税额不再分2年抵扣,可一次性抵扣。

根据上述规定可以得出,企业将无形资产、不动产投资入股换取被投资企业股权的行为属于有偿取得"其他经济利益",且被投资企业取得不动产包括"接受投资入股"形式取得的不动产,其进项税额准予从销项税额中抵扣。这就意味着企业以土地等无形资产和房屋等不动产投资应作为销售缴纳增值税,并可计算销项税额、开具增值税专用发票给被投资企业作为抵扣进项税额的凭据。因此,以非货币性资产投资要视同销售缴纳增值税。

《财政部 国家税务总局关于进一步明确全面推开营改增试点有关劳务派遣服务、收费公路通行费抵扣等政策的通知》(财税〔2016〕47号)规定:"纳税人转让2016年4月30日前取得的土地使用权,可以选择适用简易计税方法,以取得的全部价款和价外费用减去取得该土地使用权的原价后的余额为销售额,按照5%的征收率计算缴纳增值税。"

(2) 印花税。按印花税产权转移书据0.05%税率缴纳印花税。

(3) 土地增值税。根据《土地增值税暂行条例》的规定，在中华人民共和国境内转让国有土地、地上建筑物及其附着物并取得收入的单位和个人，是土地增值税的纳税义务人。《国家税务总局关于房地产开发企业土地增值税清算管理有关问题的通知》（国税发〔2006〕187号）规定："房地产开发企业将开发产品用于职工福利、奖励、对外投资、分配给股东或投资人、抵偿债务、换取其他单位和个人的非货币性资产等，发生所有权转移时应视同销售房地产。"《财政部　国家税务总局关于企业改制重组有关土地增值税政策的通知》（财税〔2015〕5号）规定："单位、个人在改制重组时以国有土地、房屋进行投资，对其将国有土地、房屋权属转移、变更到被投资的企业，暂不征土地增值税。""上述改制重组有关土地增值税政策不适用于房地产开发企业。"

(4) 企业所得税。《财政部　国家税务总局关于非货币性资产投资企业所得税政策问题的通知》（财税〔2014〕116号）规定："企业以非货币性资产对外投资，应对非货币性资产进行评估并按评估后的公允价值扣除计税基础后的余额，计算确认非货币性资产转让所得。"

4.5.3　投资方式取得土地使用权的案例解析

房地产企业接受投资者投入的土地使用权，按投资合同或协议约定的价值，借记"开发成本——土地征用及拆迁补偿费"科目，贷记"实收资本""资本公积"等科目。

[案例4.8] 房地产企业恒庆公司成立于2017年1月30日，注册资本为1 000万元；同年2月红河棉业公司将其拥有的56 860.12平方米土地的使用权投入恒庆公司。根据投资协议该块土地评估价格为2 500万元，恒庆公司增资2 000万元，其余作为资本公积处理。3月，恒庆公司与红河棉业公司达成补充协议，恒庆公司支付700万元将红河棉业公司的办公楼、厂房和仓库等建筑物拆除。土地性质由工业用地变为住宅用地，补缴土地出让金400万元。

(1) 税务分析。

①土地增值税。《土地增值税清算管理规程》（国税发〔2009〕91号文件印发）第二十一条第（一）项规定，在土地增值税清算中，计算扣除项目金额时，其实际发生的支出应当取得但未取得合法凭据的不得扣除。

②契税。《契税暂行条例实施细则》第八条第一款规定，以土地、房屋权属作价投资、入股视同土地使用权转让、房屋买卖或者房屋赠与征税。

《财政部　国家税务总局关于国有土地使用权出让等有关契税问题的通知》（财税〔2004〕134号）规定，以协议方式出让的，其契税计税价格为成交价格。成交价格包括土地出让金、土地补偿费、安置补助费、地上附着物和青苗补偿费、拆迁补偿费、市政建设配套费等承受者应支付的货币、实物、无形资产及其他经济利益。

③企业所得税。若投资行为属于《国家税务总局关于企业处置资产所得税处理问题的通知》(国税函〔2008〕828号)规定的其他改变资产所有权属用途的行为,应视同销售缴纳企业所得税。

(2) 会计处理。

①接受投资时,依据土地评估报告和投资协议进行会计处理:

借:开发成本——土地征用及拆迁补偿费(土地转让费)　　25 000 000
　　贷:实收资本　　　　　　　　　　　　　　　　　　　20 000 000
　　　　资本公积　　　　　　　　　　　　　　　　　　　 5 000 000

②依据房屋拆迁补偿协议和付款凭证进行会计处理:

借:开发成本——土地征用及拆迁补偿费——拆迁补偿费　　 7 000 000
　　贷:银行存款　　　　　　　　　　　　　　　　　　　 7 000 000

③土地改变性质后,依据补交的土地出让金专用收据和付款凭证进行会计处理:

借:开发成本——土地征用及拆迁补偿费——拆迁补偿费　　 4 000 000
　　贷:银行存款　　　　　　　　　　　　　　　　　　　 4 000 000

④依据契税完税凭证和付款凭证进行会计处理:

应补交契税 = (25 000 000 + 7 000 000 + 4 000 000) × 3% = 1 080 000(元)

借:开发成本——土地征用及拆迁补偿费——契税　　　　　 1 080 000
　　贷:银行存款　　　　　　　　　　　　　　　　　　　 1 080 000

4.6 购买在建工程取得土地使用权

4.6.1 购买在建工程取得土地使用权的情形

购买在建工程是收购方与出让方(一般为在建工程的建设单位即业主)以在建工程转让的方式,将出让方拥有的在建工程及其附属的土地使用权一并转让给收购方。

以购买在建建筑物为主要目的的在建工程收购,主要在在建工程已完成主体施工并形成了基本完整的房屋的情况下发生。这种并购中,收购方主要在原有的建筑物基础上继续完工、装修,并进行出租或出售。这种并购方式主要适用于两种情形:

(1) 并购方的并购目标是建成后的建筑物,由于商品房实行网上销售,无法锁定买方地位,为避免并购风险而提前进行并购。

(2) 并购方的并购目标仅是交易对方名下的部分不动产资源。这种情况下,由于不动产尚未建成，不具备房屋转让条件，无法进行现房或预售房转让，而其权利人名下财产又不仅限于该项不动产，无法以股权方式收购，因此采用在建工程转让改变目标不动产的权属。转让房地产开发项目，应当符合下列条件：①按照出让合同约定已经支付全部土地使用权出让金，并取得土地使用权证书；②按照出让合同约定进行投资开发，属于房屋建设工程的，完成开发投资总额的25%以上，属于成片开发土地的，形成工业用地或者其他建设用地条件。转让房地产时房屋已经建成的，还应当持有房屋所有权证书。

4.6.2 购买在建工程取得土地使用权的税务管理

购买在建工程取得土地使用权，相当于购买资产，销售方需缴纳增值税、土地增税、印花税、企业所得税，购买方需缴纳契税、印花税。

（1）转让方涉税分析。

①增值税。根据财税〔2016〕36号文件规定，转让建筑物有限产权或者永久使用权的，转让在建的建筑物或者构筑物所有权的，以及在转让建筑物或者构筑物时一并转让其所占土地的使用权的，按照"销售不动产"缴纳增值税。在此需要注意的是，区分在建工程是老项目还是新项目，其适用不同的计税方法。

②土地增值税。《土地增值税暂行条例》规定，转让国有土地使用权、地上建筑物及其附着物并取得收入的单位和个人，为土地增值税的纳税义务人，应依照本条例缴纳土地增值税。由于在建项目转让方按销售不动产税目计征增值税，与此同时转让方在计缴土地增值税时，应按照《土地增值税暂行条例》计算。同时，享受可加计扣除20%的优惠政策。

③企业所得税。根据《企业所得税法》规定，转让在建项目可视为企业财产的销售转让，应根据相关税法规定，计缴企业所得税。转让方也应按销售不动产适用税率，给被转让方开具相应的增值税发票或其他合理的扣税凭证，以免受让方企业所得税税前无法正常扣除。

④印花税。根据《印花税暂行条例》及其实施细则规定，在建项目的转让应依据产权转移书据缴纳印花税。其计税依据应为在建项目转让合同的不含税价款。

（2）受让方涉税分析。

①契税。国家税务总局关于土地使用权转让契税计税依据的批复中规定，土地使用者将土地使用权及附着物、构筑物转让给他人，应按照转让的总价款计征契税。营改增之后，财政部对于其计税依据做了新的规定，在2016年5月1日后应按照不含增值税价格为在建项目转让的计税依据。

②印花税。印花税计缴办法同上述转让方相同。

③注意事项。在受让方取得转让方的在建项目，同时需要取得合规有效的入账票

据,才能保证后续所得税及土地增值税,税前扣除不受损失。

受让方采用一般计税方法的,在取得老项目时应取得5%的销售不动产增值税专用发票,若为新项目即需取得税率9%的增值税专用发票。

在后期受让方最终项目清算时,此部分转让价款是否可以加计扣除,在实务中是有争议的。

注:《天津市地方税务局关于土地增值税清算有关问题的公告》(天津市地方税务局公告2016年第25号)第七条规定,受让在建工程再转让进行土地增值税清算时,取得在建工程支付的金额,能提供合法有效凭证的,允许据实扣除,但不能加计扣除,后续投入的各项开发成本及费用按照土地增值税清算的有关规定处理。

4.6.3 购买在建工程取得土地使用权的案例解析

[案例4.9] 甲公司有一处在建项目(新项目),预计总投资20亿元(其中土地使用权4亿元),由于甲公司资金链断裂将此项目对外转让,截至转让前发生建造成本5.2亿元,达到转让条件。甲公司以15亿元的评估价将此项目转让给乙公司,后续乙公司仍需投资部分建设资金完成项目后期建设。(不考虑相关附加税因素,增值率未超过50%,税率为30%)

(1) 转让方涉税分析。

①增值税。根据财税〔2016〕36号文件规定,转让建筑物有限产权或者永久使用权的,转让在建的建筑物或者构筑物所有权的,以及在转让建筑物或者构筑物时一并转让其所占土地的使用权的,按照"销售不动产"缴纳增值税。在此需要注意的是,区分在建工程是老项目还是新项目,其适用不同的计税方法。

甲公司需缴纳增值税:$(15-4-5.2) \div 1.09 \times 0.09 = 0.48$(亿元)

②土地增值税。《土地增值税暂行条例》规定,转让国有土地使用权、地上建筑物及其附着物并取得收入的单位和个人,为土地增值税的纳税义务人,应依照本条例缴纳土地增值税。很多财务人员在此处会有一个疑惑,即转让方在土地增值清算时对于在建工程部分是否可以加计扣除?

由于在建项目转让方按销售不动产税目计征增值税,转让方在计缴土地增值税时,应按照《土地增值税暂行条例》计算。同时,享受可加计扣除20%的优惠政策。

甲公司需缴纳土地增值税:$[15 \div 1.09 - (4+5.2) \div 1.09 - (4+5.2) \div 1.09 \times 0.2] \times 30\% = 1.09$(亿元)

③印花税。根据《印花税暂行条例》及其实施细则规定,在建项目的转让应依据产权转移书据缴纳印花税。其计税依据应为在建项目转让合同的不含税价款。

甲公司需缴纳印花税:$15 \div 1.09 \times 0.0005 = 0.0069$(亿元)

④企业所得税。根据《企业所得税法》规定,转让在建项目可视为企业财产的销

售转让,根据相关税法规定,转让方应按销售不动产适用税率,给被转让方开具相应的增值税发票或其他合理的扣税凭证,以免受让方企业所得税税前无法正常扣除。

甲公司需缴纳企业所得税:$(15 \div 1.09 - 4 - 5.2 - 0.48 - 1.1 - 0.0068) \times 0.25 = 0.75$(亿元)

(2)受让方涉税分析。

①契税。国家税务总局关于土地使用权转让契税计税依据的批复中规定,土地使用者将土地使用权及附着物、构筑物转让给他人,应按照转让的总价款计征契税。营改增之后,财政部对于其计税依据做了新的规定,在2016年5月1日后应按照不含增值税价格为在建项目转让的计税依据。

乙公司需缴纳契税:$15 \div 1.09 \times 0.03 = 0.41$(亿元)

②印花税。印花税计缴办法同上述转让方相同。

乙公司需缴纳印花税:$15 \div 1.09 \times 0.0005 = 0.0069$(亿元)

4.7 旧城改造取得土地使用权

4.7.1 旧城改造取得土地使用权的情形

旧城改造是在指局部或整体地、有步骤地改造和更新老城市的全部物质生活环境,以便在根本改善其劳动、生活服务和休息等条件的情形下取得土地的一种方式。既反映城市的发展过程、城市空间规划组织以及建筑和社会福利设施的完善过程,又体现物质成果,反映当时的建筑和福利设施状况。旧城改造是个不间断的过程,取决于城市的发展方向和速度。招拍挂制度要求土地以"熟地"出让,但现实中,一些开发商前期介入拆迁,政府以"生地"招拍挂,由开发商代为拆迁。

4.7.2 旧城改造取得土地使用权的税务管理

4.7.2.1 被拆迁人

(1)增值税。营改增前,企业取得房屋拆迁补偿不征收营业税,《国家税务总局关于单位和个人土地被国家征用取得土地及地上附着物补偿费有关营业税的批复》(国税函〔2007〕969号)规定:"对国家因公共利益或城市规划需要而收回单位和个人所拥有的土地使用权,并按照《中华人民共和国土地管理法》规定标准支付给单位和个人的土地及地上附着物(包括不动产)的补偿费不征收营业税。"

根据《营业税改征增值税试点过渡政策的规定》,土地所有者出让土地使用权和土地使用者将土地使用权归还给土地所有者，无论个人还是企业收到拆迁补偿款都不需要缴纳增值税。

（2）土地增值税。根据《土地增值税暂行条例》第八条规定，有下列情形之一的，免征土地增值税：纳税人建造普通标准住宅出售，增值额未超过扣除项目金额20%的；因国家建设需要依法征用、收回的房地产。

《中华人民共和国土地增值税暂行条例实施细则》（以下简称《土地增值税暂行条例实施细则》）第十一条规定，《土地增值税暂行条例》所称的因国家建设需要依法征用、收回的房地产，是指因城市实施规划、国家建设的需要而被政府批准征用的房产或收回的土地使用权。因城市实施规划、国家建设的需要而搬迁，由纳税人自行转让原房地产的，比照本规定免征土地增值税。符合上述免税规定的单位和个人，须向房地产所在地税务机关提出免税申请，经税务机关审核后，免予征收土地增值税。

《财政部　国家税务总局关于土地增值税若干问题的通知》（财税〔2006〕21号）第四条"关于因城市实施规划、国家建设需要而搬迁，纳税人自行转让房地产的征免税问题"规定，《土地增值税暂行条例实施细则》第十一条第四款所称：因"城市实施规划"而搬迁，是指因旧城改造或因企业污染、扰民（指产生过量废气、废水、废渣和噪声，使城市居民生活受到一定危害），而由政府或政府有关主管部门根据已审批通过的城市规划确定进行搬迁的情况；因"国家建设的需要"而搬迁，是指因实施国务院、省级人民政府、国务院有关部委批准的建设项目而进行搬迁的情况。

综上，收到拆迁安置补偿款不需要缴纳土地增值税。

（3）企业所得税。《国家税务总局关于发布〈企业政策性搬迁所得税管理办法〉的公告》（国家税务总局公告2012年第40号）的要求，就政策性搬迁过程中涉及的搬迁收入、搬迁支出、搬迁资产税务处理、搬迁所得等所得税征收管理事项，单独进行税务管理和核算。不能单独进行税务管理和核算的，应视为企业自行搬迁或商业性搬迁等非政策性搬迁进行所得税处理，不得执行本办法规定。企业政策性搬迁，是指由于社会公共利益的需要，在政府主导下企业进行整体搬迁或部分搬迁。

企业由于下列需要之一，提供相关文件证明资料的，属于政策性搬迁：

- 国防和外交的需要；
- 由政府组织实施的能源、交通、水利等基础设施的需要；
- 由政府组织实施的科技、教育、文化、卫生、体育、环境和资源保护、防灾减灾、文物保护、社会福利、市政公用等公共事业的需要；
- 由政府组织实施的保障性安居工程建设的需要；
- 由政府依照《中华人民共和国城乡规划法》有关规定组织实施的对危房集中、基础设施落后等地段进行旧城区改建的需要；
- 法律、行政法规规定的其他公共利益的需要。

企业的搬迁收入，包括搬迁过程中从本企业以外（包括政府或其他单位）取得的搬迁补偿收入，以及本企业搬迁资产处置收入等。

企业取得的搬迁补偿收入，是指企业由于搬迁取得的货币性和非货币性补偿收入。具体包括：

- 对被征用资产价值的补偿；
- 因搬迁、安置而给予的补偿；
- 对停产停业形成的损失而给予的补偿；
- 资产搬迁过程中遭到毁损而取得的保险赔款；
- 其他补偿收入。

企业搬迁资产处置收入，是指企业由于搬迁而处置企业各类资产取得的收入。企业由于搬迁处置存货而取得的收入，应按正常经营活动取得的收入进行所得税处理，不作为企业搬迁收入。

企业的搬迁支出，包括搬迁费用支出以及由于搬迁发生的企业资产处置支出。

搬迁费用支出，是指企业搬迁期间发生的各项费用，包括安置职工实际发生的费用、停工期间支付给职工的工资及福利费、临时存放搬迁资产而发生的费用、各类资产搬迁安装费用以及其他与搬迁相关的费用。

资产处置支出，是指企业由于搬迁而处置各类资产发生的支出，包括变卖及处置各类资产的净值、处置过程中发生的税费等支出。

企业由于搬迁而报废的资产，如无转让价值，其净值作为企业的资产处置支出。

企业搬迁的资产，简单安装或不需要安装即可继续使用的，在该项资产重新投入使用后，就其净值按《企业所得税法》及其实施条例规定的该资产尚未折旧或摊销的年限，继续计提折旧或摊销。

企业搬迁的资产，需要进行大修理后才能重新使用的，应就该资产的净值加上大修理过程发生的支出，作为该资产的计税成本。在该项资产重新投入使用后，按该资产尚可使用的年限，计提折旧或摊销。

企业搬迁中被征用的土地，采取土地置换的，换入土地的计税成本按被征用土地的净值，以及该换入土地投入使用前发生的各项费用支出，为该换入土地的计税成本，在该换入土地投入使用后，按《企业所得税法》及其实施条例规定年限摊销。

企业搬迁期间新购置的各类资产，应按《企业所得税法》及其实施条例等有关规定，计算确定资产的计税成本及折旧或摊销年限。企业发生的购置资产支出，不得从搬迁收入中扣除。

企业所得税缴纳：企业在搬迁期间发生的搬迁收入和搬迁支出，可以暂不计入当期应纳税所得额，而在完成搬迁的年度，对搬迁收入和支出进行汇总清算。

企业的搬迁收入，扣除搬迁支出后的余额，为企业的搬迁所得。

企业应在搬迁完成年度，将搬迁所得计入当年度企业应纳税所得额计算纳税。

下列情形之一的，为搬迁完成年度，企业应进行搬迁清算，计算搬迁所得：

- 从搬迁开始，5年内（包括搬迁当年度）任何一年完成搬迁的。
- 从搬迁开始，搬迁时间满5年（包括搬迁当年度）的年度。

企业搬迁收入扣除搬迁支出后为负数的，应为搬迁损失。搬迁损失可在下列方法中选择其一进行税务处理：

- 在搬迁完成年度，一次性作为损失进行扣除。
- 自搬迁完成年度起分3个年度，均匀在税前扣除。

上述方法由企业自行选择，但一经选定，不得改变。

企业同时符合下列条件的，视为已经完成搬迁：

- 搬迁规划已基本完成；
- 当年生产经营收入占规划搬迁前年度生产经营收入50%以上。

企业边搬迁、边生产的，搬迁年度应从实际开始搬迁的年度计算。

企业以前年度发生尚未弥补的亏损的，凡企业由于搬迁停止生产经营无所得的，从搬迁年度次年起，至搬迁完成年度前一年度止，可作为停止生产经营活动年度，从法定亏损结转弥补年限中减除；企业边搬迁、边生产的，其亏损结转年度应连续计算。

（4）个人所得税。根据《国家税务总局关于个人取得被征用房屋补偿费收入免征个人所得税的批复》（国税函〔1998〕428号）规定，按照城市发展规划，在旧城改造过程中，个人因住房被征用而取得赔偿费，属补偿性质的收入，无论是现金还是实物（房屋），均免予征收个人所得税。《财政部 国家税务总局关于城镇房屋拆迁有关税收政策的通知》（财税〔2005〕45号）规定，对被拆迁人按照国家有关城镇房屋拆迁管理办法规定的标准取得的拆迁补偿款，免征个人所得税。

4.7.2.2 拆迁人

（1）增值税。根据《财政部 国家税务总局关于明确金融 房地产开发 教育辅助服务等增值税政策的通知》（财税〔2016〕140号）第七条规定，《营业税改征增值税试点有关事项的规定》（财税〔2016〕36号附件2）第一条第（三）项第10点中"向政府部门支付的土地价款"，包括土地受让人向政府部门支付的征地和拆迁补偿费用、土地前期开发费用和土地出让收益等。房地产开发中的一般纳税人销售其开发的房地产项目（选择简易计税方法的房地产老项目除外），在取得土地时向其他单位或个人支付的拆迁补偿费用也允许在计算时扣除。纳税人按上述规定扣除拆迁补偿费用时，应提供拆迁协议、拆迁双方支付和取得拆迁补偿费用凭证等能够证明拆迁补偿费用真实性的材料。

（2）土地增值税。《国家税务总局关于土地增值税清算有关问题的通知》（国税函〔2010〕220号）规定：

①房地产企业用建造的本项目房地产安置回迁户的，安置用房视同销售处理，按《国家税务总局关于房地产开发企业土地增值税清算管理有关问题的通知》（国税发〔2006〕187号）第三条第（一）款规定确认收入，同时将此确认为房地产开发项目的拆迁补偿费。房地产开发企业支付给回迁户的补差价款，计入拆迁补偿费；回迁户支付给房地产开发企业的补差价款，应抵减本项目拆迁补偿费。

②开发企业采取异地安置，异地安置的房屋属于自行开发建造的，房屋价值按国税发〔2006〕187号文件第三条第（一）款的规定计算，计入本项目的拆迁补偿费；异地安置的房屋属于购入的，以实际支付的购房支出计入拆迁补偿费。

③货币安置拆迁的，房地产开发企业凭合法有效凭据计入拆迁补偿费。由于未取得被拆迁户发票，故房地产企业依据付款收据入账，同时将政府拆迁文件、被拆迁人姓名、联系方式、身份证号、补偿金额、拆迁面积等有关拆迁信息档案留存备查。

（3）企业所得税。《国家税务总局关于印发〈房地产开发经营业务企业所得税处理办法〉的通知》（国税发〔2009〕31号）规定，土地征用费及拆迁补偿费指为取得土地开发使用权（或开发权）而发生的各项费用，主要包括土地买价或出让金、大市政配套费、契税、耕地占用税、土地使用费、土地闲置费、土地变更用途和超面积补交的地价及相关税费、拆迁补偿支出、安置及动迁支出、回迁房建造支出、农作物补偿费、危房补偿费等。

如拆迁户选择货币拆迁补偿方式，则该项支出作为"拆迁补偿费"计入开发成本中的土地成本，如果拆迁户选择就地安置房屋拆迁补偿方式，则相当于被拆迁户用房地产开发企业支付的货币补偿资金向房地产开发企业购入房屋，要确认土地成本中的"拆迁补偿费支出"，按拆迁补偿协议约定的价格或同期同类房屋市场价格或计算的金额，确认土地成本中的"拆迁补偿费支出"。

4.7.3 旧城改造取得土地使用权的案例分析

[**案例4.10**] 某集团公司（以下简称A公司）名下100亩土地因城市建设需要，被政府收储，政府与该公司签订了《土地置换协议》，随后政府在邻近地块划出了100亩的建设用地给A公司，并将土地登记在该公司的子公司甲房地产开发有限公司（以下简称甲公司）名下，所需费用（含土地出让金2 000万元）由政府承担。现甲公司与国土部门签订了相关的土地出让合同及补充合同，在补充合同中明确约定：本地块为搬迁企业安置用地，甲公司须负责该地块中搬迁的A公司的安置，甲公司以货币形式补偿。

整体税负测算分析：

经分析，假定A公司账面无亏损可弥补，增加100万元的拆迁补偿费，暂不考虑资金时间价值，则有：

(1) A公司税负增加：

企业所得税：100×25%＝25（万元）

(2) 甲公司税负降低：

土地增值税（按最低30%税率）：100×130%×30%＝39（万元）

企业所得税：（100－39）×25%＝15.25（万元）

甲公司节税合计：54.25万元

A公司整体节税：54.25－25＝29.25（万元）

如A公司账面有足够亏损弥补，则A公司整体节税至少为54.25万元。

4.7.4　以拆迁补偿方式取得土地使用权的税务管理

《国家税务总局关于土地使用者将土地使用权归还给土地所有者行为营业税问题的通知》（国税函〔2008〕277号）答复："纳税人将土地使用权归还给土地所有者时，只要出具县级（含）以上地方人民政府收回土地使用权的正式文件，无论支付征地补偿费的资金来源是否为政府财政资金，该行为均属于土地使用者将土地使用权归还给土地所有者的行为，按照《国家税务总局关于印发〈营业税税目注释（试行稿）〉的通知》（国税发〔1993〕149号）规定，不征收营业税。"营改增后，根据《营业税改征增值税试点过渡政策的规定》（财税〔2016〕36号文件附件3）的有关规定，政府征用土地，属于"将土地使用权归还给土地所有者"的行为，"土地所有者出让土地使用权和土地使用者将土地使用权归还给土地所有者"，免征增值税。

根据《中华人民共和国物权法》第四十二条第二款"征收集体所有的土地，应当依法足额支付土地补偿费、安置补助费、地上附着物和青苗的补偿费等费用，安排被征地农民的社会保障费用，保障被征地农民的生活，维护被征地农民的合法权益"和第三款"征收单位、个人的房屋及其他不动产，应当依法给予拆迁补偿，维护被征收人的合法权益；征收个人住宅的，还应当保障被征收人的居住条件"的规定，政府在征用土地及相关物产时，应依法给予补偿。

纳税人安置回迁户，其拆迁安置用房应税收入和扣除项目的确认，应按照《国家税务总局关于土地增值税清算有关问题的通知》（国税函〔2010〕220号）第六条"关于拆迁安置土地增值税计算问题"的规定执行。即：

(1) 房地产企业用建造的本项目房地产安置回迁户的，安置用房视同销售处理，按国税发〔2006〕187号文件第三条第（一）款规定确认收入，同时将此确认为房地产开发项目的拆迁补偿费。房地产开发企业支付给回迁户的补差价款，计入拆迁补偿费；回迁户支付给房地产开发企业的补差价款，应抵减本项目拆迁补偿费。

(2) 开发企业采取异地安置，异地安置的房屋属于自行开发建造的，房屋价值按国税发〔2006〕187号文件第三条第（一）款的规定计算，计入本项目的拆迁补偿费。

(3) 异地安置的房屋属于购入的,以实际支付的购房支出计入拆迁补偿费。

(4) 货币安置拆迁的,房地产开发企业凭合法有效凭据计入拆迁补偿费。拆迁补偿费是否实际发生,尤其是支付给个人的拆迁补偿款、拆迁(回迁)合同和签收花名册或签收凭证是否一一对应。

财税〔2016〕140号文件第七条关于扣除项目金额中"土地价款"的范围有如下规定:

"向政府部门支付的土地价款",包括土地受让人向政府部门支付的征地和拆迁补偿费用、土地前期开发费用和土地出让收益等。

房地产开发企业中的一般纳税人销售其开发的房地产项目(选择简易计税方法的房地产老项目除外),在取得土地时向其他单位或个人支付的拆迁补偿费用也允许在计算销售额时扣除。纳税人按上述规定扣除拆迁补偿费用时,应提供拆迁协议、拆迁双方支付和取得拆迁补偿费用凭证等能够证明拆迁补偿费用真实性的材料。

销售额=(全部价款和价外费用-当期允许扣除的土地价款)÷(1+9%)

《国家税务总局关于土地价款扣除时间等增值税征管问题的公告》(国家税务总局公告2016年第86号)第一条规定,房地产开发企业向政府部门支付的土地价款,以及向其他单位或个人支付的拆迁补偿费用,按照财税〔2016〕140号文件第七条和第八条规定,允许在计算销售额时扣除但未扣除的,从2016年12月(税款所属期)起按照现行规定计算扣除。

4.7.5 以拆迁补偿方式取得土地使用权的案例分析

[**案例4.11**] 甲房地产开发公司(以下简称甲公司)系增值税一般纳税人,2017年6月以2亿元成交价格竞得一块土地,用于开发A房地产开发项目(以下简称A项目)。土地出让合同中补充约定,该项目还需提供10 000平方米住宅用于原地还建。针对选择产权调换补偿方式的拆迁户,制订的补偿方案为:"拆一还一"部分,不补差价;超出部分面积分段计价,其中,不超过10平方米的部分单价为0.6万元,10~15平方米的部分单价为1.2万元,15平方米以上的部分单价为1.8万元。甲公司共收到增加面积差价款2 000万元。目前A项目已经完工,项目建筑施工等其他开发成本为1.6亿元,总可售面积为80 000平方米(包含用于原地还建的面积10 000平方米),对外销售的平均单价为每平方米1.8万元。上述价格均为含税价格。

(1) 以本项目开发产品进行实物还建,这里面涉及两个问题:一是用于还建的房屋权属发生了转移,应视同销售确认收入;二是出让还建房屋是为取得开发土地使用权所付出的经济利益,应确认拆迁补偿费。首先是视同销售收入的确认,如以对外销售均价作为计税价格,则10 000平方米还建房视同销售收入(含税)为18 000万元(10 000×1.8)。

（2）然后是拆迁补偿费金额的确认。甲公司实际只收到增加面积差价款 2 000 万元，与视同销售收入的差额为 16 000 万元，应计入本项目拆迁补偿费。

以上两步合并作会计分录如下：

借：银行存款　　　　　　　　　　　　　　　　　　　　20 000 000
　　开发成本——土地成本　　　　　　　　　　　　　　160 000 000
　　贷：主营业务收入　　　　　　　　　　　　　　　　　163 636 400
　　　　应交税费——应交增值税（销项税额）　　　　　　16 363 600

（3）计算 10 000 平方米还建房对应允许扣除的土地价款以及销项税额抵减额（注意此处容易出错）。允许扣除的土地价款以及销项税额抵减额计算过程如下：

①允许扣除的土地出让金：20 000÷80 000×10 000＝2 500（万元）

②允许扣除的拆迁补偿费：(18 000－2 000)÷80 000×10 000＝2 000（万元）

③允许扣除的土地价款合计：2 500＋2 000＝4 500（万元）

④销项税额抵减额：4 500÷(1＋9%)×9%＝371.56（万元）

相关会计分录如下：

借：应交税费——应交增值税（销项税额抵减）　　　　　3 715 600
　　贷：主营业务成本　　　　　　　　　　　　　　　　　3 715 600

（4）最后，分析一下在此口径下，对土地增值税计税收入和企业所得税视同销售所得的影响：

①土地增值税计税收入：18 000－(1 636.36－371.56)＝16 735.20（万元）

②企业所得税视同销售所得 = 视同销售收入 - 计税成本 = 16 363.64 - (4 500 + 2 000 - 371.56) = 10 235.20（万元）

4.7.6　收到政府返还土地款案例解析

[**案例 4.12**] 房地产企业 M 公司（增值税一般纳税人）参与 A 市旧城改造项目。M 公司在该项目土地一级开发过程中替政府垫付拆迁补偿资金 1.5 亿元，用于拆迁补偿安置工作。2019 年 10 月 M 公司通过招拍挂取得土地使用权，并一次性支付土地出让金 20 亿元。2019 年 12 月经当地政府研究决定，一次性支付 M 公司财政性资金 5 亿元，资金具体用途如下：

支付垫付的拆迁补偿款 1.5 亿元、资金占用费 1 000 万元。

支付回迁房购置款 7 000 万元，购买本项目商品房用于安置动迁户。

支付财政补贴 1 亿元，用于产业园区供水、排水、供电、照明、道路、平整等基础设施费建设。

支付财政奖励 2 000 万元。

（1）M 公司收到垫付的拆迁补偿款 1.5 亿元、资金占用费 1 000 万元的税务处理。

①增值税：M公司收到的1.5亿元属于政府偿还垫付款项，不属于增值税的应税范围，不缴纳增值税，财务核算上直接冲减往来款。收到的资金占用费1 000万元按照财税〔2016〕36号文件规定，应按"金融服务——贷款服务"税目依6%的税率申报缴纳增值税。

②土地增值税：按照《土地增值税暂行条例实施细则》第二条规定：《土地增值税暂行条例》第二条所称的转让国有土地使用权、地上的建筑物及其附着物并取得收入，是指以出售或者其他方式有偿转让房地产的行为。M公司收到的该项收入是收回先期垫付资金及利息，不属于转让不动产收入，不属于土地增值税征税范围，不征收土地增值税。

③企业所得税：M公司收到垫付的拆迁补偿款1.5亿元，属代收代付款项，不属于企业所得税应税收入，不缴纳企业所得税。收到的资金占用费1 000万元，应作为"其他业务收入"计入应税收入缴纳企业所得税。

（2）M公司收到回迁房购置款7 000万元，购买本项目商品房用于安置动迁户的税务处理。

①增值税：M公司收到的回迁房购置款7 000万元，实质是由政府出资购买商品房用于安置回迁户提前支付的款项，属于销售不动产收入，按照财税〔2016〕36号文件规定应按"销售不动产"税目依9%的适用税率缴纳增值税。同时，按照国家税务总局公告2016年第18号第十条规定：一般纳税人采取预收款方式销售自行开发的房地产项目，应在收到预收款时按照3%的预征率预缴增值税。因此，M公司收到预收房款时应按3%的预征率预缴税款，待产权发生转移时再按照适用税率计算应补退的税款。

②土地增值税：按照现行税法规定，M公司收到的回迁房购置款7 000万元属于转让地上建筑物取得的收入，应作为土地增值税应税收入，在达到土地增值税清算条件前按照确定的预征率预缴税款，达到清算条件后再按规定进行土地增值税清算。

③企业所得税：M公司收到的回迁房购置款7 000万元属于销售不动产取得的收入，按照《企业所得税法》规定应计入收入总额计算缴纳企业所得税。同时，按照国税〔2009〕31号文件规定，此笔收入在回迁房未完工年度应按照预计计税毛利率计算毛利额，并计入应纳税所得额计算纳税，完工年度再将实际毛利与预计毛利之间的差额计入当期应纳税所得额。

实务中，部分政府购买回迁房的价格远低于同类商品房的市场销售价格，往往被税务机关认定为销售价格明显偏低，而按照市场销售价格调整计税依据，造成补缴税款和滞纳金。笔者认为，政府购买回迁房的定价，是基于安置回迁户这一公益性质的特定目的而由政府主导的定价，不是纳税人以逃避缴纳税款为目的税收安排，因此应当属于价格明显偏低但有正当理由的情况，按照《税收征收管理法》的规定不应调整计税依据。

(3) M公司收到财政补贴1亿元，用于产业园区供水、排水、供电、照明、道路、平整等基础设施费建设的税务处理。

①增值税：按照《国家税务总局关于取消增值税扣税凭证认证确认期限等增值税征管问题的公告》（国家税务总局公告2019年第45号）第七条规定，纳税人取得的财政补贴收入，是与其销售货物、劳务、服务、无形资产、不动产的收入或者数量直接挂钩的，应按规定计算缴纳增值税。纳税人取得的其他情形的财政补贴收入，不属于增值税应税收入，不征收增值税。按照上述规定，M公司收到财政补贴1亿元与其销售收入或数量无关，不属于增值税应税收入，不征收增值税。

②土地增值税：按照《土地增值税暂行条例》规定，M公司收到财政补贴1亿元不属于转让国有土地使用权、地上建筑物及附着物取得的收入，不征收增值税。同时，按照财会〔2017〕15号文件第十一条规定，与企业日常活动相关的政府补助，应当按照经济业务实质，计入其他收益或冲减相关成本费用。M公司收到上述款项时，财务核算时可以冲减"开发成本——基础设施费"，土地增值税清算时也作冲减成本处理。

③企业所得税：按照《企业所得税法》规定，M公司收到财政补贴1亿元应作为"其他收入"计入收入总额申报缴纳企业所得税。同时，按照《财政部 国家税务总局关于专项用途财政性资金企业所得税处理问题的通知》（财税〔2011〕70号）第一条规定，企业从县级以上各级人民政府财政部门及其他部门取得的应计入收入总额的财政性资金，凡同时符合以下条件的，可以作为不征税收入，在计算应纳税所得额时从收入总额中减除：企业能够提供规定资金专项用途的资金拨付文件；财政部门或其他拨付资金的政府部门对该资金有专门的资金管理办法或具体管理要求；企业对该资金以及以该资金发生的支出单独进行核算。第三条规定，企业将符合本通知第一条规定条件的财政性资金作不征税收入处理后，在5年（60个月）内未发生支出且未缴回财政部门或其他拨付资金的政府部门的部分，应计入取得该资金第6年的应税收入总额；计入应税收入总额的财政性资金发生的支出，允许在计算应纳税所得额时扣除。如果M公司取得的1亿元财政补贴同时符合以上3个条件，则取得年度可以作为不征税收入，在5年（60个月）内未发生支出且未缴回财政部门或其他拨付资金的政府部门的部分，应计入取得该资金第6年的应税收入总额申报缴税。

(4) M公司收到财政奖励2 000万元的税务处理。按照国家税务总局公告2019年第45号的规定，M公司收到财政奖励2 000万元与其销售收入或数量无关，也不属于转让国有土地使用权及地上建筑物取得的收入，不属于增值税及土地增值税征税范围，不征收增值税和土地增值税；一般情况下M公司收到财政奖励2 000万元无法符合财税〔2011〕70号文件第一条规定的3个条件，应并入资金取得年度的收入总额申报缴纳企业所得税。

4.7.7 "红线"外发生费用的税务管理

《企业所得税法》第八条规定,企业实际发生的与取得收入有关的、合理的支出,包括成本、费用、税金、损失和其他支出,准予在计算应纳税所得额时扣除。

房地产开发企业发生的"红线"外的费用,一般来讲是企业为取得土地使用权,当地政府为搞好市政建设而强加给企业的工程,具体处理方法如下:

(1)在土地出让合同中明确规定,将预算额列入合同,由政府土地管理部门将这部分费用列入土地出让金。

(2)合同规定由房地产企业承担费用,形成与取得土地使用权相关的费用,企业外委施工,根据《广西自治区地方税务局关于明确土地增值税清算若干政策问题的通知》(桂地税发〔2008〕44号)规定,房地产开发商按照当地政府要求建设的道路、桥梁等公共设施产生的成本费用,凡属于房地产开发项目立项时确定的各类设施投资,可据实扣除;与开发项目立项无关的,则不予扣除。

4.8 土地置换方式取得土地使用

4.8.1 土地置换取得土地使用权的情形

土地置换,是指在城市发展过程中,利用级差地价置换土地改造老城区,加快城市发展的一种方法。包括异区地块的置换和同区内地块的置换两种情况。

(1)因为土地位置的不同,所以其使用价格也不同,即地租不同,从而产生级差地租。一般情况下,离市中心、繁华的商业区、商务区等越近,土地使用价格越高;反之则越低。这样,政府就可以利用土地的差价进行土地置换改造老城区,发展新城区。中心城市土地价差较大,在土地置换中更有优势。

(2)土地置换是以符合土地利用总体规划为要求,以耕地"占一补一"为前提条件,以调整优化土地利用结构布局为目标,以土地的适宜性为依据,通过异地调整,使不符合土地利用总体规划布局或低效利用的土地符合土地利用整体布局,最大限度地提高土地利用率。通常情况下,用来置换的建设用地均为国有土地,运作时不涉及土地性质问题,仅限于权属的重新调整和界定。

4.8.2 土地置换取得土地使用权的税务管理

(1)增值税。根据国家税务总局公告2016年第18号第六条规定:"在计算销售额时从全部价款和价外费用中扣除土地价款,应当取得省级以上(含省级)财政部门监(印)制的财政票据",企业未取得新地块公允价值的财政票据,只能以旧地块当初取得的财政票据在销售额前扣除。

(2)土地增值税。根据《土地增值税暂行条例实施细则》第七条规定:"条例第六条所列的计算增值额的扣除项目,具体为:(一)取得土地使用权所支付的金额,是指纳税人为取得土地使用权所支付的地价款和按国家统一规定交纳的有关费用。"企业未实际交纳新地块公允价值对应的费用,因此不能直接作为土地成本(既未实际支付土地价款,当然也无对应的财政票据)。

(3)企业所得税。由于土地置换时,换入资产的计税基础未改变,因此未来可在税前扣除的成本仍为原土地计税基础。

4.8.3 土地置换取得土地使用权的案例解析

[案例4.13]甲企业为建筑单位,为了响应当地政府的号召,甲企业需要和乙企业进行土地置换,进行人才公寓建设。经土地局行政协调,两家置换土地。两家原有土地均为政府行政划拨土地。甲企业拥有一块行政划拨土地,无账面价值,经评估价值为400万元;乙企业拥有一块行政划拨土地,经评估价值为200万元。置换地价通过土地局结算,甲企业先将置换乙企业土地价款200万元上交财政账户,乙企业也先将置换甲企业土地价款400万元上交财政账户。然后,市财政再将甲企业原地价款400万元作为补偿返还给甲企业,将乙企业原地价款200万元作为补偿返还给乙企业。甲企业针对该业务如何进行会计处理,涉及哪些税?

这种置换土地方式实质是:国家先收回两单位原占用土地,然后再分别出让给甲企业和乙企业,让甲企业上交财政土地出让金200万元,乙企业上交财政土地出让金400万元。最后,市财政再给予甲企业原土地补偿价款400万元、给予乙企业原土地补偿价款200万元。根据企业会计准则和税收法律、法规相关规定,针对甲企业置换土地分为归还土地、政策搬迁以及取得置换土地三个环节的分析如下:

(1)归还国家土地。

①会计处理。由于甲企业的土地无账面价值,因此无账务处理。

②税务处理。

● 增值税。财税〔2016〕36号文附件3《营业税改征增值税试点过渡政策的规定》第一条规定:"下列项目免征增值税……(三十七)土地所有者出让土地使用权和土地使用者将土地使用权归还给土地所有者。"

● 土地增值税。《土地增值税暂行条例》第八条第(二)款规定,"有下列情形之一的,免征土地增值税……(二)因国家建设需要依法征收、收回的房地产。"

(2)取得置换土地。

①会计处理。根据土地局开具的收款收据和支付款凭证作会计分录：

借：无形资产——土地使用权　　　　　　　　　　　2 000 000
　　贷：银行存款　　　　　　　　　　　　　　　　　　　　2 000 000

②税务处理。

● 印花税。根据土地使用证和《土地使用权转移书据》缴纳万分之五的印花税。

● 契税。《契税暂行条例细则》第六条第四款规定，《契税暂行条例》所称土地使用权交换，指土地使用者之间相互交换土地使用权的行为。即，只有土地使用者之间相互交换土地使用权的行为，才适用《契税暂行条例》第六条的差额征收。而案例甲、乙两个公司的土地置换行为，对应的一方是土地管理局，是土地的所有者，不是土地使用者，所以不适用该条款征税。因此，上述土地置换行为，契税征收应依据《契税暂行条例》第六条："有下列情形之一的，减征或者免征契税，……（四）财政部规定的其他减征、免征契税的项目。"

《契税暂行条例细则》第十五条规定，"根据条例第六条的规定，下列项目减征、免征契税：（一）土地、房屋被县级以上人民政府征用、占用后，重新承受土地、房屋权属的，是否减征或者免征契税，由省、自治区、直辖市人民政府确定"。

同时，根据《财政部　国家税务总局关于企业事业单位改制重组契税政策的通知》（财税〔2012〕4号）第八条规定："对承受县级以上人民政府或国有资产管理部门按规定进行行政性调整、划转国有土地、房屋权属的单位，免征契税。"

因此，甲企业接受行政性调整划转的土地可不缴纳契税。

③取得土地成本合规票据。甲企业在土地置换过程中应取得土地局开具的收款收据，便于在后续开发过程中土地成本可以在土地增值税和企业所得税税前扣除。

（3）政策搬迁。

①会计处理。

● 甲公司收到拆迁补偿款时：

借：银行存款　　　　　　　　　　　　　　　　　　4 000 000
　　贷：专项应付款　　　　　　　　　　　　　　　　　　　4 000 000

● 假定建造办公楼支出500万元，则甲企业的会计处理应为：

借：在建工程——办公楼及建筑物　　　　　　　　　5 000 000
　　贷：银行存款　　　　　　　　　　　　　　　　　　　　5 000 000

②税务处理。

● 增值税。根据财税〔2016〕36号文附件3《营业税改征增值税试点过渡政策的规定》第一条规定："下列项目免征增值税……（三十七）土地所有者出让土地使用权和土地使用者将土地使用权归还给土地所有者。"

● 印花税。政策性搬迁企业与政府签订的是地块征收补偿协议，不属于印花税列举的应税项目，不缴纳印花税。

● 企业所得税。根据《国家税务总局关于发布〈企业政策性搬迁所得税管理办法〉的公告》（国家税务总局公告 2012 年第 40 号）第十七条规定："下列情形之一的，为搬迁完成年度，企业应进行搬迁清算，计算搬迁所得：

（一）从搬迁开始，5 年内（包括搬迁当年度）任何一年完成搬迁的。

（二）从搬迁开始，搬迁时间满 5 年（包括搬迁当年度）的年度。"

第十八条规定："企业搬迁收入扣除搬迁支出后为负数的，应为搬迁损失。搬迁损失可在下列方法中选择其一进行税务处理：

（一）在搬迁完成年度，一次性作为损失进行扣除。

（二）自搬迁完成年度起分 3 个年度，均匀在税前扣除。

上述方法由企业自行选择，但一经选定，不得改变。"

4.9 土地取得阶段的其他税务处理

4.9.1 土地取得阶段耕地占用税的管理

占用耕地建房或者从事非农业建设的单位或者个人，都是耕地占用税的纳税人。

目前土地出让的主要方式是，由地方土地储备中心征用土地，经过前期开发，然后以招标、拍卖、挂牌等方式出让给土地使用人。地方土地储备中心征用耕地后，对应缴纳的耕地占用税有两种处理方式：一种方式是由地方土地储备中心缴纳，作为土地开发成本费用的一部分，体现在招拍挂的价格当中；另一种方式是由受让土地者缴纳耕地占用税，以纳税人实际占用的耕地面积为计税依据，按照规定的适用税额一次性征收。实际占用的耕地面积，包括经批准占用的耕地面积和未经批准占用的耕地面积。

4.9.2 土地取得阶段的土地闲置费的管理

房地产企业发生的土地闲置费用，在进行企业所得税和土地增值税处理时，两者有别。

（1）土地增值税的处理。《国家税务总局关于土地增值税清算有关问题的通知》（国税函〔2010〕220 号）规定，房地产企业逾期开发缴纳的土地闲置费不得扣除。

（2）企业所得税的处理。《房地产开发经营业务企业所得税处理办法》（国税发〔2009〕31 号文件印发）第二十二条规定，企业因国家无偿收回土地使用权而形成的损失，可作为财产损失按有关规定在税前扣除。第二十七条规定，开发产品计税成本支出——土地征用费及拆迁补偿费，指为取得土地开发使用权（或开发权）而发生的各项费用，主要包括土地买价或出让金、大市政配套费、契税、耕地占用税、土地使用费、土地闲置费、土地变更用途和超面积补交的地价及相关税费、拆迁补偿支出、安置及动迁支出、回迁房建造支出、农作物补偿费、危房补偿费等。

4.9.3 土地取得阶段的契税的管理

（1）需要依据国有土地使用权出让、土地使用权出售成交价格按照3%～5%适用税率缴纳契税。以自有房产作股投入本人独资经营的企业，免征契税。

（2）签订土地权属转移合同的当天，或者取得其他具有土地权属转移合同性质凭证的当天为纳税义务发生时间。自纳税义务发生之日起10日内，向土地所在地的契税征收机关办理纳税申报，并在契税征收机关核定的期限内缴纳税款。

（3）通过招拍挂程序承受国有土地使用权的，应按照土地成交总价款计征契税，其中的前期土地开发成本不得扣除。以竞价方式出让的，其契税计税价格一般应确定为竞价的成交价格，土地出让金、市政建设配套费以及各种补偿费用应包括在内。

（4）先以划拨方式取得土地使用权，后经批准改为以出让方式取得该土地使用权的，应依法缴纳契税，其计税依据为应补缴的土地出让金和其他出让费用。

（5）对于承受与房屋相关的附属设施（包括停车位、汽车库、自行车库、顶层阁楼以及储藏室等）所有权或土地使用权的行为，按照相关法律、法规的规定征收契税；对于不涉及土地使用权和房屋所有权转移变动的，不征收契税。承受的房屋附属设施权属如果是单独计价，按照当地确定的适用税率征收契税；如果是与房屋统一计价，适用与房屋相同的契税税率。

（6）原企业投资主体存续并在改制（变更）后的公司中所持股权（股份）比例超过75%，且改制（变更）后公司承继原企业权利义务的，对改制（变更）后公司承受原企业土地、房屋权属，免征契税。

（7）两个或两个以上的公司，依据法律规定、合同约定合并为一个公司，且原投资主体存续的，对合并后公司承受原合并各方的土地、房屋权属，免征契税。

（8）企业依照有关法律、法规规定实施破产，债权人（包括破产企业职工）承受破产企业抵偿债务的土地、房屋权属，免征契税；对非债权人承受破产企业土地、房屋权属，凡按照《中华人民共和国劳动法》等国家有关法律、法规政策妥善安置原企业全部职工，与原企业全部职工签订服务年限不少于3年的劳动用工合同的，对其承受所购企业土地、房屋权属，免征契税；与原企业超过30%的职工签订服务年限不少于3年的劳动用工合同的，减半征收契税。

（9）同一投资主体内部所属企业之间土地、房屋权属的划转，包括母公司与其全资子公司之间,同一公司所属全资子公司之间,同一自然人与其设立的个人独资企业、一人有限公司之间土地、房屋权属的划转,免征契税。

(10) 经国务院批准实施债权转股权的企业,对债权转股权后新设立的公司承受原企业的土地、房屋权属,免征契税。

(11) 在股权(股份)转让中,单位、个人承受公司股权(股份),公司土地、房屋权属不发生转移,不征收契税。

(12) 以出让方式或国家作价出资(入股)方式承受原改制重组企业、事业单位划拨用地的,不属上述规定的免税范围,对承受方应按规定征收契税。

(13) 对纳税人因改变土地用途而签订土地使用权出让合同变更协议或者重新签订土地使用权出让合同的,应征收契税。计税依据为因改变土地用途应补缴的土地收益金及应补缴政府的其他费用。

(14) 对经法院判决的无效产权转移行为不征收契税,法院判决撤销房屋所有权证后,已纳契税款应予退还。

(15) 对县级以上人民政府教育行政主管部门或劳动行政主管部门批准并核发办学许可证,由企业事业组织、社会团体及其他社会和公民个人利用非国家财政性教育经费面向社会举办的学校及教育机构,其承受的土地、房屋权属用于教学的,免征契税。

4.9.4 土地取得阶段的城镇土地使用税的管理

(1) 纳税义务产生时间。《财政部 国家税务总局关于房产税 城镇土地使用税有关政策的通知》(财税〔2006〕186号)第二条规定:"以出让或转让方式有偿取得土地使用权的,应由受让方从合同约定交付土地时间的次月起缴纳城镇土地使用税;合同未约定交付土地时间的,由受让方从合同签订的次月起缴纳城镇土地使用税。"在实际工作中时常出现土地出让合同已签订,但土地由于各种原因尚未实际交付,企业需提供与土地管理部门的土地延期交付手续,否则应按从合同签订的次月起缴纳城镇土地使用税。

(2) 计税依据。《城镇土地使用税暂行条例》第三条规定,土地使用税以纳税人实际占用的土地面积为计税依据,依照规定税额计算征收。《国家税务总局关于印发〈关于土地使用税若干具体问题的解释和暂行规定〉的通知》(国税地字〔1988〕15号)第六条规定,纳税人实际占用的土地面积,是指由省、自治区、直辖市人民政府确定的单位组织测定的土地面积。尚未组织测量,但纳税人持有政府部门核发的土地使用证书的,以证书确认的土地面积为准;尚未核发土地使用证书,应由纳税人据实申报土地面积。

(3) 税率。《城镇土地使用税暂行条例》第四条规定:"土地使用税每平方米年税额如下：（一）大城市 1.5 元至 30 元；（二）中等城市 1.2 元至 24 元；（三）小城市 0.9 元至 18 元；（四）县城、建制镇、工矿区 0.6 元至 12 元。"第五条规定："省、自治区、直辖市人民政府，应当在本条例第四条规定的税额幅度内，根据市政建设状况、经济繁荣程度等条件，确定所辖地区的适用税额幅度。市、县人民政府应当根据实际情况，将本地区土地划分为若干等级，在省、自治区、直辖市人民政府确定的税额幅度内，制定相应的适用税额标准，报省、自治区、直辖市人民政府批准执行。经省、自治区、直辖市人民政府批准，经济落后地区土地使用税的适用税额标准可以适当降低，但降低额不得超过本条例第四条规定最低税额的 30%。经济发达地区土地使用税的适用税额标准可以适当提高，但须报经财政部批准。"

（4）优惠政策。按照《财政部 国家税务总局关于廉租住房经济适用住房和住房租赁有关税收政策的通知》（财税〔2008〕24 号）、《国家税务总局关于印发〈关于土地使用税若干具体问题的解释和暂行规定〉的通知》（国税地字〔1988〕15 号）和《国家税务总局关于印发〈关于土地使用税若干具体问题的补充规定〉的通知》（国税地〔1989〕140 号）有关规定，对房地产开发企业按规划配套建设的交政府或业主使用的医院、学校、托儿所、幼儿园、物业用房以及在开发项目中配套建设符合免税条件的廉租住房、经济适用房，小区外的社会公用绿化用地、道路用地以及小区内尚未利用的荒山、林地、湖泊、水塘等所占用的土地，免征城镇土地使用税或经各省、自治区、直辖市税务局审批，可暂免征收土地使用税。房地产开发企业应充分利用这些税收优惠政策，在申报城镇土地使用税时，对按规划配套建设的交政府或业主使用的相关项目所占用的土地应在建成交付使用时免缴城镇土地使用税。对小区外的社会公用绿化用地、道路用地以及小区内尚未利用的荒山、林地、湖泊、水塘等所占用的土地应按实际占用面积从合同签订时间或合同规定交付土地时间起免缴城镇土地使用税。

（5）纳税义务终止时间。房地产开发企业城镇土地使用税纳税义务终止时间，按照《财政部 国家税务总局关于房产税城镇土地使用税有关问题的通知》（财税〔2008〕152 号）第三条的规定执行，即将开发产品交付给购买者并办理权属转移登记手续的次月。

实践中，税务机关和纳税人对"房产、土地的实物或权利状态发生变化"理解不一，造成了征纳双方分歧。尤其是对于房地产开发企业，其土地使用税纳税义务的截止时间各省税务机关存在不同规定。导致实务中存在多种口径：以合同签订时间为准、以产权权属变更、以实际交房为准、按交钥匙为准和以取得预售许可证为准。

①按合同的：《广西壮族自治区地方税务局关于房地产企业城镇土地使用税纳税义务终止时间的通知》（桂地税字〔2009〕117 号）规定："根据《财政部 国家税务总局关于房产税 城镇土地使用税有关问题的通知》（财税〔2008〕152 号）'纳税人因房产、土地的实物或权利状态发生变化而依法终止房产税、城镇土地使用税纳税义

务的,其应纳税款的计算应截止到房产、土地的实物或权利状态发生变化的当月末'的规定,结合我区的现实,对房地产开发企业建造的商品房用地,在商品房出售之前,应依照规定征收城镇土地使用税;终止缴纳的时间应以商品房出售双方签订销售合同生效的次月起。"(本文件根据国家税务总局广西壮族自治区税务局公告2020年第1号废止)

②按产权变更的:《河南省地方税务局房地产开发企业城镇土地使用税征收管理办法的通知》(豫地税发〔2006〕84号)第七条规定:"房地产开发企业城镇土地使用税纳税人,开发商品房已经销售的,应自房屋交付使用之次月,按照交付使用商品房屋的建筑面积所应分摊的土地面积相应调减应税土地面积。房屋交付使用,是指房地产开发企业按照售房合同的规定,将房屋已销售给购房人且购房人已办理了房屋土地使用权证或者房屋产权证,房屋所占有的土地已发生实际转移的行为。对购房人非个人原因无法及时取得土地使用权证或房屋产权证的,只要房地产开发企业按照销售合同的规定,已将房屋销售发票金额开付给购房人且购房人的购房款项已全部结清,或者已将房屋的钥匙交付给购房人,经主管税务机关审查同意后,也可视同为房屋已交付使用。"

③按交房的:

• 根据《海南省地方税务局关于购销新建商品房城镇土地使用税有关问题的公告》(海南省地方税务局公告2017年第4号)第一条的规定:"房地产开发企业销售新建商品房,应税土地的城镇土地使用税纳税义务截止时间为《商品房买卖合同》或其他协议文件约定房屋交付使用的当月末……如房地产开发企业未能按《商品房买卖合同》或其他协议文件约定时间交付使用的,房地产开发企业城镇土地使用税纳税义务截止时间为房屋实际交付使用的当月末……"第二条规定:"房地产开发企业销售新建商品房应自交付使用之次月起,按相应比例核减应税土地面积。"

• 根据《安徽省地方税务局关于若干税收政策问题的公告》(安徽省地方税务局公告2012年第2号)第五条的规定:房地产开发企业销售新建商品房的城镇土地使用税纳税义务截止时间,为房屋交付使用的当月末。房屋交付使用的时间为合同约定时间。未按合同约定时间交付使用的,为房屋的实物或权利状态发生变化的当月末。

• 《西安市地方税务局关于明确房地产开发企业房地产开发用地城镇土地使用税征收起止时间有关问题的通知》(西地税发〔2009〕248号)的规定,房地产开发企业房地产开发用地城镇土地使用税征收截止时间应为《商品房买卖合同》或其他协议文件约定房屋交付的当月末;未按《商品房买卖合同》或其他协议文件约定时间交付房屋的,城镇土地使用税征收截止时间为房屋实际交付的当月末。房地产开发企业商品房销售期间,应逐月统计已交付和未交付部分,并按建筑面积比例分摊计算当月应缴纳土地使用税。

④按照交钥匙的:根据《青岛市地方税务局关于明确房地产企业商品房开发期间城镇土地使用税有关问题的通知》(青地税函〔2009〕128号)第二条的规定,纳税义务的截止时间,房地产企业开发商品房已经销售的,土地使用税纳税义务的截止时间为商品房实物或权利状态发生变化即商品房交付使用的当月末。商品房交付使用,是指房地产企业将已建成的房屋转移给买受人占有,其外在表现主要是将房屋的钥匙交付给买受人。

⑤按取得预售许可证的:广州市地方税务局发布的《房产税、城镇土地使用税若干业务问题的征税指引》(穗地税税一函〔2010〕9号)第二条"关于房地产开发用地的城镇土地使用税如何计征的问题"规定:"房地产开发企业从事商品房开发,其开发用地城镇土地使用税纳税义务截止时间为预售(销售)许可证的核发时间的当月末。"

重组方式取得土地阶段的税务处理

第 5 章
房地产企业开发建设阶段的税务管理

5.1 房地产企业开发成本

房地产企业开发成本是指企业将开发一定数量的商品房所支出的全部费用,按成本项目归集和分配,最终计算出开发项目总成本和单位建筑面积成本的过程。

5.1.1 成本构成

(1) 土地使用权出让金。取得土地使用权支付的金额包括两方面的内容:

①纳税人为取得土地使用权所支付的地价款。以协议、招标、拍卖等方式取得土地使用权的,地价款为纳税人所支付的土地出让金;以行政划拨方式取得土地使用权的,地价款为按照国家有关规定补交的土地出让金;以转让方式取得土地使用权的,地价款为向原土地使用权人实际支付的地价款。

取得土地使用权时未支付地价款或不能提供已支付地价款凭据的,不允许扣除取得土地使用权所支付的金额。

②纳税人在取得土地使用权时按国家统一规定交纳的有关费用。即,纳税人在取得土地使用权过程中办理有关手续,并按国家统一规定缴纳的有关登记、过户手续费。

(2) 土地征收及拆迁安置补偿费。

①土地征收费。国家建设征收农村土地发生的费用主要有土地补偿费、劳动力安

置补助费、水利设施维修分摊、青苗补偿费、耕地占用税、耕地垦复基金、征地管理费等。农村土地征收费的估算可参照国家和地方有关规定进行。

②房屋征收安置补偿费。在城镇地区,国家和地方政府可以依据法定程序,将国有储备土地或者已由企、事业单位或个人使用的土地出让给房地产开发项目或其他建设项目使用,因出让土地对原用地单位或个人造成的经济损失,新用地单位应按规定给予补偿。它实际上包括两部分费用,即房屋征收安置费和征收补偿费。

(3) 前期工程费。前期工程费主要包括:

①项目的规划、设计、可行性研究所需费用。

②"三通一平"等土地开发费用。主要包括地上原有建筑物、构筑物拆除费用,场地平整费,通水、通电、通路的费用等。这些费用可以根据实际工作量,参照有关计费标准估算。

③建安工程费。它是指直接用于建安工程建设的总成本费用。主要包括建筑工程费(建筑、特殊装修工程费)、设备及安装工程费(给排水、电气照明、电梯、空调、燃气管道、消防、防雷、弱电等设备及安装)以及室内装修工程费等。

④基础设施费。它又称为"红线"内工程费,包括供水、供电、供气、道路、绿化、排污、排洪、电讯、环卫等工程费用。

⑤公共配套设施费。它主要包括不能有偿转让的开发小区内公共配套设施发生的支出。

⑥不可预见费。它包括基本预备费和涨价预备费。依据项目的复杂程度和前述各项费用估算的准确程度,以上述①~⑥项之和为基数,按3%~5%计算。

⑦开发间接费。

5.1.2 确定成本核算对象的方法

根据上述原则,房地产企业应结合项目开发地点、规模、周期、开发产品处理方式、功能设计、结构类型、装修档次、施工队伍等因素和管理需要等实际情况,确定其具体成本核算对象。具体确定方法如下:

单体开发项目,一般以每一独立编制设计概算或施工图预算的单项开发工程为成本核算对象。

成片分期开发的项目,可以以各期为成本核算对象。

在同一开发地点、结构类型相同、开竣工时间相近、由同一施工单位施工或总包的群体开发项目,可以合并为一个成本核算对象。

开发规模较大、工期较长的开发项目,可以结合项目特点和成本管理的需要,按开发项目的一定区域、部位或周期划分成本核算对象。

同一项目有裙楼、公寓、写字楼等不同功能的,在按期划分成本核算对象的基础上，还应按功能划分成本核算对象。

同一分期有高层、多层、复式等不同结构类型的，还应按结构类型划分成本核算对象。

独立编制设计概算或施工图预算的配套设施，不论其支出是否摊入房屋等开发产品成本，均应单独作为成本核算对象。

只为一个单体开发项目服务的应摊入开发项目成本且造价较低的配套设施，可以不单独作为成本核算对象，发生的开发费用直接计入单体开发项目的成本。

5.1.3 在成本核算对象之间分摊成本

将归集的开发成本费用按确定的方法和标准在各成本核算对象之间进行分配。

[**案例5.1**] A房地产开发企业2020年1月竞得一块20 000平方米土地，容积率为2，可以建设商品房40 000平方米。取得发改委项目批准文件（项目B），分两期开发：一期项目占地面积为10 000平方米，建设商品房20 000平方米，已开工建设。其中：写字楼占地面积为6 000平方米、建筑面积为5 000平方米；普通住宅占地面积为4 000平方米、建筑面积为15 000平方米；二期项目占地面积为10 000平方米，建设洋房20 000平方米，未开工建设。

在2020年度共发生了下列有关开发支出：

（1）1月用银行存款支付征地及拆迁费6 000万元、契税240万元。

按占地面积法计算出每期项目应负担的成本：

一期项目应负担的成本 = 6 240 × 10 000 ÷ 20 000 = 3 120（万元）

二期项目应负担的成本 = 6 240 × 10 000 ÷ 20 000 = 3 120（万元）

一期分摊土地成本为3 120万元，按占地面积法计算出写字楼、普通住宅应负担的成本：

写字楼应负担的成本 = 3 120 × 6 000 ÷ 10 000 = 1 872（万元）

普通住宅应负担的成本 = 3 120 × 4 000 ÷ 10 000 = 1 248（万元）

借：开发成本——一期——土地征用拆迁补偿费（写字楼）　18 720 000

　　开发成本——一期——土地征用拆迁补偿费（普通住宅）

　　　　　　　　　　　　　　　　　　　　　　　　　　12 480 000

　　开发成本——二期——土地征用拆迁补偿费　　　　31 200 000

　　贷：银行存款　　　　　　　　　　　　　　　　　62 400 000

（2）2月用银行存款支付设计院一期设计费100万元。设计费一般以建筑面积为单位收费。

写字楼分摊的设计费 = 100 × 5 000 ÷ 20 000 = 25（万元）

普通住宅分摊的设计费 = 100 × 15 000 ÷ 20 000 = 75（万元）

借：开发成本——一期——前期工程费（写字楼）　　　　250 000
　　开发成本——一期——前期工程费（普通住宅）　　　750 000
　　贷：银行存款　　　　　　　　　　　　　　　　　　　1 000 000

5.1.4　土地增值税分摊

土地增值税分摊，首先是在《土地增值税暂行条例》及其实施细则、土地增值税清算规程的总体原则下开展，其次是根据企业所在地土地增值税相关政策文件进行操作。以下以北京市土地增值税清算规程举例说明。《北京市地方税务局土地增值税清算管理规程》（北京市地方税务局公告 2016 年第 7 号印发）第三十一条扣除项目金额的计算分摊：

（1）纳税人分期开发项目或者同时开发多个项目的，或者同一项目中建造不同类型房地产的，应按照受益对象，采用合理的分配方法，分摊共同的成本费用：

①占地面积法：即按照房地产土地使用权面积占土地使用权总面积的比例计算分摊；

②建筑面积法：即按照房地产建筑面积占总建筑面积的比例计算分摊；

③直接成本法：即按照受益对象或清算单位直接归集成本费用；

④税务机关确认的其他合理方法。

（2）属于多个清算单位共同发生的扣除项目金额，原则上按建筑面积法分摊，如无法按建筑面积法分摊，应按占地面积法分摊或税务机关确认的其他合理方法分摊。

（3）同一清算单位发生的扣除项目金额，原则上应按建筑面积法分摊。对于纳税人能够提供相关证明材料、单独签订合同并独立结算的成本，可按直接成本法归集。

（4）同一清算单位中纳税人可以提供土地使用权证或规划资料及其他材料证明该类型房地产属于独立占地的，取得土地使用权所支付的金额和土地征用及拆迁补偿费可按占地面积法计算分摊。

（5）同一清算单位中部分转让国有土地使用权或在建工程，其共同受益的项目成本无法按照建筑面积法分摊计算的，可按照占地面积法或税务机关确认的其他合理方法进行分摊。

5.1.5　成本对象的管理要求

根据《国家税务总局关于房地产开发企业成本对象管理问题的公告》（国家税务总局公告 2014 年第 35 号）的规定，房地产企业应按照以下的要求做好成本对象的管理。

（1）房地产开发企业应依据计税成本对象确定原则确定已完工开发产品的成本对象，并就确定原则、依据，共同成本分配原则、方法，以及开发项目基本情况、开发计划等出具专项报告,在开发产品完工当年企业所得税年度纳税申报时,随同《企业所得税年度纳税申报表》一并报送主管税务机关。房地产开发企业将已确定的成本对象报送主管税务机关后,不得随意调整或相互混淆。如确需调整成本对象的,应就调整的原因、依据和调整前后成本变化情况等出具专项报告,在调整当年企业所得税年度纳税申报时报送主管税务机关。

(2)房地产开发企业应建立健全成本对象管理制度,合理区分已完工成本对象、在建成本对象和未建成本对象,及时收集、整理、保存成本对象涉及的证据材料,以备税务机关检查。

(3)对资料不完整、不规范的,应及时补齐、调整、修正。

(4)对成本对象确定不合理或共同成本分配方法不合理的,可能会导致主管税务机关对其进行合理调整。

(5)对成本对象确定情况异常的,容易被主管税务机关列入专项稽查或税务检查。

(6)不如实出具专项报告或不出具专项报告的,主管税务机关将按《税收征收管理法》的相关规定进行处理或处罚。

5.1.6 预提成本

(1)企业所得税处理。企业在经营过程中所发生的各项费用,都应以实际发生数计入成本、费用,不得把预提的费用直接列为成本、费用开支,对已经预提的费用,凡已发生,并应由本期负担的,准予按实际发生数计入本期的成本、费用,如果是应由本期和以后各期负担的,应作为待摊费用,分期摊入成本、费用,年终有余额的,应并入当年损益计算缴纳企业所得税。

按照《房地产开发经营业务企业所得税处理办法》(国税发〔2009〕31号)第二十八、第三十二条规定,对应计入成本对象中的预提费用应合理地划分为直接成本、间接成本和共同成本,并按规定将其合理地归集、分配至已完工成本对象、在建成本对象和未建成本对象。

根据《房地产开发经营业务企业所得税处理办法》(国税发〔2009〕31号)第三十二条规定,以下几项预提(应付)费用可以计入计税成本:出包工程未最终办理结算而未取得全额发票的,在证明资料充分的前提下,其发票不足金额可以预提,但最高不得超过合同总金额的10%;公共配套设施尚未建造或尚未完工的,可按预算造价合理预提建造费用;应向政府上交但尚未上交的报批报建费用、物业完善费用可以按规定预提。

[案例5.2] A公司开发的商品房项目预算总额为30亿元,其中,与施工方B公司签订出包合同为27亿元,甲供工程为3亿元。该项目2017年10月竣工并投入使

用，2018 年 5 月 15 日 A 公司与 B 公司办理了竣工价款结算，且双方出具了《工程竣工价款结算报告》，当年 A 公司向 B 公司支付工程竣工结算款 25.65 亿元，余款作为质量保证（保修）金，待交付使用起 2 年质保到期后再支付。

A 公司按预算总额 10% 预提费用，2017 年年末预提费用余额为 3 亿元，截至 2018 年 5 月 31 日尚有 2.25 亿元未取得发票，截至 2019 年 5 月 31 日尚有 1.65 亿元未取得发票。

问：A 公司 2017 年、2018 年对预提费用应如何进行纳税调整？

①2017 年纳税调整。由于出包工程允许预提费用的最高限额为 2.7 亿元（27×10%）大于出包工程未取得发票金额为 2.25 亿元，因此 2017 年出包工程可预提费用金额为 2.25 亿元，应调增应纳税所得额为 0.75 亿元（3 - 2.25）。

②2018 年纳税调整。2018 年 5 月 A 公司与 B 公司办理了竣工价款结算后，出包工程就不再符合"出包工程未最终办理结算"这一预提费用条件，除了不得再继续预提费用外，对已预提费用但未取得相应发票的也不得税前扣除。截至 2019 年 5 月 31 日有 1.65 亿元仍未取得发票，应调增应纳税所得额 1.65 亿元。

（2）土地增值税处理。根据《国家税务总局关于房地产开发企业土地增值税清算管理有关问题的通知》（国税发〔2006〕187 号）第四条的规定，房地产开发企业的预提费用，除另有规定外，不得扣除。

根据《国家税务总局关于印发〈土地增值税清算管理规程〉的通知》（国税发〔2009〕91 号）第二十一条的规定，审核扣除项目是否符合下列要求：在土地增值税清算中，计算扣除项目金额时，其实际发生的支出应当取得但未取得合法凭据的不得扣除；扣除项目金额中所归集的各项成本和费用，必须是实际发生的。因此，房地产开发企业的预提费用，除另有规定外，不得扣除。

5.2 简易计税方法下开发成本管理

5.2.1 简易计税方法的确定

简易计税方法是指一般纳税人发生财政部和国家税务总局规定的特定应税行为，可以选择适用简易计税方法计税，适用简易计税方法计税的一般纳税人，其取得的用于简易计税方法计税项目的进项税额不得抵扣，只能够全额计入成本。

房地产企业发生以下情形应执行简易计税方法：

（1）一般纳税人销售其 2016 年 4 月 30 日前取得的不动产（不含自建），可以选择适用简易计税方法,以取得的全部价款和价外费用减去该项不动产购置原价或取得不动产时的作价后的余额为销售额,按照5%的征收率计算应纳税额。纳税人应按照上述计税方法在不动产所在地预缴税款后,向机构所在地主管税务机关进行纳税申报。

(2) 一般纳税人销售其2016年4月30日前自建的不动产,可以选择适用简易计税方法,以取得的全部价款和价外费用为销售额,按照5%的征收率计算应纳税额。纳税人应按照上述计税方法在不动产所在地预缴税款后,向机构所在地主管税务机关进行纳税申报。

(3) 小规模纳税人销售其取得(不含自建)的不动产(不含个体工商户销售购买的住房和其他个人销售不动产),应以取得的全部价款和价外费用减去该项不动产购置原价或者取得不动产时的作价后的余额为销售额,按照5%的征收率计算应纳税额。纳税人应按照上述计税方法在不动产所在地预缴税款后,向机构所在地主管税务机关进行纳税申报。

(4) 小规模纳税人销售其自建的不动产,应以取得的全部价款和价外费用为销售额,按照5%的征收率计算应纳税额。纳税人应按照上述计税方法在不动产所在地预缴税款后,向机构所在地主管税务机关进行纳税申报。

(5) 一般纳税人出租其2016年4月30日前取得的不动产,可以选择适用简易计税方法,按照5%的征收率计算应纳税额。纳税人出租其2016年4月30日前取得的与机构所在地不在同一县(市)的不动产,应按照上述计税方法在不动产所在地预缴税款后,向机构所在地主管税务机关进行纳税申报

(6) 小规模纳税人出租其取得的不动产(不含个人出租住房),应按照5%的征收率计算应纳税额。纳税人出租与机构所在地不在同一县(市)的不动产,应按照上述计税方法在不动产所在地预缴税款后,向机构所在地主管税务机关进行纳税申报。

5.2.2 简易计税方法下开发成本的税务管理

5.2.2.1 建安成本老项目的税务管理

一般纳税人以清包工方式提供的建筑服务、为甲供工程提供的建筑服务,以及为建筑工程老项目提供的建筑服务,可以选择适用简易计税方法按3%的征收率计征增值税。

建筑工程老项目按下列标准判断:

(1)《建筑工程施工许可证》注明的合同开工日期在2016年4月30日前的建筑工程项目。

(2) 未取得《建筑工程施工许可证》,或者《建筑工程施工许可证》未注明合同开工日期的,建筑工程承包合同注明的开工日期在2016年4月30日前的建筑工程项目。

(3) 未取得《建筑工程施工许可证》，或者《建筑工程施工许可证》未注明合同开工日期，而且建筑工程承包合同也未注明开工日期的，实际开工日期在 2016 年 4 月 30 日前的建筑工程项目。

《营业税改征增值税试点有关事项的规定》第一条第（七）项第三目规定："一般纳税人为建筑工程老项目提供的建筑服务，可以选择适用简易计税方法计税。"根据该规定，只要总包工程被认定为老项目，其他相关辅助工程（如绿化工程、防水保温工程、装饰工程、水电安装工程等）均可以选择按简易计税方法计税。

5.2.2.2 建安成本"甲供"事项的税务管理

建筑施工企业一般纳税人可以选择适用简易计税方法的事项如下：

以"清包工"方式提供建筑服务的，可以适用简易计税方法。"清包工"是指施工方不采购建筑工程所需的材料或只采购辅助材料，并收取人工费、管理费或者其他费用的建筑服务。

向"甲供工程"提供建筑服务的，可以适用简易计税方法。"甲供工程"是指全部或部分设备、材料、动力（包括水力、风力、电力、热力等）由工程发包方自行采购的建筑工程。

建筑施工企业一般纳税人可以适用简易计税方法的事项为：一般纳税人建筑工程总承包单位为房屋建筑的地基与基础、主体结构提供工程服务，建设单位自行采购全部或部分钢材、混凝土、砌体材料、预制构件的，适用简易计税方法计税。

5.2.2.3 建安成本中涉及混合销售业务的税务管理

根据《国家税务总局关于进一步明确营改增有关征管问题的公告》（国家税务总局公告 2017 年第 11 号）规定，纳税人销售活动板房、机器设备、钢结构件等自产货物的同时提供建筑、安装服务，不属于《营业税改征增值税试点实施办法》（财税〔2016〕36 号文件附件）第四十条规定的混合销售，应分别核算货物和建筑服务的销售额，分别适用不同的税率或者征收率。

一般纳税人销售电梯的同时提供安装服务，其安装服务可以按照"甲供工程"选择适用简易计税方法计税。

纳税人对安装运行后的电梯提供的维护保养服务，按照"其他现代服务"缴纳增值税，开具增值税专用发票抵扣进项税额。

根据《国家税务总局关于明确中外合作办学等若干增值税征管问题的公告》（国家税务总局公告 2018 年第 42 号）规定，一般纳税人销售自产机器设备的同时提供安装服务，应分别核算机器设备和安装服务的销售额，安装服务可以按照"甲供工程"选择适用简易计税方法计税。

一般纳税人销售外购机器设备的同时提供安装服务，如果已经按照兼营的有关规定分别核算机器设备和安装服务的销售额，则安装服务可以按照"甲供工程"选择适用简易计税方法计税。

纳税人对安装运行后的机器设备提供的维护保养服务,按照"其他现代服务"缴纳增值税。

[案例5.3] 2019年9月A公司销售自产的2部电梯给B公司,在销售合同中约定电梯销售的同时并提供安装服务,合同总价款为123.3万元,其中电梯销售款为113万元,安装费为10.3万元,A公司为一般纳税人企业,本次电梯销售业务应如何缴纳增值税?

借:应收账款　　　　　　　　　　　　　　　　　　　　1 130 000
　　贷:主营业务收入　　　　　　　　　　　　　　　　　1 000 000
　　　　应交税费——应交增值税——销项税额　　　　　　130 000
借:应收账款　　　　　　　　　　　　　　　　　　　　103 000
　　贷:其他业务收入　　　　　　　　　　　　　　　　　100 000
　　　　应交税费——应交增值税——销项税额　　　　　　3 000

电梯款应缴纳增值税 = 113 ÷ 1.13 × 0.13 = 13(万元)
安装费用应缴纳增值税 = 10.3 ÷ 1.03 × 0.03 = 0.3(万元)

5.2.2.4　建安成本中既包括简易计税项目又包括一般计税项目的增值税管理

纳税人取得的进项税额如果专用于简易计税项目的,不得抵扣。

根据《财政部　税务总局关于租入固定资产进项税额抵扣等增值税政策的通知》(财税〔2017〕90号)规定,自2018年1月1日起,纳税人租入固定资产、不动产,既用于一般计税方法计税项目,又用于简易计税方法计税项目、免征增值税项目、集体福利或者个人消费的,其进项税额准予从销项税额中全额抵扣。

根据《财政部　国家税务总局关于全面推开营业税改征增值税试点的通知》(财税〔2016〕36号)规定,适用一般计税方法的纳税人,兼营简易计税方法计税项目、免征增值税项目而无法划分不得抵扣的进项税额,按照下列公式计算不得抵扣的进项税额:

不得抵扣的进项税额 = 当期无法划分的全部进项税额 ×(当期简易计税方法计税项目销售额 + 免征增值税项目销售额)÷ 当期全部销售额

主管税务机关可按照上述公式依据年度数据,对不得抵扣的进项税额进行清算。

一般纳税人销售自行开发的房地产项目,兼有一般计税方法计税、简易计税方法计税、免征增值税的房地产项目而无法划分不得抵扣的进项税额的,应以《建筑工程施工许可证》注明的"建设规模"为依据进行划分,计算公式如下:

不得抵扣的进项税额 = 当期无法划分的全部进项税额 ×(简易计税、免税房地产项目建设规模 ÷ 房地产项目总建设规模)

因此,对于房地产既包含简易计税项目,又包含一般计税项目的,共同发生的成本费用其进项税额部分应按照合理的方法计算抵扣。

5.2.2.5 取消建筑服务简易计税项目备案

根据《国家税务总局关于国内旅客运输服务进项税抵扣等增值税征管问题的公告》(国家税务总局公告2019年第31号)"关于取消建筑服务简易计税项目备案"的规定,提供建筑服务的一般纳税人按规定适用或选择适用简易计税方法计税的,不再实行备案制。以下证明材料无需向税务机关报送,改为自行留存备查:

(1) 为建筑工程老项目提供的建筑服务,留存《建筑工程施工许可证》或建筑工程承包合同。

(2) 为"甲供工程"提供的建筑服务、以"清包工"方式提供的建筑服务,留存建筑工程承包合同。

因此,建筑企业适用简易计税方法的可以按照政策规定,自行留存备查相关资料。

5.2.3 简易计税方法下开发成本税务管理的案例解析

[案例5.4] A企业2019年7月为B企业安装空调,发生安装费10万元(不含税)。以上款项均通过银行转账结算。请按简易计税方法计算增值税销项税额。

借:银行存款　　　　　　　　　　　　　　　　　103 000
　　贷:其他业务收入　　　　　　　　　　　　　100 000
　　　　应交税费——应交增值税——销项税额　　　3 000

安装费的销项税额 = $10 \times 3\% = 0.3$(万元)

5.3 一般计税方法下开发成本处理

5.3.1 前期工程费用进项税额抵扣

前期工程费是指在取得土地开发权之后,项目开发前期的筹建、规划、设计、可行性研究、水文地质勘察、测绘、"三通一平"等前期费用。主要包括以下内容:

(1) 项目整体性报批报建费。项目报建时按规定向政府有关部门缴纳的报批费,如人防工程建设费、规划管理费、新材料基金(或墙改专项基金)、拆迁管理费、招投标管理费等。

(2) 规划设计费。项目立项后的总体规划设计、单体设计费、管线设计费、改造设计费、可行性研究费(含支付社会中介服务机构的市场调研费)、制图、晒图费、规划设计模型制作费、方案评审费。

（3）勘测丈量费。主要包括水文、地质、文物和地基勘察费、沉降观测费、日照测试费、拨地钉桩验线费、复线费、定线费、放线费、建筑面积丈量费等。

（4）工程招标费。主要包括工程招标管理费、工程招标交易服务费、工程招标代理服务费等。

（5）"三通一平"费。即，道路通、电力通（含按规定应交的占道费、道路挖掘费）、自来水通（上水道）、场地平整（包括开工前垃圾清运费）的费用。

（6）临时设施费。临时办公室、临时场地占用费、临时借用空地租费以及沿"红线"周围设置的临时围墙、围栏等设施的设计、建造、装饰等费用。

（7）其他。包括不能在以上明细中归集的、不可预期的其他开发前期准备费，如挡光费、危房补偿鉴定费、施工噪声管理费、危房补偿鉴定技术咨询费等。

前期工程可抵扣项目分析见表5.1。

表 5.1 前期工程可抵扣项目分析

	项目	可抵扣	不可抵扣	税率
前期工程费	通平费用	前期的规划、设计、项目可行性研究和水文、地质、勘察、测绘、"三通一平"等费用		9%
	围挡施工费			9%
	可行性研究费			6%
	市场调研费			6%
	设计费			6%
	水文地质勘察费			6%
	测绘费			6%
	行政规费及规划报建费		报批报建费：安检费、质检费、标底编制费、交易中心手续费、人防报建费、消防配套设施费、散装水泥集资费、白蚁防治费、墙改基金、建筑面积丈量费、路口开设费、规划管理费、新材料基金等（或墙改专项基金）、拆迁管理费、招投标管理费等	向政府部门缴纳的行政规费，一般能够取得行政事业单位收费凭证，无法取得增值税专用发票，这些费用无法进行增值税进项税额抵扣

5.3.2 开发成本费用进项税额抵扣

5.3.2.1 材料物资进项税额抵扣

企业开发商品房购进主要材料、设备等，应当在购进后凭增值税专用发票抵扣联按13%的税率一次性全部认证抵扣。

根据《增值税暂行条例》第十条的规定，下列各项进项税额不得从销项税额中抵扣：

（1）用于简易计税方法计税项目、免征增值税项目、集体福利或者个人消费的购进货物、劳务、服务、无形资产和不动产；

（2）非正常损失的购进货物，以及相关的劳务和交通运输服务；

（3）非正常损失的在产品、产成品所耗用的购进货物（不包括固定资产）、劳务和交通运输服务；

（4）国务院规定的其他项目。

5.3.2.2 建安成本进项税额抵扣

营业税改增值税是我国结构性税改的一项重要措施。2011 年 11 月 17 日，财政部和国家税务总局正式公布营业税改征增值税试点方案，2016 年 5 月 1 日起，我国全面推行营改增税改。

在营改增之前，工程结算按照国家工程计价规范是计取营业税及附加，营业税及附加计取基数为含"甲供材"的税前完全造价。营业税制下含有"甲供材"的基建工程中，甲方可能出现"甲供材"和含"甲供材"工程进项税重复计算成本的情况，而增值税是以商品（含应税劳务）在流转过程中产生的增值额作为计税依据而征收的一种税。所以，营改增后，房地产企业对于"甲供材"的分包工程，不再存在重复计算成本的风险。

根据《财政部　税务总局关于建筑服务等营改增试点政策的通知》（财税〔2017〕58 号）第一条规定，建筑工程总承包单位为房屋建筑的地基与基础、主体结构提供工程服务，建设单位自行采购全部或部分钢材、混凝土、砌体材料、预制构件的，适用简易计税方法计税。地基与基础、主体结构的范围，按照《建筑工程施工质量验收统一标准》（GB50300－2013）附录 B《建筑工程的分部工程、分项工程划分》中的"地基与基础""主体结构"分部工程的范围执行。因此，房地产企业与建筑企业中存在上述经营事项的，建筑业应该开具 3% 征收率的增值税发票，而非 9% 税率的增值税发票。

对于存在内部授权方式的工程分包，根据《国家税务总局关于进一步明确营改增有关征管问题的公告》（国家税务总局公告 2017 年第 11 号）第二条规定，建筑企业与发包方签订建筑合同后，以内部授权或者三方协议等方式，授权集团内其他纳税人（以下称第三方）为发包方提供建筑服务，并由第三方直接与发包方结算工程款的，由第三方缴纳增值税并向发包方开具增值税发票，与发包方签订建筑合同的建筑企业不缴纳增值税。发包方可凭实际提供建筑服务的纳税人开具的增值税专用发票抵扣进项税额。

5.3.2.3 旅客运输服务进项税额抵扣

根据《财政部　税务总局　海关总署关于深化增值税改革有关政策的公告》（财

政部　税务总局　海关总署公告2019年第39号）规定，纳税人购进国内旅客运输服务，其进项税额允许从销项税额中抵扣。

（1）"国内旅客运输服务"，限于与本单位签订了劳动合同的员工，以及本单位作为用工单位接受的劳务派遣员工发生的国内旅客运输服务。

（2）纳税人购进国内旅客运输服务，以取得的增值税电子普通发票上注明的税额为进项税额的，增值税电子普通发票上注明的购买方名称、纳税人识别号等信息，应当与实际抵扣税款的纳税人一致，否则不予抵扣。

（3）纳税人允许抵扣的国内旅客运输服务进项税额，是指纳税人2019年4月1日及以后实际发生，并取得合法有效增值税扣税凭证注明的或依据其计算的增值税税额。以增值税专用发票或增值税电子普通发票为增值税扣税凭证的，为2019年4月1日及以后开具的增值税专用发票或增值税电子普通发票。

取得注明旅客身份信息的航空运输电子客票行程单的，按照下列公式计算进项税额：

航空旅客运输进项税额 =（票价 + 燃油附加费）÷（1 + 9%）× 9%

取得注明旅客身份信息的铁路车票的，按照下列公式计算的进项税额：

铁路旅客运输进项税额 = 票面金额 ÷（1 + 9%）× 9%

取得注明旅客身份信息的公路、水路等其他客票的，按照下列公式计算进项税额：

公路、水路等其他旅客运输进项税额 = 票面金额 ÷（1 + 3%）× 3%

5.3.2.4　不动产进项税额一次性抵扣

（1）购进不动产进项税额抵扣。《财政部　税务总局　海关总署关于深化增值税改革有关政策的公告》（财政部　海关总署　税务总局公告2019年第39号）第五条规定，自2019年4月1日起，《营业税改征增值税试点有关事项的规定》（财税〔2016〕36号附件）第一条第（四）项第1点、第二条第（一）项第1点停止执行，纳税人取得不动产或者不动产在建工程的进项税额不再分2年抵扣。此前按照上述规定尚未抵扣完毕的待抵扣进项税额，可自2019年4月税款所属期起从销项税额中抵扣。

不动产一次性抵扣的政策，主要包括两方面内容：一是2019年4月1日及以后购入的不动产，纳税人可在购进当期，一次性予以抵扣。二是2019年4月1日前购入的不动产，还没有抵扣的进项税额40%的部分，从2019年4月所属期开始，允许全部从销项税额中抵扣。

需要强调的是：第一，"自2019年4月税款所属期起从销项税额中抵扣"，一般情况下，纳税人从自身税款缴纳、资金占用角度考虑，在4月所属期就应该将待抵扣部分转入进项税额。但是，如果发生个别纳税人4月以后要求转入的，也是允许的。第二，纳税人将待抵扣的不动产进项税额转入抵扣时，需要一次性全部转入。

(2) 已抵扣进项税额的不动产发生非正常损失或改变用途。根据《国家税务总局关于深化增值税改革有关事项的公告》（国家税务总局公告 2019 年第 14 号）第六条规定，已抵扣进项税额的不动产，发生非正常损失或者改变用途，专用于简易计税方法计税项目、免征增值税项目、集体福利或者个人消费的，按照下列公式计算不得抵扣的进项税额，并从当期进项税额中扣减：

不得抵扣的进项税额 = 已抵扣进项税额 × 不动产净值率

不动产净值率 = （不动产净值 ÷ 不动产原值）× 100%

(3) 不得抵扣进项税额的不动产用于允许抵扣项目。根据《国家税务总局关于深化增值税改革有关事项的公告》（国家税务总局公告 2019 年第 14 号）第七条规定，按照规定不得抵扣进项税额的不动产，发生用途改变，用于允许抵扣进项税额项目的，按照下列公式在改变用途的次月计算可抵扣进项税额。

可抵扣进项税额 = 增值税扣税凭证注明或计算的进项税额 × 不动产净值率

5.3.2.5　租入固定资产进项税额抵扣

《财政部　国家税务总局关于租入固定资产进项税额抵扣等增值税政策的通知》（财税〔2017〕90 号）规定，自 2018 年 1 月 1 日起，纳税人租入固定资产、不动产，既用于一般计税方法计税项目，又用于简易计税方法计税项目、免征增值税项目、集体福利或者个人消费的，其进项税额准予从销项税额中全额抵扣。

固定资产是指使用期限超过 12 个月的机器、机械、运输工具以及其他与生产经营有关的设备、工具、器具等有形动产。

不动产是指不能移动或者移动后会引起性质、形状改变的财产，包括建筑物、构筑物等。建筑物，包括住宅、商业营业用房、办公楼等可供居住、工作或者进行其他活动的建造物。构筑物，包括道路、桥梁、隧道、水坝等建造物。

固定资产、不动产在增值税相关文件中有明确的界定，与企业会计核算中的固定资产标准不一定一致，企业购入固定资产，即使账上未作为固定资产核算，但属于财税〔2016〕36 号文件规定范围的，仍可全额抵扣。

5.3.3　开发成本费用不得抵扣进项税额事项

当纳税人发生以下应税行为时，相关进项税额不得从销项税额中抵扣：

(1) 当购进材料用于简易计税方法计税项目、免征增值税项目、集体福利或者个人消费时，相关进项税额不得从销项税额中抵扣。

(2) 当购进材料发生非正常损失时，如因管理不善造成的被盗、丢失、霉烂变质等，相关进项税额不得从销项税额中抵扣。

(3) 发生非正常损失的在产品、产成品所耗用的购进材料，相关进项税额不得从销项税额中抵扣。

非正常损失是指生产、经营过程中正常损耗外的损失,包括自然灾害损失,因管理不善造成货物被盗窃、发生霉烂变质以及其他不是生产经营过程中发生的正常合理损失外的损失。

(4) 贷款服务进项税额不得从销项税额中抵扣。

贷款,是指将资金贷与他人使用而取得利息收入的业务活动。各种占用、拆借资金取得的收入,包括金融商品持有期间(含到期)利息收入、信用卡透支利息收入、买入返售金融商品利息收入、融资融券收取的利息收入以及融资性售后回租、押汇、罚息、票据贴现、转贷等业务取得的利息及利息性质的收入,按照贷款服务缴纳增值税。以货币资金投资收取的固定利润或者保底利润,按照贷款服务缴纳增值税。

5.3.4 一般计税方法下开发成本税务管理的案例解析

[**案例5.5**] 某项基础设施工程造价(不含税)为1 300万元,甲供材料的价值为300万元,假定钢材、水泥等大宗物资采购成本约为工程合同造价的60%,为600万元,若采用一般计税方法,其需要缴纳的增值税为多少?

借:银行存款	10 000 000
贷:工程结算收入	1 000 000
应交税费——应交增值税——销项税额	9 000 000
借:原材料	6 000 000
应交税费——应交增值税——进项税额	780 000
贷:银行存款	6 780 000
借:工程施工	6 000 000
贷:原材料	6 000 000

其需要缴纳的增值税 = 1 000 × 9% − 600 × 13% = 90 − 78 = 12(万元)

5.4 开发成本中增值税发票管理

5.4.1 挂靠方式下增值税发票的管理

根据《财政部 国家税务总局关于全面推开营业税改征增值税试点的通知》(财税〔2016〕36号)规定,单位以承包、承租、挂靠方式经营的,承包人、承租人、挂靠人(以下简称承包人)以发包人、出租人、被挂靠人(以下简称发包人)名义对外经营并由发包人承担相关法律责任的,以该发包人为纳税人。否则,以承包人为纳税人。

根据《国家税务总局关于印发增值税若干具体问题的规定的通知》（国税发〔1993〕154号）规定，纳税人购进货物或应税劳务、支付运输费用，所支付款项的单位必须与开具抵扣凭证的销货单位、提供劳务的单位一致，才能够申报抵扣进项税额，否则不予抵扣。

5.4.2 支付建筑企业预付款的增值税发票管理

根据《财政部 国家税务总局关于全面推开营业税改征增值税试点的通知》（财税〔2016〕36号）规定，纳税人提供建筑服务、租赁服务采取预收款方式的，其纳税义务发生时间为收到预收款的当天。《财政部 税务总局关于建筑服务等营改增试点政策的通知》（财税〔2017〕58号）对此做了修改，规定纳税人提供建筑服务取得预收款，应在收到预收款时以取得的预收款扣除支付的分包款后的余额，按照规定的预征率预缴增值税。按照现行规定，应在建筑服务发生地预缴增值税的项目，纳税人收到预收款时需在建筑服务发生地预缴增值税；无须在建筑服务发生地预缴增值税的项目，纳税人收到预收款时应在机构所在地预缴增值税。

支付建筑企业预付款可以开具收据或不征税发票。

一般情况下，如果付款方没有特殊要求，收款方为付款方开具收据即可。预付款收据需包含以下内容：付款日期、收款单位、付款金额（大写和小写都要有）、摘要（所付款项详情）、附单据数、制单人、收款人以及出纳等。

根据《国家税务总局关于发布〈房地产开发企业销售自行开发的房地产项目增值税征收管理暂行办法〉的公告》（国家税务总局公告2016年第18号）及《国家税务总局关于营改增试点若干征管问题的公告》（国家税务总局公告2016年第53号）规定，一般纳税人采取预收款方式销售自行开发的房地产项目，收到预收款时纳税义务尚未发生，应按照3%的预征率预缴增值税，可选择商品和服务税收分类编码"602：销售自行开发的房地产项目预收款"，开具增值税普通发票，发票税率栏填写"不征税"；依法确定纳税义务发生时，应按适用税率或征收率开具增值税发票，并以红字发票冲抵收取预收款时已开具的增值税普通发票。

5.4.3 支付建筑企业质保金的增值税发票管理

质保金又称保证金或保修金，是工程建设领域中，发包人与承包人在建设工程承包合同中约定，从应付的工程款中预留一定比例（通常为结算总价的5%左右），用以保证承包人在缺陷责任期内对建设工程出现的缺陷进行维修的资金。

质保金到期的处理，可分为三种情形：

第一种情形：质保金到期，未发生保修义务，全额收回的，施工企业应以质保金

全额为销售额,根据所选的计税方法,计算缴纳增值税。

第二种情形:质保金到期前,发生保修义务,施工企业选用一般计税方法的,发生的保修费用,进项税额可以据实抵扣,到期回收保修金时应计算销项税额。

第三种情形:质保金到期前,甲方扣除乙方质保金,自行委托第三方进行维修。乙方在甲方扣除质保金之日即发生纳税义务,确认销项税额。

增值税方面,根据《国家税务总局关于在境外提供建筑服务等有关问题的公告》(国家税务总局公告2016年第69号)第四条的规定,纳税人提供建筑服务,被工程发包方从应支付的工程款中扣押的质押金、保证金,未开具发票的,以纳税人实际收到质押金、保证金的当天为纳税义务发生时间。

①工程价款结算时,未开具发票的,质保金的纳税义务尚未发生,不需要申报纳税。

②未发生质量缺陷,承包人如期收到质保金的当天,增值税纳税义务发生,可向承包人开具发票。

③发生质量缺陷,承包人承担维修责任的,或未承担维修责任被发包人扣除全部或部分质保金的,承包人应就质保金全额发生纳税义务,可向承包人开具发票。

④发生质量缺陷,承包人未承担维修责任,被发包人扣除全部质保金的,承包人应就质保金全额发生纳税义务,可向承包人开具发票;超额索赔部分,发包人未发生应税行为,不应向承包人开具发票。

[案例5.6] 甲房地产公司(以下简称甲公司)与乙建筑公司(以下简称乙公司)签订的结算书显示,工程含税结算款为10 900万元(一般计税方法计税),甲公司扣留3%的质保金,即327万元,乙公司除质保金外其余款项均已收到,且已向甲公司开具增值税专用发票,金额为9 700万元,税额为873万元。

缺陷责任期满后,工程未发生质量缺陷,甲公司全额支付质保金327万元给乙公司,乙公司向其开具增值税专用发票,甲公司当月申报抵扣。

甲公司会计处理:

借:应付账款——质保金   3 270 000
　　贷:银行存款   3 270 000
借:应交税费——应交增值税——进项税额   3 270 000
　　贷:其他应付款——待转税额   3 270 000

乙公司会计处理:

借:银行存款   3 270 000
　　贷:应收账款——质保金   3 270 000
借:应交税费——待转销项税额   270 000
　　贷:应交税费——应交增值税——销项税额   270 000

缺陷责任期内,发生质量缺陷,乙公司负责维修,发生支出109万元,取得增值税专用发票注明的税额为9万元。返修后经甲方确认，全额退还质保金。

乙公司发生维修支出时：

借：营业外支出　　　　　　　　　　　　　　　　　　　　　1 000 000

　　应交税费——应交增值税——进项税额　　　　　　　　　　90 000

　　贷：应付账款等　　　　　　　　　　　　　　　　　　　　　1 090 000

缺陷责任期内，发生质量缺陷，乙公司没有履行维修义务，甲公司自行委托丙公司维修，发生支出109万元，丙公司向甲公司开具增值税专用发票，金额为100万元，税额为9万元。甲公司扣除维修支出109万元后支付乙公司剩余质保金218万元。

甲公司支付维修费：

借：开发产品等　　　　　　　　　　　　　　　　　　　　　1 000 000

　　应交税费——应交增值税——进项税额　　　　　　　　　　90 000

　　贷：应付账款等　　　　　　　　　　　　　　　　　　　　　1 090 000

甲公司支付剩余质保金，取得全额增值税专用发票：

借：应付账款——质保金　　　　　　　　　　　　　　　　　3 270 000

　　贷：银行存款　　　　　　　　　　　　　　　　　　　　　2 180 000

　　　　营业外收入　　　　　　　　　　　　　　　　　　　　1 090 000

借：应交税费——应交增值税——进项税额　　　　　　　　　　270 000

　　贷：其他应付款——待转税额　　　　　　　　　　　　　　　270 000

乙公司就327万元发生增值税纳税义务，应向甲公司开具发票，差额为109万元，甲公司应向乙公司开具收据。

借：银行存款　　　　　　　　　　　　　　　　　　　　　　2 180 000

　　营业外支出　　　　　　　　　　　　　　　　　　　　　1 090 000

　　贷：应收账款——质保金　　　　　　　　　　　　　　　　3 270 000

借：应交税费——待转销项税额　　　　　　　　　　　　　　　270 000

　　贷：应交税费——应交增值税——销项税额　　　　　　　　　270 000

乙公司被甲公司扣留的质保金为109万元，凭相关证明和增值税发票，可在企业所得税前扣除。

5.4.4　内部授权分包方式发票的管理

建筑企业与发包方签订建筑合同后，以内部授权或者三方协议等方式，授权集团内其他纳税人（以下简称第三方）为发包方提供建筑服务，并由第三方直接与发包方结算工程款的，由第三方缴纳增值税并向发包方开具增值税发票，与发包方签订建筑合同的建筑企业不缴纳增值税。发包方可凭实际提供建筑服务的纳税人开具的增值税专用发票抵扣进项税额。

5.4.5 土地征收及拆迁安置补偿费票据管理

根据《国家税务总局关于发布〈企业所得税税前扣除凭证管理办法〉的公告》(国家税务总局公告2018年第28号)规定,企业在境内发生的支出项目不属于应税项目的,对方为单位的,以对方开具的发票以外的其他外部凭证作为税前扣除凭证;对方为个人的,以内部凭证作为税前扣除凭证。企业在境内发生的支出项目虽不属于应税项目,但按税务总局规定可以开具发票的,可以发票作为税前扣除凭证。

土地征用费及拆迁补偿费。指为取得土地开发使用权(或开发权)而发生的各项费用,主要包括土地买价或出让金、大市政配套费、契税、耕地占用税、土地使用费、土地闲置费、土地变更用途和超面积补交的地价及相关税费、拆迁补偿支出、安置及动迁支出、回迁房建造支出、农作物补偿费、危房补偿费等。

征地补偿费包括土地补偿费、安置补助费、地上附着物补偿费和青苗补偿费。

土地补偿费归农村集体经济组织所有;地上附着物补偿费和青苗补偿费归地上附着物和青苗的所有者所有。

土地补偿费应该用银行进账单、农村集体经济收款收据等作为编制记账凭证的依据和附件。

农村集体经济收款收据,适用于农村集体经济组织收取财政补助资金、公益性事项筹集的资金、国家征用土地补偿费、扶贫救灾救济款、上级部门专项拨款以及县级以上财政部门批准的收款项目时开具的凭证。

补偿收入不需要开发票,原土地使用者取得补偿款开具的收据可以作为税前扣除的凭证。超过政府规定支付标准的补偿款不得扣除。

拆迁安置补偿费应取得的票据包括房地产公司支付给个人的拆迁补偿费收据等,收据需要有收款人的签章、地址、身份证号码、工作单位和联系电话,以便核实。除此之外,支出的其他费用无合法凭证的不得在税前扣除。

5.4.6 其他增值发票的管理

5.4.6.1 增值税发票的备注栏

(1)建筑业发票备注栏。根据《国家税务总局关于全面推开营业税改征增值税试点有关税收征收管理事项的公告》(国家税务总局公告2016年第23号)第四条规定,按照现行政策规定适用差额征税办法缴纳增值税,且不得全额开具增值税发票的(财政部、税务总局另有规定的除外),纳税人自行开具或者税务机关代开增值税发票时,通过新系统中差额征税开票功能,录入含税销售额(或含税评估额)和扣除额,系统自动计算税额和不含税金额,备注栏自动打印"差额征税"字样,发票开具不应与其他应税行为混开。

提供建筑服务，纳税人自行开具或者税务机关代开增值税发票时，应在发票的备注栏注明建筑服务发生地县（市、区）名称及项目名称，否则不得计入土地增值税扣除项目金额。

（2）运输业发票备注栏。增值税一般纳税人提供货物运输服务，使用增值税专用发票和增值税普通发票，开具发票时应将起运地、到达地、车种车号以及运输货物信息等内容填写在发票备注栏中，如内容较多可另附清单。

铁路运输企业受托代征的印花税款信息，可填写在发票备注栏中。中国国家铁路集团有限公司及其所属运输企业（含分支机构）提供货物运输服务，可自2015年11月1日起使用增值税专用发票和增值税普通发票，所开具的铁路货票、运费杂费收据可作为发票清单使用。

（3）不动产出租备发票注栏。纳税人无论开具的是增值税专用发票还是普通发票，都应在备注栏注明不动产的详细地址。

无论是自行开具还是税务机关代开发票，都应在备注栏注明不动产的详细地址。

未在"备注栏注明不动产的详细地址"的发票，都属于不符合规定的发票。

5.4.6.2 劳务派遣业务的发票管理

劳务派遣公司为了满足用工单位对于各类灵活用工的需求，将员工派遣至用工单位，接受用工单位管理并为其工作的服务为劳务派遣服务。

（1）简易计税方法差额征税，包括以下两种方式：

方式一：通过增值税发票管理新系统中正常开票功能，以取得的全部价款和价外费用，扣除代用工单位支付给劳务派遣员工的工资、福利和为其办理社会保险及住房公积金后的余额以5%的征收率开具增值税专用发票；代用工单位支付给劳务派遣员工的工资、福利和为其办理社会保险及住房公积金以5%的征收率开具增值税普通发票。

方式二：通过增值税发票管理新系统中正常开票功能以取得的全部价款和价外费用全额以5%的征收率开具增值税普通发票。

（2）选择一般计税方法。通过增值税发票管理新系统中正常开票功能，以取得的全部价款和价外费用以6%的税率全额开具增值税发票。

5.4.6.3 增值税发票的异地代开

（1）小规模纳税人可以自行开具增值税专用发票。根据《国家税务总局关于增值税发票管理等有关事项的公告》（国家税务总局公告2019年第33号）规定，自2020年2月1日起，所有的增值税小规模纳税人（其他个人除外）发生增值税应税行为，需要开具增值税专用发票的，可以自愿使用增值税发票管理系统自行开具。

（2）异地开具增值税发票。提供建筑服务，纳税人自行开具或者税务机关代开增值税发票时，应在发票的备注栏标明建筑服务发生地县（市、区）名称及项目名称。

税务机关为跨县（市、区）提供建筑服务的小规模纳税人（不包括其他个人）代开增值税发票时，在发票备注栏中自动打印"YD"字样。

（3）小规模纳税人减按1%征收率征收增值税。根据《财政部 税务总局关于支持个体工商户复工复业增值税政策的公告》（财政部 税务总局公告2020年第13号）规定，自2020年3月1日至5月31日，对湖北省增值税小规模纳税人，适用3%征收率的应税销售收入，免征增值税；适用3%预征率的预缴增值税项目，暂停预缴增值税。除湖北省外，其他省、自治区、直辖市的增值税小规模纳税人，适用3%征收率的应税销售收入，减按1%征收率征收增值税；适用3%预征率的预缴增值税项目，减按1%预征率预缴增值税。

根据《财政部 税务总局关于延长小规模纳税人减免增值税政策执行期限的公告》（财政部 税务总局公告2020年第24号）规定，《财政部 税务总局关于支持个体工商户复工复业增值税政策的公告》（财政部 税务总局公告2020年第13号）规定的税收优惠政策实施期限延长到2020年12月31日。

增值税小规模纳税人取得应税销售收入，纳税义务发生时间在2020年2月底以前，已按3%征收率开具增值税发票，发生销售折让、中止或者退回等情形需要开具红字发票的，按照3%征收率开具红字发票；开票有误需要重新开具的，应按照3%征收率开具红字发票，再重新开具正确的蓝字发票。

5.4.6.4 增值税发票销售清单

国家税务总局发布的《增值税专用发票使用规定》第十二条规定，一般纳税人销售货物或者提供应税劳务可汇总开具专用发票。汇总开具专用发票的，同时使用防伪税控系统开具《销售货物或者提供应税劳务清单》，并加盖发票专用章。

开具专用发票及清单过程中，需注意以下事项：

①项目齐全，与实际交易相符，且字迹清楚，不得压线、错格。

②开票人和复核人不要为同一人。

③章印清晰，不要盖在金额的数字上，不便于辨认。

④清单是发票附件，在确认开具清单后，发票版面上的货物或服务名称则显示为"详见销货清单"，金额和税额则与清单的汇总数一致，且不超过该版本发票的最大金额限额。

⑤打印清单需要用《增值税应税货物或劳务销货清单》专用纸，一式三联，其中第一联自用，第二联和第三联需要加盖财务专用章或者发票专用章并随同发票一起寄送给客户。

⑥一份清单专用纸最多可以打印25行商品信息，超过25行则需用多份清单专用纸打印。

⑦清单上会显示购货方、销货方名称，发票版本代码和发票号码与发票版面上的

相对应。

⑧打印清单时需正确放置正反面，如果放错，则二联、三联无复写效果。

⑨清单打印如果发生错误，可重新打印，不影响发票的使用。

5.4.6.5 增值税发票平台的管理

（1）增值税一般纳税人取得 2017 年 1 月 1 日及以后开具的增值税专用发票、海关进口增值税专用缴款书、机动车销售统一发票、收费公路通行费增值税电子普通发票的，取消认证确认、稽核比对、申报抵扣的期限。也就是说，不受 360 日认证确认、稽核比对、申报抵扣期限的要求。

（2）增值税一般纳税人取得 2016 年 12 月 31 日及以前开具的增值税专用发票、海关进口增值税专用缴款书、机动车销售统一发票，超过认证确认、稽核比对、申报抵扣期限，但符合规定条件的，仍可按相关规定，继续抵扣进项税额。

（3）符合下列情形之一的增值税专用发票，应列入异常凭证范围：

①纳税人丢失、被盗税控专用设备中未开具或已开具未上传的增值税专用发票。

②非正常户纳税人未向税务机关申报或未按规定缴纳税款的增值税专用发票。

③增值税发票管理系统稽核比对发现"比对不符""缺联""作废"的增值税专用发票。

④经税务总局、省税务局大数据分析发现，纳税人开具的增值税专用发票存在涉嫌虚开、未按规定缴纳消费税等情形的。

⑤商贸企业购进、销售货物名称严重背离的；生产企业无实际生产加工能力且无委托加工，或生产能耗与销售情况严重不符，或购进货物不能直接生产其销售的货物且无委托加工的。

⑥直接走逃失踪不纳税申报，或虽然申报但通过填列增值税纳税申报表相关栏次，规避税务机关审核比对，进行虚假申报的。

5.5 企业增值税留抵税额退税的管理

5.5.1 退税条件

同时符合以下条件的纳税人，可以向主管税务机关申请退还增量留抵税额：

①从 2019 年 4 月税款所属期起，连续 6 个月增量留抵税额均大于零，且第 6 个月增量留抵税额不低于 50 万元。

②纳税信用等级为 A 级或者 B 级。

③申请退税前36个月未发生骗取留抵退税、出口退税或者虚开增值税专用发票情形的。

④申请退税前36个月未因偷税被税务机关处罚两次及以上。

⑤自2019年4月1日起未享受即征即退或先征后返（退）政策。

5.5.2 退税金额

退税金额的计算公式如下：

允许退还的增量留抵税额 = 增量留抵税额 × 进项构成比例 × 60%

进项构成比例，为2019年4月至申请退税前一税款所属期内已抵扣的增值税专用发票（含税控机动车销售统一发票）、海关进口增值税专用缴款书、解缴税款完税凭证注明的增值税额占同期全部已抵扣进项税额的比重。

5.5.3 退税程序

纳税人应在增值税纳税申报期内，向主管税务机关申请退还留抵税额。

留抵税额是个时点数，会随着增值税一般纳税人每一期的申报情况发生变化，因而提交留抵退税申请必须在申报期完成，以免对退税数额计算和后续核算产生影响。

5.5.4 退税账务处理

根据《财政部　税务总局　海关总署关于深化增值税改革有关政策的公告》（财政部　税务总局　海关总署公告2019年第39号）第八条第（六）款的规定，纳税人取得退还的留抵税额后，应相应调减当期留抵税额。按照本条规定再次满足退税条件的，可以继续向主管税务机关申请退还留抵税额。

5.6　开发阶段其他税种管理

5.6.1　开发阶段印花税的管理

开发建设阶段开发企业签订的购销合同、建设工程勘察设计合同、建筑安装工程承包合同、借款合同等合同，营业账簿及权利、许可证照均需要缴纳印花税。其中，购销合同、建筑安装工程承包合同按承包金额的0.3‰贴花，建设工程勘察设计合同、借款合同按借款金额的0.05‰贴花。购销合同包括供应、预购、采购、购销结合及协作、调剂、补偿、易货等合同。

建设工程勘察设计合同包括勘察、设计合同的总包合同、分包合同和转包合同。

建筑安装工程承包合同包括建筑、安装工程承包合同的总包合同、分包合同和转包合同。

借款合同包括银行及其他金融组织和借款人（不包括银行同业拆借）所签订的借款合同。

营业账簿归属于财务会计账簿，是按照财务会计制度要求设置的，反映生产经营活动的账册。在税目中分为记载资金的账簿（以下简称资金账簿）和其他营业账簿两类。资金账簿是反映生产经营单位"实收资本"和"资本公积"金额增减变化的账簿。其他营业账簿是指除资金账簿以外的，归属于财务会计体系的生产经营用账册，包括日记账和各明细分类账簿。

权利、许可证照包括政府部门发给的房屋产权证、工商营业执照、商标注册证、专利证、土地使用证等。

5.6.1.1 税收优惠

（1）县级以上政府及主管部门批准改制的企业改制前签订但尚未履行完的各类应税合同，改制后不改变执行主体，其余条款未作变动且改制前已贴花的不再贴花。

（2）无息、贴息贷款合同免征。

（3）2019年1月1日至2021年12月31日，由省、自治区、直辖市人民政府根据本地区实际情况，以及宏观调控需要确定，对增值税小规模纳税人可以在50%的税额幅度内减征印花税（不含证券交易印花税）。

（4）财产所有人将财产赠给政府、社会福利单位、学校所立书据免征。

（5）营业账簿自2018年5月1日起，按万分之五税率贴花的资金账簿减半征收印花税，对按件贴花五元的其他账簿免征印花税。

5.6.1.2 征收管理

印花税应当在书立或领受时贴花，一般实行就地纳税。

（1）一般纳税方法。

①纳税人根据规定自行计算应纳税额，购买并一次贴足印花税票。

②购买印花税票不等于履行了纳税义务。

③对国家政策性银行的资金账簿，一次贴花数额较大、难以承担的，经核准可在3年内分次贴足。

（2）简化纳税方法。

①以缴款书或完税证代替贴花的方法。一份凭证应纳税额超过500元。

②按期汇总缴纳印花税的方法。同一类凭证频繁贴花的，最长不超过1个月。缴纳方式一经选定，1年内不得变更。

（3）代扣税款汇总缴纳的方法。《印花税暂行条例施行细则》第二十二条规定，同一种类应纳税凭证，需频繁贴花的，应向当地税务机关申请按期汇总缴纳印花税。

税务机关对核准汇总缴纳印花税的单位，应发给汇缴许可证。汇总缴纳的限期限额由当地税务机关确定，但最长期限不得超过 1 个月。

5.6.2 开发阶段城市维护建设税的管理

2020 年 8 月 11 日，第十三届全国人民代表大会常务委员会第二十一次会议通过了《中华人民共和国城市维护建设税法》。城市维护建设税是对缴纳增值税、消费税的单位和个人，就其实际缴纳的税额为计税依据征收的一种附加税费，城市维护建设税的计税依据应当按照规定扣除期末留抵退税退还的增值税税额。城建税根据纳税人所在城镇的规模不同设置三档比例税率，即：

（1）纳税人所在地为市区的，税率为 7%；
（2）纳税人所在地为县城、镇的，税率为 5%；
（3）纳税人所在地不在市区、县城或者镇的，税率为 1%。

5.6.2.1 税收优惠

（1）城建税随同"两税"的减免而减免。

（2）对于因减免税而需进行"两税"退库的，城建税也同时退库。但是，对出口产品退还增值税、消费税的，不退还已缴纳的城建税；对"两税"实行先征后返、先征后退、即征即退办法的，除另有规定外，对随"两税"附征的城建税和教育费附加，一律不予退（返）还。

（3）为支持国家重大水利工程建设，对国家重大水利工程建设基金免征城建税。

（4）根据国民经济和社会发展的需要，国务院对重大公共基础设施建设、特殊产业和群体以及重大突发事件应对等情形可以规定减征或者免征城建税，报全国人民代表大会常务委员会备案。

5.6.2.2 征收管理

一般来说，纳税人缴纳"两税"的地点，就是该纳税人缴纳城建税的地点。对流动经营等无固定纳税地点的单位和个人，应随同"两税"在经营地按适用税率缴纳城建税。

城建税的纳税期限分别与"两税"的纳税期限一致。具体纳税期限，由主管税务机关根据纳税人应纳税额的大小分别核定。不能按照固定期限按期纳税的，可以按次纳税。

5.6.3 开发阶段教育费附加的管理

教育费附加是以各单位和个人实际缴纳的增值税和消费税的税额为计征依据而征收的一种费用，按 3% 的比率进行征收，其目的是加快发展地方教育事业，扩大教育经费资金来源。

税收优惠。①海关对进口产品代征的增值税、消费税，不征收教育费附加。②对出口产品退还增值税、消费税的，不退还已征的教育费附加；但对由于减免增值税、消费税而发生退税的，可同时退还已征收的教育费附加。

第6章 房地产企业销售阶段的税务管理

6.1 企业销售阶段税务管理

6.1.1 销售阶段业务概述

房地产开发企业销售阶段的业务包括转让土地使用权,销售房屋及其他建筑物、附着物、公共配套设施等。

6.1.1.1 土地使用权转让

土地使用权转让是指房地产开发企业通过出让等形式取得土地使用权后,将土地使用权再转让的行为,包括出售、投资、交换和赠与等,属于土地使用权买卖的二级市场行为。根据《城市房地产管理法》和《城市房地产转让管理规定》的规定,房地产权利人可以通过买卖、赠与或者其他合法方式将其房地产转让予他人或法律实体。房屋转让时,房屋所有权和该房屋所在地的土地使用权需同时转让,房地产转让当事人须签订书面房地产转让合同并在合同签订后90日内向房地产所在地的房地产管理部门办理转让登记备案手续。

土地使用权转让的条件。如果以出让方式初步取得土地使用权,须符合下列条件后方可转让房地产:①按照出让合同约定已经支付全部土地使用权出让金,并取得土地使用权证;②按照出让合同约定进行投资开发且属于房屋建设工程的项目,实际投入房屋建设工程的资金额应占全部投资总额的25%以上。

以出让方式初步取得土地使用权的，转让房地产后，其土地使用权的使用年限为原土地使用权出让合同约定的使用年限减去原土地使用者已经使用年限后的剩余部分。

受让人拟改变原出让合同约定的土地用途的，必须首先取得原出让方和有关市、县人民政府规划行政主管部门的同意，签订土地使用权出让合同变更协议或重新签订土地使用权出让合同，对土地使用权出让金做出相应调整。

以划拨方式取得土地使用权的，转让土地使用权须按照国务院的规定，报有批准权的人民政府审批，有批准权的人民政府准予转让的，应当由受让方办理土地使用权出让手续，并依照有关法律规定缴纳出让金。

转让土地使用权应签订书面转让合同，在合同中载明土地的位置、四周边界和面积、地上附着物、土地用途、建筑物高度、绿化面积、土地转让期限、土地转让金的支付方式和违约责任等。

土地使用权转让的交易方式，可以采用协议、招标及拍卖等方式。土地使用权转让的价格，受地理位置、经济环境、土地用途、土地转让期限和房地产市场供求等因素影响。

6.1.1.2 商品房预售

商品房预售，是指房地产开发企业将正在施工建设中的商品房预先出售给承购人并由承购人支付定金或者房价款的行为。商品房预售实行许可制度。房地产开发企业进行商品房预售应当向房地产管理部门申请预售许可，取得商品房预售许可证，否则不得进行商品房预售。

商品房预售应当符合下列条件：①已交付全部土地使用权出让金，取得土地使用权证书；②持有建设工程规划许可证和施工许可证；③按提供预售的商品房计算，投入开发建设的资金达到工程建设总投资的25%以上，并已经确定施工进度和竣工交付日期；④向县级以上人民政府房产管理部门办理预售登记，取得商品房预售许可证明。

房地产开发企业申请预售许可，应当提交下列证件（复印件）及资料：①商品房预售许可申请表；②开发企业的营业执照和资质证书；③土地使用权证、建设工程规划许可证、施工许可证；④投入开发建设的资金占工程建设总投资的比例符合规定条件的证明；⑤工程施工合同及关于施工进度的说明；⑥商品房预售方案，预售方案应当说明预售商品房的位置、面积和竣工交付日期等内容，并应当附预售商品房分层平面图。

房地产开发企业按上述规定提交有关材料，材料齐全的，房地产管理部门应当场受理，并对开发企业提供的有关材料是否符合法定条件进行审核。经审查确认，房地产开发企业的申请符合法定条件的，房地产管理部门应当在受理之日起10日内，依法做出准予预售的行政许可书面决定，并自做出决定之日起10日内向房地产开发企业颁发商品房预售许可证,商品房预售许可证应当加盖房地产管理部门公章。

房地产开发企业进行商品房预售,应当向承购人出示商品房预售许可证,售楼广告和说明书应当载明商品房预售许可证的批准文号。

实行商品房预售的房地产开发企业应当与承购人签订商品房现售合同,并应当自签约之日起 30 日内,向房地产管理部门和市、县人民政府土地管理部门办理商品房预售合同登记备案手续。预售的商品房应当自交付使用之日起 90 日内,依法到房地产管理部门和市、县人民政府土地管理部门办理权属登记手续,房地产开发企业应当予以协助并提供必要的证明文件。

房地产开发企业可以自行销售商品房,也可以委托房地产中介机构代理销售商品房。后者主要有以下几种方式:①采取支付手续费方式委托销售开发产品;②采取视同买断方式委托销售开发产品;③采取基价(保底价)并实行超基价双方分成方式委托销售开发产品;④采取包销方式委托销售开发产品。

承购人购买商品房,可以根据持有的资金情况,选择不同的付款方式。

①一次性付款。一般而言,一次性付款要求承购人在付清定金后 10~30 天内补足所有房款。此种付款方式下,房地产开发企业会给予一定的价格折扣,相对而言比较优惠。

②分期付款。分期付款是指承购人按照销售合同约定的价款和付款日期分期支付购房款。分期付款分为三种类型:预收款销售商品房,指在商品房交付前按合同或协议约定分期付款,房地产开发企业在收到最后一笔款项后才将商品房交付给承购人;分期收款销售商品房,指商品房已交付给承购人,承购人按照合同或协议约定分期支付购房款;以上两种方式的结合,指在商品房交付前,承购人已按照销售合同约定分期支付部分房款,商品房交付后分期支付余款。

③按揭付款。按揭付款即购房抵押按揭贷款,是指承购人支付首付款,余款以所购商品房做抵押,向银行申请贷款,由银行先行支付房款给开发商,承购人按月向银行分期支付本息的付款方式。按揭贷款实行双重担保,即"抵押加保证",借款人(即承购人)以所购的住房给贷款银行做抵押,在借款人取得该住房的房产证和办要抵押登记之前,由开发商提供第二重担保(连带保证责任)。发放贷款时,贷款银行会收取一定比例的按揭保证金(一般为贷款额的 10%),作为开发商承担连带保证责任的保证金。一旦借款人发生违约情形,贷款银行有权从按揭保证金专户中直接扣收保证金,以此作为借款人违约拖欠贷款本息、罚息等的担保。

在按揭付款方式下,贷款比例最高可达购房价款总额的 80%;在房地产调控政策下,贷款比例有所下降,一般为 50%;具体的贷款比例由银行根据借款人的资信、经济状况和抵押物的审查情况确定;贷款的最长期限不超过 30 年;贷款利率按合同签订时中国人民银行公布的个人住房贷款利率执行,如果在合同执行期间遇到利率调整,贷款利率将采取"一年一定"的原则,在第二年的 1 月 1 日做相应调整。

贷款银行不同,按揭贷款的程序也不完全相同。房地产开发企业办理按揭贷款的程序为:

- 确定按揭银行。房地产项目在对外销售之前,一般由房地产开发企业与银行签订按揭协议,约定由该银行对房地产开发企业的房地产项目提供按揭贷款,其中包括贷款的额度、最高年限和成数以及房地产开发企业的保证责任等。
- 开展销售活动。房地产开发企业在取得项目的预售许可证后对社会公开销售,与承购人签订商品房买卖合同。采用按揭付款方式的,承购人按照申请的贷款成数支付首付款,剩余购房款向银行申请按揭贷款,并办理商品房买卖合同的登记手续。
- 贷款银行审查并批准:贷款银行对经律师见证、公证处公证的提交资料进行审查,对合格者予以批准。
- 签订抵押贷款合同及保证合同:银行与承购人签订抵押贷款合同,银行与房地产开发企业签订保证合同。
- 抵押合同公证:抵押贷款合同签订后,到贷款银行认可的公证处办理相关公证手续。
- 办理该商品房的保险,抵押期间保险单正本由贷款银行收押。
- 贷款银行经审批提供文件资料后发放贷款,通常按贷款合同或保证合同的约定直接汇入房地产开发企业在贷款银行开立的银行账户。
- 房产证办理完毕,房地产开发企业向贷款银行申请解冻按揭保证金。

6.1.2 预售阶段税务管理

(1) 增值税。按照财税〔2016〕36 号文件及国家税务总局公告 2016 年第 18 号的规定,房地产企业采取预收款方式销售自行开发的房地产项目,应在收到预收款时按照 3% 的预征率预缴增值税。

预缴义务的时间为实际收到预收款时,预缴的基数为实际收到的全部预收款,强调是"收到"。应预缴税款 = 预收款 ÷ (1 + 适用税率或征收率) × 3%,一般计税方法下适用 9% 的税率,简易计税方法下适用 5% 的征收率。

(2) 土地增值税。《土地增值税暂行条例实施细则》规定,纳税人在项目全部竣工结算前转让房地产取得的收入,可以预征土地增值税,具体办法由各省(自治区、直辖市)确定。同时,根据国家税务总局公告 2016 年第 70 号规定,房地产开发企业采取预收款方式销售自行开发的房地产项目的,可按照以下方法计算土地增值税预征计征依据:土地增值税预征的计征依据 = 预收款 − 应预缴增值税税款。所以,土地增值税预征的计征依据和增值税计算预缴税额的依据应当是一致的,同时根据计算公式,预征义务的发生时间也应当与增值税一致。

（3）企业所得税。根据国税发〔2009〕31号文件规定，企业销售未完工开发产品取得的收入，应先按预计计税毛利率分季（或月）计算出预计毛利额，计入当期应纳税所得额。而收入确认的金额和时间，根据不同销售方式会有所不同：

①一次性全额收款方式。企业应于实际收讫价款或取得索取价款凭据（权利）之日，确认收入的实现。这种方式下，预售房地产未实际收到预收款但已经根据合同等达到应收款时间的，企业应当确认企业所得税预计毛利。这种方式下企业所得税确认收入的时间应当不晚于增值税下收到预收款的时间，所以计算预计毛利的基数应当大于等于实际收到的预收款。

②分期收款方式。企业应按销售合同或协议约定的价款和付款日确认收入的实现。付款方提前付款的，在实际付款日确认收入的实现。与一次性全额收款类似，此种方式下以合同约定和实际收款孰早来确认企业所得税收入，计算预计毛利的基数也会大于等于实际收到的预收款。

③银行按揭方式。企业应按销售合同或协议约定的价款确定收入额，其首付款应于实际收到日确认收入的实现，余款在银行按揭贷款办理转账之日确认收入的实现。此种方式下与增值税基本不存在差异。

④委托方式。对于委托销售方式，基本的原则都是在收到已销开发产品清单之日确认收入，而未考虑实际收款或合同约定，导致可能早于或晚于实际收到预收款，增值税的预缴义务发生时间应根据收到预收款和收到销售清单的时间分别进行判断。

从确认收入的时间上来看，国税发〔2009〕31号文件规定了4种不同销售方式下的收入实现时间，其中对于一次性收款、分期收款和委托方式销售的，应当首先在企业所得税确认计算毛利时，除上述不同销售方式的不同规定外，还应当注意是否可以扣除预缴增值税的问题。企业所得税确认的收入应当为不含税收入，这里所说的税应当是根据销售额计算的销项税额（一般计税方法）或应纳税额（简易计税方法）。而在预售阶段，增值税的纳税义务尚未发生，其销售额没有确定，根据销售额计算的销项税额或应纳税额也没有确定，所以在预售阶段计算预计毛利的基数应当是收到的预收款全额，不能扣除预缴的增值税。

6.1.3 预售阶段案例分析

[**案例6.1**] A房地产开发企业（以下简称A企业）2018年9月开始开发甲房地产项目，2019年7月开始开发乙房地产项目。2020年5月，甲、乙房地产项目均处于预售阶段，当月甲房地产项目取得预收款1 000万元，乙房地产项目取得预收款1 200万元，假设A企业按月申报，当月除期间费用100万元外没有其他可以在税前扣除的项目。2020年5月，A企业的会计处理及增值税、土地增值税（预征率均为1%）、企业所得税（预计毛利率为15%）处理如下（以万元为单位）：

(1) 增值税。

甲房地产项目预缴增值税：1 000÷（1+5%）×3%=28.57（万元）

乙房地产项目预缴增值税：1 200÷（1+5%）×3%=34.29（万元）

共预缴增值税：28.57+34.29=62.86（万元）

(2) 土地增值税。

预征土地增值税的计征依据：（1 000+1 200）-62.86=2 137.14（万元）

预征土地增值税额：2 137.14×1%=21.37（万元）

(3) 企业所得税。

当月企业所得税应当确认的预计毛利：2 200×15%=330（万元）

当月应纳所得税额：（330-100）×25%=57.5（万元）

6.2 企业销项税额差额征收税务管理

6.2.1 销项税额差额征收适用范围

房地产开发企业的增值税征收方式按是否可以扣除土地出让金分为全额征税和差额征税两种。

全额征税方式适用简易计税方法计税的（包括小规模纳税人和一般纳税人选择简易计税方法的老项目），以取得的全部价款和价外费用为销售额，不得扣除对应的土地价款。

房地产开发企业适用一般计税方法计税的（包括一般纳税人新项目和选择一般计税方法的老项目），按照取得的全部价款和价外费用，扣除当期销售房地产项目对应的土地价款后的余额计算销售额，即差额征税。

由此可以看出，房地产业增值税差额征税适用主体是指适用一般计税方法的一般纳税人。

6.2.2 销项税额差额征收扣除项目

房地产开发企业受让土地支付的土地价款的范围，目前包括差额征税纳税人在取得土地时向政府部门或个人支付的土地价款、拆迁补偿费等。

(1) 向政府、土地管理部门或受政府委托收取土地价款的单位直接支付的土地价款。可扣除的土地价款，应当取得省级以上（含省级）财政部门监（印）制的财政票据。

（2）向政府部门支付的征地和拆迁补偿费用、土地前期开发费用和土地出让收益等。

（3）向其他单位或个人支付的拆迁补偿费用也允许在计算销售额时扣除。

差额征税纳税人扣除向其他单位或个人支付拆迁补偿费用时，应提供拆迁协议、拆迁双方支付和取得拆迁补偿费用凭证等能够证明拆迁补偿费用真实性的材料。

另外，房地产开发企业（包括多个房地产开发企业组成的联合体）受让土地向政府部门支付土地价款后，设立项目公司对该受让土地进行开发，同时符合下列条件的，可由项目公司按规定扣除房地产开发企业向政府部门支付的土地价款。①房地产开发企业、项目公司、政府部门三方签订变更协议或补充合同，将土地受让人变更为项目公司；②政府部门出让土地的用途、规划等条件不变的情况下，签署变更协议或补充合同时，土地价款总额不变；③项目公司的全部股权由受让土地的房地产开发企业持有。

对"一次拿地、分次开发"的情形，要分为两步走：第一步，要将一次性支付土地价款，按照土地面积在不同项目中进行划分固化；第二步，对单个房地产项目中对应的土地价款，要按照该项目中当期销售建筑面积与可供销售建筑面积的占比，进行计算扣除。

6.2.3 销项税额差额征收税款计算

房地产开发企业采取预收款方式销售开发的房地产项目，在收到预收款时按照3%的预征率预缴增值税。房地产开发企业取得预收款预缴税款的行为不属于纳税义务发生行为，只填写预缴税款申报表，不作为销售收入进行申报。待纳税义务发生后确认销售收入再申报增值税，同时扣除已预缴的增值税款。

预收款是指房地产企业实际取得的售房款。包括：①分期取得的预收款（首付＋按揭＋尾款）；②全款取得的预收款（由于全款取得也要事后开票，确认应税收入，因此也可以叫作预收款）。定金属于预收款、诚意金、认筹金和订金在未签订合同前不属于预收款。

应预缴税款按照以下公式计算：

应预缴税款＝预收款÷（1＋适用税率或征收率）×3%

适用一般计税方法计税的，按照9%的适用税率计算；适用简易计税方法计税的，按照5%的征收率计算。

差额征税纳税人应在取得预收款的次月纳税申报期向主管税务机关预缴税款。小规模纳税人应在取得预收款的次月纳税申报期或主管税务机关核定的纳税期限向主管税务机关预缴税款。

差额征税纳税人应按照纳税义务发生时间，以当期销售额和9%的适用税率计算当期应纳税额，抵减已预缴税款后，向主管税务机关申报纳税。未抵减完的预缴税款可以结转下期继续抵减。

销售额 =（全部价款和价外费用 − 当期允许扣除的土地价款）÷（1 + 9%）

当期允许扣除的土地价款 =（当期销售房地产项目建筑面积 ÷ 房地产项目可供销售建筑面积）× 支付的土地价款

当期销售房地产项目建筑面积，是指当期进行纳税申报的增值税销售额对应的建筑面积。

房地产项目可供销售建筑面积，是指房地产项目可以出售的总建筑面积，不包括销售房地产项目时未单独作价结算的配套公共设施的建筑面积。

6.2.4 销项税额差额征收发票开具

现行政策规定，土地价款并非一次性从销售额中全部扣除，而是要随着销售额的确认，逐步扣除。

差额征税纳税人销售自行开发的房地产项目，自行开具增值税发票。差额征税纳税人向其他个人销售自行开发的房地产项目，不得开具增值税专用发票。

（1）预收款发票开具。差额征税纳税人销售自行开发的房地产项目，其2016年4月30日前收取并已向主管税务机关申报缴纳营业税的预收款，未开具营业税发票的，可以开具"商品和服务编码"为"603：已申报缴纳营业税未开票补开票"的增值税普通发票，发票税率栏应填写"不征税"，并且不受《国家税务总局关于进一步明确营改增有关征管问题的公告》（国家税务总局公告2017年第11号）第七条规定的2017年12月31日前开具增值税普通发票的限制，但不得开具增值税专用发票。2016年4月30日后收取的预收款，由于没有实现纳税义务，可以开具"商品和服务编码"为"602：销售自行开发的房地产项目预收款"的增值税普通发票，发票税率栏应填写"不征税"，不得开具增值税专用发票。

（2）确认收入时发票开具。现行政策，对于房地产开发企业销售额中扣除土地价款，未规定不得全额开具增值税发票。因此，差额征税纳税人可以全额开具增值税专用发票，即"差额征税，全额开票"。

开具发票时，在发票"货物或应税劳务、服务名称"栏填写不动产名称及房屋产权证书号码（无房屋产权证书的可不填写），"单位"栏填写面积单位，备注栏注明不动产的详细地址。

6.2.5 销项税额差额征收案例分析

[案例 6.2] A 房地产开发公司是一般纳税人，2019年5月5日通过招拍挂方式取得150亩净地用于房地产开发，支付土地价款 49 999.50 万元。总规划建筑面积为

210 000 平方米（假设全部可售），分三期进行开发。第一期规划建筑面积为 80 000 平方米，占地 36 000 平方米。2019 年 6 月 6 日，第一期项目的 1~5 号楼开始施工，规划建筑面积为 60 000 平方米。第一期项目的 5 栋楼实行部分材料"甲供"方式。2019 年 7 月 5 日，购买"甲供材"4 000 万元直接全部用于 1~5 号楼开发项目，取得增值税专用发票，税额为 680 万元。

解析：

（1）支付土地价款时，账务处理：

借：开发成本——土地成本　　　　　　　　　　　　499 995 000

　　贷：银行存款　　　　　　　　　　　　　　　　499 995 000

（2）2019 年 6 月 6 日，第一期项目的 1~5 号楼开始施工，将 1~5 号楼所占土地转入 1~5 号楼成本：

150 亩 = 99 999.00 平方米

计算每平方米土地成本：49 999.5 ÷ 99 999.00 = 0.5（万元/平方米）

1~5 号楼分摊土地成本 = 36 000 ÷ 80 000 × 0.5 × 60 000 = 13 500（万元）

借：开发成本——土地成本（1~5 号楼）　　　　　135 000 000

　　贷：开发成本——土地成本　　　　　　　　　　135 000 000

（3）借：开发成本——建安成本（"甲供材"）　　　40 000 000

　　　　应交税费——应交增值税（进项税额）　　　 6 800 000

　　　贷：银行存款或应付账款等　　　　　　　　　46 800 000

6.3　企业价外费用的税收管理

根据《营业税改征增值税试点实施办法》（财税〔2016〕36 号文件印发）第三十七条规定，价外费用，是指价外收取的各种性质的收费，但不包括以下项目：

（1）房地产开发企业代为收取并符合下列规定的政府性基金或者行政事业性收费：

①由国务院或者财政部批准设立的政府性基金，由国务院或者省级人民政府及其财政、价格主管部门批准设立的行政事业性收费。

②收取时开具省级以上（含省级）财政部门监（印）制的财政票据。

③所收款项全额上缴财政。

（2）以委托方名义开具发票代委托方收取的款项。其中关于委托代收款项，《国家税务总局　关于印发〈房地产开发经营业务企业所得税处理办法〉的通知》（国税发〔2009〕31号）第五条规定，企业代有关部门和单位收取的各种基金、费用和附加等，凡纳入开发产品价内或由企业开具发票的，应按规定全部确认为销售收入。未纳入开发产品价内并由企业之外的其他部门、单位收取并开具发票的，可作为代收代缴款项进行管理。第十六条规定，企业将已计入销售收入的共用部位、共用设施设备维修基金按规定移交给有关部门、单位的，应于移交时扣除。企业对纳入开发产品价内自己收取的代收费用，在转付给委托单位时，也可以从收入中扣除。

另外，《企业所得税法实施条例》第二十二条规定：《企业所得税法》第六条第（九）项所称其他收入，是指企业取得的除《企业所得税法》第六条第（一）项至第（八）项规定的收入外的其他收入，包括企业资产溢余收入、逾期未退包装物押金收入、确实无法偿付的应付款项、已作坏账损失处理后又收回的应收款项、债务重组收入、补贴收入、违约金收入、汇兑收益等。

财政部、国家税务总局发布的《关于土地增值税一些具体问题规定的通知》（财税字〔1995〕48号）第六条规定，对于县级及县级以上人民政府要求房地产开发企业在售房时代收的各项费用，如果代收费用是计入房价中向购买方一并收取的，则可作为转让房地产取得的收入计税。如果代收费用未计入房价中，而是在房价之外单独收取的，可以不作为转让房地产的收入。对于代收费用作为转让收入计税，在计算扣除项目金额时，可予以扣除，但不允许作为加计20%扣除的基数。如果代收费用未作为转让房地产的收入计税，在计算增值额时不允许扣除代收费用。

《国家税务总局　关于印发〈土地增值税清算鉴证业务准则〉的通知》（国税发〔2007〕132号）第二十五条进一步明确，对纳税人按县级以上人民政府的规定在售房时代收的各项费用，应区分不同情形分别处理：

①代收费用计入房价向购买方一并收取的，应将代收费用作为转让房地产取得的收入计税。实际支付的代收费用，在计算扣除项目金额时，可予以扣除，但不允许作为加计扣除的基数。

②代收费用在房价之外单独收取且未计入房地产价格的，不作为转让房地产的收入，在计算增值额时不允许扣除代收费用。据此分析，假如房地产开发企业不是按照县级以上人民政府的规定要求代收的费用，则也要作为开发产品的销售收入征税。只有及时将代收费用按规定转付给委托单位，才可以从土地增值税的应纳税收入额中扣除。

从以上政策来看，强调企业必须有销售行为产生，才能判断是否存在价外费用。房地产企业在实际经营中存在的价外费用一般包括代替相关单位或部门收取一些价外费用，如水、电、气的初装费和各项基金等；另外，还包括签订销售合同或施工合同过程中产生的如违约金、赔偿金、奖励费用等其他费用。其中，代收部分的费用，需要判断是以谁的名义收取的，如果是房地产开发企业代有关部门和单位开票收取或纳入开发产品价内的,则应全部确认为销售收入,需缴纳相应税赋。反之,可作为代收代缴款管理。因此,代收费用的收入不会影响所得税金额,只是影响以收入为基数的费用的扣除限额。

6.3.1 违约金的税务管理

关于违约金等的管理,合同约定的违约金等价外费用实际收到的,应缴纳增值税,并应计入当期应纳税所得额计算缴纳企业所得税;已约定但未实际收取到的,不需缴纳增值税。具体情况如下:

(1)销售方支付给购买方的赔偿金或违约金,不属于价外费用,也不属于增值税应税范围。

(2)购买方支付给销售方的赔偿金或违约金:

①存在应税行为,即销售行为已经发生纳税义务了,则价外费用应该缴纳增值税,开具增值税发票(可以开专票)。

②不存在应税行为,即销售行为未发生纳税义务,则与销售行为无关的款项不应该被认定为价外费用,不用缴纳增值税。

案例分析如下:

[案例6.3]甲房地产企业开发的项目因建筑施工单位延误工期,按照合同规定对施工单位进行罚款。

例中甲房地产企业虽然收到违约金,但原因是建筑施工单位延误工期,该事项甲房地产企业不曾与建筑施工单位发生销售商品、提供服务等经营行为,不属于销售额中的价外费用,不缴纳增值税。

[案例6.4]甲房地产企业向施工企业支付了文明施工奖,是否需要对方为其开具发票。

该例中甲房地产企业向施工企业支付的文明施工奖,属于《营业税改征增值税试点实施办法》(财税〔2016〕36号文件印发)第三十七条规定的提供建筑服务收取的价外费用。因此,该费用应并入销售额计算缴纳增值税,按"建筑服务"开具发票。另外,建筑企业如有从甲方取得的违约金、提前竣工奖励、材料差价、赔偿金等费用都属于此类,应开具增值税发票。

[案例6.5]某房地产企业按要求建设安置房,将指定建房以政治指定价低价销售给安置户,并从当地政府取得价格补偿6 000万元,营改增后应计入安置房的收入缴纳增值税,且向政府部门开具增值税发票。

2016年4月,国家税务总局货物和劳务司在《全面推开营业税改征增值税试点政策培训参考材料》中对房地产开发企业销售商品房增值税纳税义务发生时间进行了明确,房地产开发企业采取预收款方式销售所开发的房地产项目,在收到预收款时按照

3%的预征率预缴增值税,待产权发生转移时,再清算应纳税款,并扣除已预缴的增值税款。

《国家税务总局关于发布〈房地产开发企业销售自行开发的房地产项目增值税征收管理暂行办法〉的公告》(国家税务总局公告2016年第18号)第十一条规定,应预缴税款应按以下公式计算:

应预缴税款 = 预收款 ÷ (1 + 适用税率或征收率) × 3%

适用一般计税方法计税的,按照9%的适用税率计算;适用简易计税方法计税的,按照5%的征收率计算。

国家税务总局公告2016年第18号第十二条规定,一般纳税人应在取得预收款的次月纳税申报期向主管税务机关预缴税款。

国家税务总局公告2016年第18号第十五条规定,一般纳税人销售自行开发的房地产项目适用简易计税方法计税的,应按照《营业税改征增值税试点实施办法》(财税〔2016〕36号附件)第四十五条规定的纳税义务发生时间,以当期销售额和5%的征收率计算当期应纳税额,抵减已预交税款后,向主管税务机关申报纳税。未抵减完的预缴税款可以结转下期继续抵减。

国家税务总局公告2016年第18号第十九条规定,房地产开发企业中的小规模纳税人采取预收款方式销售自行开发的房地产项目,应在收到预收款时按照3%的预征率预缴增值税。

国家税务总局公告2016年第18号第二十条规定,应预缴税款按照以下公式计算:

应预缴税款 = 预收款 ÷ (1 + 5%) × 3%

国家税务总局公告2016年第18号第二十一条规定,小规模纳税人应在取得预收款的次月纳税申报期或主管税务机关核定的纳税期限向主管税务机关预缴税款。

国家税务总局公告2016年第18号第二十二条规定,小规模纳税人销售自行开发的房地产项目,应按《营业税改征增值税试点实施办法》(财税〔2016〕36号文件印发)第四十五条规定的纳税义务发生时间,以当期销售额和5%的征收率计算当期应纳税额,抵减已预缴税款后,向主管税务机关申报纳税,未抵减完的预缴税款可以结转下期继续抵减。

国家税务总局公告2016年第18号第二十六条、第二十七条、第二十八条规定:

- 房地产开发企业销售自行开发的房地产项目,按照本办法规定预缴税款时,应填报《增值税预缴税款表》。
- 房地产开发企业以预缴税款抵减应纳税额,应以完税凭证作为合法有效凭证。
- 房地产开发企业销售自行开发的房地产项目,未按规定预缴或缴纳税款的,由主管税务机关按照《税收征收管理法》及相关规定进行处理。

营改增前后的政策对房地产开发企业纳税衔接产生了一定的影响,以下为营改增对销售商品房缴纳增值税的影响进行解读。

● 已经缴纳营业税没有开具发票的情况的处理。根据国家税务总局公告2016年第18号第十七条规定，一般纳税人销售自行开发的房地产项目，其2016年4月30日前收取并已向主管税务机关申报缴纳营业税的预收款，未开具营业税发票的，可以开具增值税普通发票，不得开具增值税专用发票。《国家税务总局关于明确中外合作办学等若干增值税征管问题的公告》（国家税务总局公告2018年第42号）第七条规定，纳税人2016年5月1日前发生的营业税涉税业务，包括已经申报缴纳营业税或补缴营业税的业务，需要补开发票的，可开具增值税普通发票。

● 营改增前已缴纳营业税的商品房发生退房的处理。《营业税改征增值税试点有关事项的规定》（财税〔2016〕36号文件印发）规定，试点纳税人发生应税行为，在纳入营改增试点之日前已缴纳营业税，营改增试点后因发生退款减除营业额的，应当向原主管地税机关申请退还已缴纳的营业税。

● 营改增前缴纳营业税后在营改增后交房补交的房款应当如何纳税的问题。以2016年5月1日交房为节点，判断应当缴纳营业税还是增值税。举例分析如下：

[案例6.6] 某房地产开发企业于2016年2月预售完开发产品，实际收到的预收房款均已按规定缴纳营业税并为购房者开具了营业税发票。后期交房时，测得实测面积大于购房合同注明的房屋面积。此种情况下，应当按交房时点判断是缴纳增值税还是营业税。

①如果在2016年5月1日前交房的，在营改增后补缴的购房款差价部分需要缴纳营业税，同时向税务机关申请不开税率为"不征税"的普通发票。

②如果在2016年5月1日后交房的，按《中华人民共和国营业税暂行条例实施细则》（财政部令第65号）第二十五条规定，纳税人转让土地使用权或者销售不动产，采取预收款方式的，其纳税义务发生时间为收到预收款的当天。同时，按财税〔2016〕36号文件规定，房地产企业应当在交付开发产品时发生增值税纳税义务，因此此种情况下收到的补加房款，需在收到的款项当日补缴增值税。

6.3.2 精装修房销售的税务管理

房地产企业销售自己开发的房地产项目，如为精装修房，家电、家具等随同房屋一起销售，其家电、家具应该如何纳税，这个问题一直困扰着财务人员。

根据财税〔2016〕36号文件附件2《营业税改征增值税试点点有关事项的规定》的规定，以上属于兼营业务。即，纳税人销售货物、加工修理修配劳务、服务、无形资产或者不动产适用不同税率或者征收率的，应当分别核算适用不同税率或者征收率的销售额，未分别核算销售额的，从高适用税率或征收率。

营改增后，国家税务总局未再明确房地产企业销售精装修房附带的家电、家具等应如何缴纳增值税。因此，在当地税务机关没有发布相关规定的情况下，房屋和附带的家电、家具销售，应该按照各自的适用税率分别计算增值税应纳税额。

但是，也有部分省市发布了具体的处理意见，这些处理意见的总体原则是对精装修房附带的家电、家具不单独视同货物销售。

如河北省、海南省、内蒙古自治区、厦门市规定，房地产开发企业销售精装修房，在《商品房买卖合同》中注明的装修费用（含装饰、设备等费用），已经包含在房价中，因此不属于税法中所称的无偿赠送，无须视同销售。即，按房屋销售价格，适用10%的增值税税率。

湖北省规定房地产企业销售不动产，将不动产与货物合并销售，且货物包含在不动产价格以内的，不单独对货物按照适用税率征收增值税。

深圳市规定，房地产企业销售带精装修的房屋，按照销售不动产征收增值税。

6.4 合作建房的税务管理

合作建房是指一方（以下简称甲方）提供土地使用权，另一方（以下简称乙方）提供资金，共同取得土地使用权，共同完成房地产开发全部流程的建房方式，即通常所指的"双抬头"。如果一方收入为固定利益，不承担责任和风险，则不属于合作建房。如果在项目开发建设过程中，土地使用权人和房屋所有权人均为甲方，以甲方名义合作开发房地产项目，乙方仅提供所需资金，未发生《中华人民共和国营业税条例》规定的转让无形资产的行为，也不属于合作建房。

通常所称的合作建房业务，实际上包括两种法律上的合作合同，即合作建房合同和合作开发合同。合作建房合同，是指一方提供土地使用权，另一方提供资金，合作开发经营土地，建造房屋，根据事先约定分配新建房屋的一种协议。合作开发合同，即房地产联营合同，是指两个或两个以上的企业或企业、事业单位之间，通过签订合作开发合同，共同进行开发经营，获取开发利润的一种民事协议。

合作开发合同与合作建房合同的主要区别为：

①合作开发合同通常要组建以房地产开发经营为目标的企业法人或临时性的项目建设指挥机构，而合作建房通常不会组建任何性质的联营体，只以契约形式存在。

②合作开发合同出资的方式多种多样，并不仅仅是一方以土地使用权，另一方提供资金作为出资的方式，还包括各方共同提供货币资金等其他方式。

③合作开发合同的各方都具有营利的目标，开发项目完成后，联营法人或联营机构通常将房屋进行销售以换回货币资金作为各自的利润，而合作建房的各方通常将建

造完工的房屋按照事先已达成的分配协议予以分配，各自成为相应部分的初始登记产权人。

6.4.1 合作建房增值税管理

6.4.1.1 不成立合营企业合作建房的增值税管理

当项目合作双方以不成立合营企业契约式的方式合作建房，即由一方提供土地使用权，另一方提供资金的合作建房，纯粹的"以物易物"，具体的交换方式有以下两种：

（1）土地使用权和房屋所有权互换，双方共同取得房屋的所有权。甲方转让部分土地使用权换取部分房屋的所有权，发生了转让土地使用权的行为，应按"转让无形资产"税目中的"转让土地使用权"子目征收增值税；乙方转让部分房屋的所有权，换取部分土地的使用权，发生了销售不动产的行为，应按"销售不动产"税目征收增值税。由于双方没有进行货币结算，因此应当按照《增值税暂行条例实施细则》第十五条的规定分别核定双方各自的销售额。如果合作建房的双方（或任何一方）将分得的房屋销售出去，则又发生了销售不动产行为，应对其销售收入再按"销售不动产"税目征收增值税。

（2）出租土地使用权换取房屋所有权。若甲方将土地使用权出租给乙方若干年，乙方在该土地上投资建造建筑物并使用，租赁期满后，乙方将土地使用权连同所建的建筑物归还甲方。在此种合作方式下，乙方是以建筑物的所有权为代价换得若干年的土地使用权，甲方是以出租土地使用权为代价换取建筑物的所有权。甲方发生了出租土地使用权的行为，对其按"不动产经营租赁服务"税目征收增值税。营改增后，甲方出租土地使用权的行为可以选择简易计税方法计税；乙方的建造房屋行为按照"建筑服务"计征增值税（存在简易计税的情况），乙方将土地使用权连同所建的建筑物归还甲方的行为，按"销售不动产"税目征增值税。对双方分别征税时，其销售额也按《增值税暂行条例实施细则》第十五条的规定核定。

6.4.1.2 成立合营企业合作建房的增值税管理

当项目合作双方成立合营企业契约式合作建房，即由一方提供土地使用权，另一方的合作建房以货币资金合股，成立合营企业，对此种形式的合作建房，则要视具体情况确定如何征税：

（1）房屋建成后，双方采取风险共担，利润共享的分配方式。

营改增前，按照"以无形资产投资入股，参与接受投资方的利润分配，共同承担投资风险的行为，不征营业税"的规定，对甲方向合营企业提供的土地使用权，视为投资入股，对其不征营业税，只对合营企业销售房屋取得的收入按"销售不动产"征营业税，对双方分得的利润不征营业税。

营改增后，甲方向合营企业提供的土地使用权视为投资入股，相当于取得了其他经济利益，应当按照"销售无形资产"计征增值税，对合营企业销售房屋取得的收入按"销售不动产"计征增值税，对双方分得的利润不征增值税。

这里隐藏几个会计处理过程（也可以说是倒推法），即：①甲方卖地给合营企业未收款；②合营企业给甲方钱抵还买地款。由于甲方不承担经营风险，因此是卖地而不是投资。即，卖地行为与投资行为的差异就在于投资行为需要承担经营风险。

（2）房屋建成后，甲方采取按销售收入的一定比例提成的方式参与分配，或提取固定利润。

营改增前，此种行为不属营业税所称的"投资入股不征营业税"的行为，而属于甲方将土地使用权转让给合营企业的行为。对甲方取得的固定利润或从销售收入按比例提取的收入按"转让无形资产"税目征营业税，对合营企业以全部房屋的销售收入按"销售不动产"税目征收营业税。

营改增后，甲方如果采取按销售收入的一定比例提成的方式参与分配，或提取固定利润，属于甲方将土地使用权转让给合营企业的行为。那么，对甲方取得的固定利润或从销售收入按比例提取的收入按"销售无形资产"税目征收增值税，对合营企业以全部房屋的销售收入按"销售不动产"税目征收增值税。

（3）房屋建成后，双方按一定比例分配房屋。

营改增前，此种经营行为，也未构成营业税所称的以无形资产投资入股，共同承担风险的不征营业税的行为，因此对甲方向合营企业转让的土地，按"转让无形资产"税目征税，其营业额按《增值税暂行条例实施细则》第十五条的规定核定。对合营企业的房屋，在分配给甲乙双方后，如果各自销售，则再按"销售不动产"税目计征营业税。

营改增后，对甲方向合营企业转让的土地，同样按"销售无形资产"税目计征增值税。对合营企业的房屋，在分配给甲乙双方后，如果各自销售，则再按"销售不动产"税目计征增值税，如果适用一般计税方法计征增值税，则可以抵扣增值税进项税额。

6.4.1.3 中外双合作建房的增值税管理

中方将获得的土地与外方合作，办理土地使用权转移后，不论以何种形式进行分配（商品房面积或商品房销售后收入），均不符合现行政策关于"以无形资产投资入股，参与接受投资方的利润分配、共同承担投资风险的行为，不征增值税"的规定，因此应按"转让无形资产"税目征收增值税，其销售额为实际取得的全部收入，包括价外收费，其纳税义务发生时间为取得收入的当天。

同时，对销售商品房也应征增值税。如果采取分房（包括分面积）各自售房的，则对中外双方各自销售商品房收入按"销售不动产"税目征增值税；如果采取统一售房再分配销售收入的,则就统一的销售商品房收入按"销售不动产"税目征增值税;如果采取对中方支付固定利润方式的,则对外方销售商品房的全部收入按"销售不动产"税目计征增值税。

6.4.2 合作建房土地增值税管理

财税字〔1995〕48号文件规定:"对于一方出地,一方出资金,双方合作建房,建成后按比例分房自用的,暂免征收土地增值税,建成后转让的,应征收土地增值税。"除此之外,财政部、国家税务总局再无其他明确的执行文件。因此,各地在保证税款不致流失的情况下有具体规定可以参考。

例如,《重庆市地方税务局关于土地增值税若干问题的通知》(渝地税发〔2011〕221号)关于合作建房的征免税问题的规定为:

"对一方出部分土地,一方出资金,双方合作建房的,适用以下征免规定:

(一)对出土地方按合作建房的约定转移土地权属的,暂免征收土地增值税。

(二)对房屋建成后,按约定比例房屋初始确权仍为出土地方和出资金方的,不属于土地增值税征管范围,不征收土地增值税。

(三)对出土地方房屋初始确权后再转让的,应按规定征收土地增值税,同时将合作建房时转让出的土地历史成本调整为房屋建造成本,按规定予以计算扣除。

(四)对出资金方房屋初始确权后再转让的,应按规定征收土地增值税,同时将合作建房时发生的还建房支出调整为取得土地使用权支付的地价款,按规定予以计算扣除。

(五)对按照合作建房约定进行了价款结算支付的,出土地方和出资金方应按结算支付或收到的价款,相应调整其房屋建造成本和取得土地使用权支付的地价款。"

由上述规定分析可知,合作建房开发产品分配自用暂免征收土地增值税,但是若分配后再行出让则第一次分配环节土地增值税暂免征收,将在第二次转让环节一次性补征。这种计征方式下保持了合作建房各自投入的计税基础不变,且各自的增值税征税符合政策规定。

6.4.3 合作建房案例解析

[案例6.7]甲公司为城投公司,乙公司为房地产开发公司。2018年1月1日,双方以乙公司名义设立非法人项目公司,甲公司以土地出资合作,该土地经评估价值为1亿元,账面价值为8 000万元,由乙方办理房地产开发相关手续。项目的设计、建设、管理,以及项目后续所需资金由乙方全权负责。开发过程中对外签订合同等均以项目公司的名义进行。甲乙双方约定,项目完成后,甲方获得固定面积的房地产,其余房地产由乙方负责对外销售,销售所得归乙方所有。

2019年12月31日，项目建设完毕，甲公司获得约定面积的房地产，该房地产按当日市价计算，价值为1.3亿元。甲公司拟将该房地产用作办公楼对外出租。不考虑相关税费，甲公司如何对该业务进行会计处理？

在案例中，甲公司实质上已丧失了该土地使用权的控制权，由于转让对价为固定面积房地产，因此该交易属于非货币性资产交换交易。同时，由于转让对价是未来分回的固定面积房地产，因此在转移时点，该业务属于未完成的资产转让交易，不应确认相关处置损益，待交易完成，即分回固定面积房地产时才能确认相关处置损益。甲公司的具体会计处理如下：

2018年1月1日，甲公司仅应将土地使用权以账面价值转为一项其他非流动资产：

借：其他非流动资产——合作建房资产　　　　　　　　　80 000 000
　　贷：无形资产——土地使用权　　　　　　　　　　　　　　80 000 000

2019年12月31日，确认收到房地产，以及终止确认其他非流动资产：

借：投资性房地产　　　　　　　　　　　　　　　　　130 000 000
　　贷：其他非流动资产　　　　　　　　　　　　　　　　　　80 000 000
　　　　营业外收入　　　　　　　　　　　　　　　　　　　　50 000 000

[案例6.8] 甲公司为城投公司，乙公司为房地产开发公司。2018年1月1日，双方以甲公司名义设立非法人项目公司，甲公司以土地出资，该土地按评估作价1亿元，账面价值为8 000万元；乙公司以现金出资1亿元。项目的设计、建设、管理由甲乙公司共同协商，达成一致意见后，乙公司负责具体执行。开发过程中对外签订合同等均由甲方授权以项目公司的名义进行。甲乙双方约定，项目开发过程中产生的资产、负债由甲乙公司按投资比例共同享有及承担；项目完成后，按出资比例分配建成的房地产。

2019年12月31日，该项目建设完成，共建成房地产共计2.6亿元，产生负债1亿元。甲公司拟将所享有房地产对外销售。不考虑相关税费，甲公司如何对该业务进行会计处理？

在案例中，甲乙公司属于共同控制了该房地产项目的建设开发。同时，根据双方约定，在建设期，双方直接共同承担和享有相关资产、负债的权利和义务，而不是以项目净资产进行分配，也未成立符合法律、法规规定的单独主体，该项目属于共同经营。在项目建设期间及建成后，甲公司应按约定比例确认相关资产、负债及费用。

2018年1月1日，将土地使用权转为房地产开发成本。

2018年1月1日，甲公司仅应将土地使用权以账面价值转为一项其他非流动资产：

借：其他非流动资产——合作建房资产　　　　　　　　　80 000 000

贷：无形资产——土地使用权　　　　　　　　　　　　　　80 000 000

2019年12月31日，甲公司确认收到房地产，以及终止确认其他非流动资产：

　　借：投资性房地产　　　　　　　　　　　　　　　　　130 000 000

　　　　贷：其他非流动资产　　　　　　　　　　　　　　　80 000 000

　　　　　　营业外收入　　　　　　　　　　　　　　　　　50 000 000

[案例6.9] 甲公司为城投公司，乙公司为房地产开发公司。2018年1月1日，双方以甲公司名义设立非法人分公司，甲公司以土地出资，该土地按评估作价1亿元，账面价值8 000万元；乙公司以建设服务出资。项目的设计、管理由甲公司派驻人员负责，乙公司根据甲公司安排进行项目建设。开发过程中对外签订合同等均由甲方授权以项目公司的名义进行。甲乙双方约定，项目完成后，乙公司按全部房地产销售收入的20%分成。

2019年12月31日，该项目建设完成，房地产发生成本共计2.6亿元（包括土地使用权成本，不包括乙公司建造服务成本），建成房地产1 000套，当年对外销售共计800套，取得销售收入3亿元，应按合同约定向乙公司分配销售收入6 000万元。不考虑相关税费，甲公司如何对该业务进行会计处理？

在案例中，甲公司实际上并未转移该土地使用权的控制权，仅由乙公司提供建设服务，因此甲公司自房地产建造期间，即采用合理估计确认乙公司所提供服务，并计入房地产建造成本。

（1）2018年1月1日，甲公司将土地使用权转为房地产开发成本：

　　借：存货——开发成本　　　　　　　　　　　　　　　80 000 000

　　　　贷：无形资产——土地使用权　　　　　　　　　　80 000 000

2018～2019年，甲公司应对相关建设、开发产生费用确认房地产开发成本：

　　借：存货——开发成本　　　　　　　　　　　　　　180 000 000

　　　　贷：货币资金等　　　　　　　　　　　　　　　180 000 000

同时，根据当地房地产市场价格变动，于每个资产负债表日预计应向乙公司分配的房地产销售金额，并计入开发成本。假设2017年年末，甲公司预计该房地产销售总收入为3.5亿元（1 000套×35万元/套），应向乙公司分配收入为7 000万元（200套×35万元/套）：

　　借：存货——开发成本（乙公司建造成本）　　　　　　70 000 000

　　　　贷：应付账款——乙公司　　　　　　　　　　　　70 000 000

（2）2019年12月31日，甲公司确认建成后房地产成本：

　　借：存货——库存商品　　　　　　　　　　　　　　330 000 000

　　　　贷：存货——开发成本　　　　　　　　　　　　260 000 000

　　　　　　存货——开发成本（乙公司建造成本）　　　70 000 000

确认对外销售房地产收入、成本:

借: 银行存款 350 000 000
　　贷: 营业收入 350 000 000
借: 营业成本 330 000 000
　　贷: 存货——库存商品 330 000 000

同时,由于已出售800套房产实际销售金额较原预计销售金额增加2 000万元(3−3.5×0.8),实际使应付乙公司金额较预计增加400万元。因此,向乙公司分配收入时,应冲减原应付账款账面价值为5 600万元,多付400万元应增加800套房产的销售成本:

借: 应付账款——乙公司 56 000 000
　　营业成本 4 000 000
　　贷: 银行存款 60 000 000

此外,2019年12月31日,甲公司仍然应就剩余200套房产的销售收入进行估计,并调整应向乙公司继续支付的应付账款账面价值。

6.5　房改房的税务管理

房改房又可以叫作已购公有住房。已购公有住房,是指城镇职工根据国家和县级以上地方人民政府有关城镇住房制度改革政策规定,按照成本价或者标准价购买的已建公有住房。按照成本价购买的,房屋所有权归职工个人所有;按照标准价购买的,职工拥有部分房屋所有权,一般在5年后归职工个人所有。

(1) 房改房是国家对职工工资中没有包含住房消费资金的一种补偿,是住房制度向住房商品化过渡的形式,房改房的价格不由市场供求关系决定,而是由政府根据实现住房简单再生产和建立具有社会保障性的住房供给体系的原则决定,这种房改房以标准价或成本价出售。

(2) 房改房的销售对象是有限制的,不是任何人都可以享受房改的优惠政策,购买房改出售的住房的人只能是承住独用成套公有住房的居民和符合分配住房条件的职工。

(3) 在房改房中对购房的面积有所控制,规定人均可购房的建筑面积的控制指标,以防止一些人大量低价购买公有住房(房改房),造成国有资产的流失。

(4) 房改房有一定的优惠政策,公有住房的价格在标准价或成本价的基础上还有工龄、职务或职称方面的优惠折扣。

另外,购买房改中的公有住房,在进入市场方面是有限制的。出售给职工的房改房,一般要在住用若干年以后才可出售,如职工以标准价或成本价购买的公有住房。

6.5.1　房改房增值税管理

《财政部　国家税务总局关于全面推开营业税改征增值税试点的通知》(财税〔2016〕36号)规定,为了配合国家住房制度改革,企业、行政事业单位按房改成本价、标准价出售住房取得的收入免征增值税。

6.5.2　房改房城镇土地使用税管理

《财政部　国家税务总局关于房改房用地未办理土地使用权过户期间城镇土地策的通知》(财税〔2013〕44号)规定:"经研究,现就房改房用地未办理土地使用权过户期间的城镇土地使用税政策通知如下:应税单位按照国家住房制度改革有关规定,将住房出售给职工并按规定进行核销账务处理后,住房用地在未办理土地使用权过户期间的城镇土地使用税征免,比照各省、自治区、直辖市对个人所有住房用地的现行政策执行。"

6.5.3　房改房契税管理

《财政部　国家税务总局关于公有制单位职工首次购买住房免征契税的通知》(财税〔2000〕130号)规定,对各类公有制单位为解决职工住房而采取集资建房方式建成的普通住房或由单位购买的普通商品住房,经当地县以上人民政府房改部门批准,按照国家房改政策出售给本单位职工的,如属职工首次购买住房,均比照《契税暂行条例》第六条第二款"城镇职工按规定第一次购买公有住房的,免征"的规定,免征契税。本规定从发文之日起实施,此前已征税款不予退还。

6.6　地下车位出租或出售的税务管理

《国家税务总局关于房地产开发企业土地增值税清算管理有关问题的通知》(国税发〔2006〕187号)第四条第(三)款中,对于房地产开发企业开发建造的与清算项目配套的公共设施的处理原则,第3项明确"建成后有偿转让的,应计算收入,并准予扣除成本、费用",其中包括地下车库,因为地下车位、地下室与地下车库特点相同,下文以地下车库为例进行分析。

6.6.1 地下车位出租

6.6.1.1 增值税管理

人防车位租赁收入。即，房地产企业与业主签订地下车位的长期租赁合同，合同中约定使用期限终止时，房地产企业同意将该车位继续无偿提供给业主使用，直到合同规定的期限为止。

人防车位的所有权属于国家，房地产企业只拥有使用权和收益权，如果签订人防车位销售合同，对于房地产企业来讲要承担合法合规性的风险，因此签订长租合同较为适宜，但签订长租合同又会出现其他问题。首先，既然是租赁，那么增值税就应该按照租赁不动产税目征收，而不能按照销售不动产征收，虽然两者的增值税税率均为9%，但适用的税目却完全不同。其次，如果税务局认定按照租赁不动产征收增值税，后面在土地增值税清算时人防车位的销售收入就会不计入开发产品的销售收入的同时不允许扣除相关成本，并对该部分车位按12%从租计征房产税，从而产生一系列的连锁反应。

根据财税〔2016〕36号文件附件1《销售服务、无形资产、不动产注释》第三条的规定，转让建筑物有限产权或者永久使用权的，转让在建的建筑物或者构筑物所有权的，以及在转让建筑物或者构筑物时一并转让其所占土地的使用权的，按照销售不动产缴纳增值税。关于"永久使用权"的认定各地标准不一，一般来讲，一次性收租20年以上可视为转让"永久使用权"。由此可见，房地产企业将地下人防工程建成车位、车库的，对外一次性出售或者出租若干年经营权的，属于提供不动产的租赁服务，应当缴纳增值税。目前大多数地方是按照销售不动产征收增值税，但有个别省份是按照租赁不动产征收增值税，如广东省，结合上述的土地增值税和房产税综合考虑的话，租赁比销售税负大很多。由此可见，在增值税方面，争议最大的是人防车位，人防车位的转让征收增值税所适用的税目是关键，作为房地产企业来讲，应尽可能向税务局争取按销售不动产征税，避免后续需要缴纳房产税导致整体的税负增大。

[案例6.10] A公司从2019年起在B市开发H项目，其中包括普通住宅、非普通住宅和商铺等房产。开发商将部分无产权的地下车位（含人防车位）与业主签订了期限长达20年的租赁合同，约定由业主一次性交付车位使用费10万元（与当时该小区有产权车位的售价相当）。期满后，业主可按所居住房屋产权的期限无偿享有该车位的使用权，双方不再另行签订租赁合同。该项目已经达到了清算条件。开发商认为转让长期无产权车位使用权行为不属于《土地增值税暂行条例》规定的纳税范围，理由有三：一是能否办理产权登记是车位能否销售的前提，这些无产权车位显然是不可售的。二是其与业主签订的是车位使用权而非所有权的转让协议，对应的收入为让渡资产使用权而非所有权的收入。三是土地增值税是对转让房地产取得的增值额征收的一

种税，有关转让行为并未使地下车库产生增值。因此，A公司一次性收取业主的车位使用费10万元，没有并入土地增值税清算收入。

本案例中的开发商与业主签订长达20年的租赁合同，并约定租期满后赠送使用权。这意味着签此合同的业主对有关车位享有长期占有、使用、转租的权利，并承担有关风险，事实上从开发商处承接了与对应车位所有权有关的全部收益和风险。另外，开发商收取的车位出租费已相当于其同期销售有产权车位的价格。由此可见，开发商这种转让行为，除不能履行产权登记手续外，性质与转让车库所有权的销售行为并无二样。因此，应当将该种长期让渡车库使用权、一次性收取报酬的行为视同销售行为，依法缴纳土地增值税收入。

6.6.1.2　企业所得税管理

房地产开发企业和税务机关在地下车库的所得税处理上一直争议不断。根据《房地产开发经营业务企业所得税处理办法》（国税发〔2009〕31号）第三十三条规定，企业单独建造的停车场所，应作为成本对象单独核算。利用地下基础设施形成的停车场所，作为公共配套设施进行处理。第十七条规定，企业在开发区内建造的会所、物业管理场所、电站、热力站、水厂、文体场馆、幼儿园等配套设施，按以下规定进行处理：

属于非营利性且产权属于全体业主的，或无偿赠与地方政府、公用事业单位的，可将其视为公共配套设施，其建造费用按公共配套设施费的有关规定进行处理。

属于营利性的，或产权归企业所有的，或未明确产权归属的，或无偿赠与地方政府、公用事业单位以外其他单位的，应当单独核算其成本。除企业自用应按建造固定资产进行处理外，其他一律按建造开发产品进行处理。

根据上述政策规定，房地产开发企业车位出租收入应按下列情况处理：

无产权车位和人防车位自用或出租。无产权车位和人防车位自用，按照建造固定资产处理，原来作为公共配套设施已计入开发产品计税成本的，这部分成本需要调整出来，转入固定资产单独核算；无产权车位和人防车位出租，根据国税函〔2010〕79号文件规定，跨年度一次收取租金，可在租赁期内分期确认收入，分期缴纳企业所得税。

6.6.1.3　城镇土地使用税管理

《财政部　国家税务总局关于房产税　城镇土地使用税有关问题的通知》（财税〔2009〕128号）第四条规定，对在城镇土地使用税征税范围内单独建造的地下建筑用地，按规定征收城镇土地使用税。其中，已取得地下土地使用权证的，按土地使用权证确认的土地面积计算应征税款；未取得地下土地使用权证或地下土地使用权证上未标明土地面积的，按地下建筑垂直投影面积计算应征税款。

对上述地下建筑用地暂按应征税款的50%征收城镇土地使用税。

《财政部 国家税务总局关于房产税 城镇土地使用税有关政策的通知》（财税〔2006〕186号）第二条关于有偿取得土地使用权城镇土地使用税纳税义务发生时间问题的规定，以出让或转让方式有偿取得土地使用权的，应由受让方从合同约定交付土地时间的次月起缴纳城镇土地使用税；合同未约定交付土地时间的，由受让方从合同签订的次月起缴纳城镇土地使用税。

《财政部 国家税务总局关于房产税 城镇土地使用税有关问题的通知》（财税〔2008〕152号）第三条关于房产税、城镇土地使用税纳税义务截止时间的问题的规定，纳税人因房产、土地的实物或权利状态发生变化而依法终止房产税、城镇土地使用税纳税义务的，其应纳税款的计算应截止到房产、土地的实物或权利状态发生变化的当月末。

根据上述规定，单独建造的地下车位用地暂按应征税款的50%缴纳城镇土地使用税。如果不是单独建造的车位不适用上述政策，则应全额缴纳土地使用税。

出售地下车位前权利状态未发生变化，无论是用于出租还是自用，每年均应缴纳土地使用税。

土地增值税清算个性化较强，没有一成不变的模型，在税收筹划时，不仅要知其然还要知其所以然。企业应该追逐的是税后净利润率，而不是高售价。

6.6.2 地下车位出售增值税的管理

《中华人民共和国合同法》第二百一十四条规定：租赁期限不得超过20年。超过20年的，超过部分无效。而对于销售使用权超过20年的车库销售这种特殊经营行为，判定为：租赁期间届满，当事人可以续订租赁合同，但约定的租赁期限自续定之日起不得超过20年。

转让建筑物有限产权或者永久使用权的，转让在建的建筑物或者构筑物所有权的，以及在转让建筑物或者构筑物时一并转让其所占土地的使用权的，按照"销售不动产"缴纳增值税。

增值税法规并未特别强调购买方一定要取得全部产权或者一定要遵照《中华人民共和国合同法》签订不超过20年的合同才能按照"销售不动产"计征增值税，按照实质重于形式的原则，不论销售产权、有限产权、永久使用权，只要购买方取得了不动产的占用、使用、收益、分配等权力，就应按照出售不动产处理。

（1）有产权车位正常销售，按照销售正常开发产品计征增值税。

（2）无产权车位销售。即，房地产企业与业主签订《地下车位销售买卖合同》，合同当中有明确的车位使用期限，车位价款是一次性支付的，车位价格不等，与有产权的地下车位销售价格相当，购买方则拥有车位的使用权等其他权益，可以进行出租、转让等处置，不受房地产企业的管理、控制等。

根据《中华人民共和国物权法》，无产权车位的所有权属于房地产企业，因此该车位买卖合同从合法合规性来讲没有问题，目前各地的做法基本都是按照"销售不动产"征收增值税。

2016年5月12日，国家税务总局在营改增视频通报会问题答复中也提及，如果房地产企业一次性收取乙方其他无产权地下车位的价款，视同转让开发产品的所有权，按照销售不动产的方式申报、缴纳增值税。

6.7 公租房出租的税务管理

公租房全称为公共租赁住房，是指政府投资或政府提供政策支持的其他投资主体，通过限定户型面积、供应对象和租金标准，面向无房的大学毕业生、引进人才和其他住房困难群体出租的住房。

财税〔2015〕139号文件规定了全方位的优惠政策，该政策于2018年12月31日到期后，2019年5月9日，财政部、税务总局联合又发布了《关于公共租赁住房税收优惠政策的公告》（财政部 税务总局公告2019年第61号），对公租房中涉及的城镇土地使用税、印花税、契税、土地增值税等多项税收予以免征或在企业计算应纳税所得额时扣除。财政部、税务总局公告2019年第61号执行期限为2019年1月1日至2020年12月31日，历时两年时间。多项减税措施的落地，将对减轻公租房相关税负起到重要作用。同时，财政部明确，要继续支持公租房的建设和运营，体现了公租房发展较好的外部政策环境导向，也利于后续公租房的加快发展。

6.7.1 公租房出租增值税管理

财政部、税务总局公告2019年第61号第七条规定，对经营公租房取得的租金收入，免征增值税。公租房经营管理单位应单独核算公租房租金收入，未单独核算的，不得享受免征增值税优惠政策。

6.7.2 公租房出租企业所得税管理

财政部、税务总局公告2019年第61号第五条规定，企事业单位、社会团体以及其他组织捐赠住房作为公租房，符合税收法律、法规规定的，对其公益性捐赠支出在年度利润总额12%以内的部分，准予在计算应纳税所得额时扣除，超过年度利润总额12%的部分，准予结转以后3年内在计算应纳税所得额时扣除。

6.7.3 公租房出租土地增值税管理

财政部、税务总局公告 2019 年第 61 号第四条规定，对企事业单位、社会团体以及其他组织转让旧房作为公租房房源且增值额未超过扣除项目金额 20% 的，免征土地增值税。

6.7.4 公租房出租城镇土地使用税管理

财政部、税务总局公告 2019 年第 61 号第一条规定，对公租房建设期间用地及公租房建成后占地，免征城镇土地使用税。在其他住房项目中配套建设公租房，按公租房建筑面积占总建筑面积的比例免征建设、管理公租房涉及的城镇土地使用税。

6.7.5 公租房出租房产税管理

财政部、税务总局公告 2019 年第 61 号第七条规定，对公租房免征房产税。公租房经营管理单位应单独核算公租房租金收入，未单独核算的，不得享受免房产税优惠政策。

6.7.6 公租房出租印花税管理

财政部、税务总局公告 2019 年第 61 号第二条、第三条规定，对公租房经营管理单位免征建设、管理公租房涉及的印花税；在其他住房项目中配套建设公租房，按公租房建筑面积占总建筑面积的比例免征建设、管理公租房涉及的印花税；对公租房经营管理单位购买住房作为公租房的，免征契税、印花税，对公租房租赁双方免征签订租赁协议涉及的印花税。

6.7.7 公租房出租个人所得税管理

财政部、税务总局公告 2019 年第 61 号第五条、第六条规定，个人捐赠住房作为公租房，符合税收法律、法规规定的，对其公益性捐赠支出未超过其申报的应纳税所得额 30% 的部分，准予从其应纳税所得额中扣除；对符合地方政府规定条件的城镇住房保障家庭从地方政府领取的住房租赁补贴，免征个人所得税。

6.7.8 公租房出租纳税申报后续管理

享受上述税收优惠政策的公租房是指纳入省、自治区、直辖市、计划单列市人民政府及新疆生产建设兵团批准的公租房发展规划和年度计划，或者市、县人民政府批准建设（筹集），并按照住房和城乡建设部等 7 部门发布的《关于加快发展公共租赁住房的指导意见》（建保〔2010〕87 号）和市、县人民政府制定的具体管理办法进行管理的公租房。

纳税人享受财政部、税务总局公告 2019 年第 61 号规定的优惠政策，应按规定进行免税申报，并将不动产权属证明、载有房产原值的相关材料、纳入公租房及用地管理的相关材料、配套建设管理公租房的相关材料、购买住房作为公租房的相关材料、公租房租赁协议等留存备查。

第 7 章
房地产企业清算阶段的税务管理

7.1 企业土地增值税清算阶段的税务管理

7.1.1 土地增值税清算的情形

有偿转让国有土地的使用权、地上的建筑物及其附着物的单位和个人属于土地增值税的纳税人。其中,包括各类事业单位、企业单位、社会团体、机关、个体工商业户以及其他单位和个人。根据《国家税务总局关于印发〈土地增值税宣传提纲〉的通知》(国税函发〔1995〕110号)规定,凡转让国有土地使用权、地上建筑物及其附着物并取得收入的行为属于土地增值税征收的范围。

(1) 符合下列情形之一的,纳税人应进行土地增值税的清算:

①房地产开发项目全部竣工、完成销售的;

②整体转让未竣工决算开发项目的;

③直接转让土地使用权的。

(2) 符合下列情形之一的,主管税务机关可要求纳税人进行土地增值税清算:

①已竣工验收的房地产开发项目,已转让的房地产建筑面积占整个项目可售建筑面积的比例在85%以上,或该比例虽未超过85%,但剩余的可售建筑面积已经出租或自用的;

②取得销售（预售）许可证满3年仍未销售完毕的；
③纳税人申请注销税务登记但未办理土地增值税清算手续的；
④省（自治区、直辖市、计划单列市）税务机关规定的其他情况。
对第③项所列情形，应在办理注销登记前进行土地增值税清算。

7.1.2 土地增值税清算的计算公式及税率

7.1.2.1 计算公式

根据《土地增值税暂行条例》第三条规定，土地增值税按照纳税人转让房地产所取得的增值额和本条例所规定的税率计算征收。计算方法为：

应纳土地增值税＝土地增值额×适用税率－扣除项目金额×速算扣除率

土地增值额＝转让房地产所取得的收入－扣除项目金额

7.1.2.2 税率

土地增值税实行四级超率累进税率，具体税率如表7.1所示。

表7.1　　　　　　　　　　土地增值税税率情况

档次	级距	税率	速算扣除系数	税额计算公式
1	增值额未超过扣除项目金额50%（含）的部分	30%	0	增值额×30%
2	增值额超过扣除项目金额50%，未超过100%（含）的部分	40%	5%	增值额×40%－扣除项目金额×5%
3	增值额超过扣除项目金额100%，未超过200%（含）的部分	50%	15%	增值额×50%－扣除项目金额×15%
4	增值额超过扣除项目金额200%的部分	60%	35%	增值额×60%－扣除项目金额×35%

7.1.3 土地增值税应税收入的管理

7.1.3.1 土地增值税的应税收入的确认

营业税改成增值税后，纳税人转让房地产的土地增值税应税收入不含增值税。适用于简易计税方法的纳税人，转让房地产的土地增值税应税收入为不含增值税的应纳税额；适用于一般计税方法的纳税人，转让房地产的土地增值税应税收入为不含增值税的销项税额。

[案例7.1] 某房地产企业对A开发项目土地增值税进行清算，该项目取得收入的总额为5 400万元，土地出让金为2 100万元。请问，该企业土地增值税清算时，确认的土地增值税应税收入是多少？

根据《房地产开发企业销售自行开发的房地产项目增值税征收管理暂行办法》（国家税务总局公告2016年第18号印发）规定的房地产销售开发产品的销售额的计算公式如下：

销售额 =（全部价款和价外费用 − 当期允许扣除的土地价款）÷（1 + 9%）

销售额 = 全部价款和价外费用 ÷（1 + 9%）

销项税额 = 销售额 × 适用税率

扣除的土地价款是对销项税额的抵减金额，不属于销项税额的组成部分。

根据《财政部关于印发〈增值税会计处理规定〉的通知》（财会〔2016〕22号）规定，上述的会计处理如下

借：银行存款　　　　　　　　　　　　　　　　　54 000 000.00
　　贷：主营业务收入　　　　　　　　　　　　　49 541 284.40
　　　　应交税费——应交增值税（销项税额）　　4 458 715.60

因扣除土地价款抵减的销项税额：

借：应交税费——应交增值税（销项税额抵减）　　1 733 944.95
　　贷：主营业务成本　　　　　　　　　　　　　1 733 944.95

上述业务计算土地增值税的应税收入为 4 954.13 万元〔5 400 ÷（1 + 9%）〕。

如果该企业对该项目选择简易计税方法，土地增值税清算时的应税收入为 5 142.86 万元〔5 400 ÷（1 + 5%）〕。

7.1.3.2　代收费用

根据《财政部　国家税务总局关于土地增值税一些具体问题规定的通知》（财税字〔1995〕48号）规定：

（1）对于县级及县级以上人民政府要求房地产开发企业在售房时代收的各项费用，如果费用未计入房价，而是单独收取，可以不作为转让房地产的收入，如果费用计入房价中并向购买方收取的，应作为转让房地产的收入计税。

（2）对于代收费用作为转让收入计税的，在计算扣除项目金额时，可予以扣除，但不允许作为加计 20% 扣除的基数；对于代收费用未作为转让房地产的收入计税时，计算增值额不允许扣除代收费用。

7.1.3.3　土地增值税清算时的收入确认

根据《国家税务总局关于土地增值税清算有关问题的通知》（国税函〔2010〕220号）规定，土地增值税清算时，已全额开具商品房销售发票的，按照发票所载金额确认收入；未开具发票或未全额开具发票的，以交易双方签订的销售合同所载的售房金额及其他收益确认收入。销售合同所载商品房面积与有关部门实际测量面积不一致，在清算前已发生补、退房款的，应在计算土地增值税时予以调整。

7.1.3.4　外币收入的折算

（1）直接收款方式。《土地增值税暂行条例实施细则》规定，土地增值税以人民币为计算单位。转让房地产所取得的收入为外国货币的，以取得收入当天或者当月1日国家公布的市场汇价折合成人民币，据以计算应纳土地增值税税额。

(2) 分期收款方式。《财政部 国家税务总局关于土地增值税一些具体问题规定的通知》（财税字〔1995〕48号）第十五条规定，对于以分期收款形式取得的外币收入，也应按实际收款日或收款当月1日国家公布的市场汇价折合成人民币。

7.1.3.5 土地增值税的视同销售

房地产开发企业将开发产品用于职工福利、奖励、对外投资、分配给股东或投资人、抵偿债务、换取其他单位和个人的非货币性资产等，发生所有权转移时应视同销售房地产，其收入按下列方法和顺序确认：

（1）按本企业在同一地区、同一年度销售的同类房地产的平均价格确定。

（2）由主管税务机关参照当地当年、同类房地产的市场价格或评估价值确定。

[案例7.2] 甲房地产企业欠乙企业货款1 200万元，经法院判决，将账面价值800万元的土地和房产（本企业已经使用多年的沿街房）一宗，按评估价值并经法院判决书裁定作价1 000万元抵顶欠乙企业的债务。根据上述规定，该企业没有同类房产的售价，只能按市场价格或评估价格中的一项确认土地增值税的收入。由于该企业经法院裁定按评估价值作价抵债，因此应当按1 000万元确认为土地增值税的应税收入，差额部分属于债务重组利得，只需要缴纳企业所得税，不需要缴纳土地增值税。

7.1.3.6 自用房地产

根据《国家税务总局关于房地产开发企业土地增值税清算管理有关问题的通知》（国税发〔2006〕187号）规定，房地产开发企业将开发的部分房地产转为企业自用或用于出租等商业用途时，如果产权未发生转移，不征收土地增值税，在税款清算时不列收入，不扣除相应的成本和费用。

7.1.3.7 拆迁安置房

（1）房地产企业用建造的本项目房地产安置回迁户的，安置用房视同销售处理，视同销售的收入按本企业在同一地区、同一年度销售的同类房地产的平均价格确定，并按下列公式计算的金额确认为拆迁补偿费计入开发成本作为扣除项目金额扣除，并可以作为加计扣除20%的计算基数：

①收取补价的：计入开发成本的拆迁补偿费 = 视同销售收入金额 − 收取的补价

②支付补价的：计入开发成本的拆迁补偿费 = 视同销售收入金额 + 收取的补价

[案例7.3] 2019年4月，甲房地产企业用建造的本项目房地产（每套建筑面积为100平方米）安置回迁户80户，同月该项目同类房产的平均价格为8 000元/平方米，2019年度全年同类房产的平均价格为7 800元/平方米。整个项目600套同类房产的平均价格为8 800元/平方米。按每平方米向安置户支付补价200元。该企业在缴纳增值税时，选择一般计税方法。在土地增值税清算时，根据上述规定，应当按安置房交付年度同类房产的平均价格确定视同销售收入，因此：

确认回迁房的收入总额 = (80 × 100 × 7 800) ÷ (1 + 9%) = 57 247 706.42（元）

计入开发成本中的拆迁补偿费金额 = 57 247 706.42 + 80 × 100 × 200
= 58 847 706.42（元）

（2）异地安置。

①异地安置的房产属于自行开发的：按上述（1）处理。

②异地安置的房产属于外购的：按外购房产的买价确认为视同销售收入，并按下列公式计算的金额确认为拆迁补偿费计入开发成本作为扣除项目金额扣除，并可以作为加计扣除20%的计算基数：

收取补价的：计入开发成本的拆迁补偿费 = 实际支付的购房支出 − 收取的补价

支付补价的：计入开发成本的拆迁补偿费 = 实际支付的购房支出 + 支付的补价

（3）货币安置拆迁。不需要确认收入缴纳土地增值税，同时房地产开发企业凭合法有效凭据计入拆迁补偿费。

7.1.4 土地增值税扣除项目的管理

根据《土地增值税暂行条例》第六条及《土地增值税暂行条例实施细则》第七条规定，土地增值税的扣除项目金额涉及内容包括：

（1）取得土地使用权所支付的金额。取得土地使用权所支付的金额是指纳税人为取得土地使用权所支付的地价款和按国家统一规定交纳的有关费用。《国家税务总局关于印发〈土地增值税宣传提纲〉的通知》（国税函发〔1995〕110号）第五条第一款规定，取得土地使用权所支付的金额具体为：以出让方式取得土地使用权的，为支付的土地出让金；以行政划拨方式取得土地使用权的，为转让土地使用权时按规定补交的出让金；以转让方式取得土地使用权的，为支付的地价款。此外，购买土地时支付的登记费、过户费及购买耕地时缴纳的耕地占用税等也应当计入取得土地的成本。

①土地闲置费。根据《国家税务总局关于土地增值税清算有关问题的通知》（国税函〔2010〕220号）第四条规定，房地产开发企业逾期开发缴纳的土地闲置费不得扣除。

②契税。根据《国家税务总局关于土地增值税清算有关问题的通知》（国税函〔2010〕220号）第五条规定，房地产开发企业为取得土地使用权所支付的契税，应视同"按国家统一规定交纳的有关费用"，计入"取得土地使用权所支付的金额"中扣除。

③分期开发土地成本分摊。分期分批开发、转让房地产，取得土地使用权所支付的金额和房地产开发成本、费用分摊依据问题。根据《土地增值税暂行条例实施细则》和清算工作有关规定，取得土地使用权所支付的金额按实际转让土地面积占可转让土地面积的比例分摊；房地产开发成本、费用金额按可售建筑面积占项目可售总建筑面积的比例分摊。

（2）开发土地的成本、费用。开发土地的成本、费用是指纳税人房地产开发项目实际发生的成本（以下简称房地产开发成本），包括土地征用及拆迁补偿费、前期工程费、建筑安装工程费、基础设施费、公共配套设施费、开发间接费用、借款费用。

《国家税务总局关于印发〈土地增值税宣传提纲〉的通知》（国税函发〔1995〕110号）第五条第二款对房地产开发成本包括的七项内容进行了详细的规定：

①土地征用及拆迁补偿费。根据《土地增值税暂行条例实施细则》第七条第二款规定，土地征用及拆迁补偿费，包括土地征用费、耕地占用税、劳动力安置费及有关地上和地下附着物拆迁补偿的净支出、安置动迁用房支出等。

根据《财政部关于印发〈企业产品成本核算制度（试行）〉的通知》（财会〔2013〕17号）的规定，土地征用及拆迁补偿费是指为取得土地开发使用权（或开发权）而发生的各项费用，包括土地买价或出让金、大市政配套费、契税、耕地占用税、土地使用费、土地闲置费、农作物补偿费、危房补偿费、土地变更用途和超面积补交的地价及相关税费、拆迁补偿费用、安置及动迁费用、回迁房建造费用等。大市政配套费在会计上属于土地成本的一部分，因此在计算土地增值税时准予作为扣除项目金额扣除。

②前期工程费。根据《土地增值税暂行条例实施细则》第七条第二款规定："前期工程费，包括规划、设计、项目可行性研究和水文、地质、测绘、'三通一平'等支出。"

根据《财政部关于印发〈企业产品成本核算制度（试行）〉的通知》（财会〔2013〕17号）的规定："前期工程费，是指项目开发前期发生的政府许可规费、招标代理费、临时设施费以及水文地质勘察、测绘、规划、设计、可行性研究、咨询论证费、筹建、场地通平等前期费用。"

③建筑安装工程费。根据《土地增值税暂行条例实施细则》第七条第二款规定，建筑安装工程费是指以出包方式支付给承包单位的建筑安装工程费，以自营方式发生的建筑安装工程费。

根据《国家税务总局关于营改增后土地增值税若干征管规定的公告》（国家税务总局公告2016年第70号）第五条规定，关于营改增后建筑安装工程费支出的发票确认问题，营改增后，土地增值税纳税人接受建筑安装服务取得的增值税发票，应按照《国家税务总局关于全面推开营业税改征增值税试点有关税收征收管理事项的公告》（国家税务总局公告2016年第23号）规定，在发票的备注栏注明建筑服务发生地县（市、区）名称及项目名称，否则不得计入土地增值税扣除项目金额。

建筑安装工程费扣除应当注意以下问题：

● 房地产企业在计算土地增值税时，尚未支付的工程质量保证金部分，是否可以作为建筑安装工程费一并作为扣除项目金额扣除？

根据《国家税务总局关于土地增值税清算有关问题的通知》（国税函〔2010〕220

号）第二条规定，房地产开发企业在工程竣工验收后，按照合同约定，扣留建筑安装施工企业一定比例的工程款，作为开发项目的质量保证金，在计算土地增值税时，建筑安装施工企业就质量保证金对房地产开发企业开具发票的，按发票所载金额予以扣除；未开具发票的，扣留的质量保证金不得计算扣除。

● 如果房地产企业尚未支付的质量保证金在土地增值税清算时，因没有取得发票无法得到扣除，但以后年度重新取得发票，是否可以向税务机关申请退还清算时多缴的土地增值税？

根据《税收征收管理法》第五十一条规定，纳税人超过应纳税额缴纳的税款，税务机关发现后应当立即退还；纳税人自结算缴纳税款之日起3年内发现的，可以向税务机关要求退还多缴的税款并加算银行同期存款利息，税务机关及时查实后应当立即退还；涉及从国库中退库的，依照法律、行政法规有关国库管理的规定退还。

建筑安装工程费应当取得施工企业自行开具或税务机关代开的增值税普通发票或增值税专用发票，且应当在发票的备注栏注明建筑服务发生地县（市、区）名称及项目名称，否则不得计入土地增值税扣除项目金额。

发生的建筑安装工程费应当与决算报告、审计报告、工程结算报告、工程施工合同记载内容相符。

房地产开发企业自购建筑材料时，自购建筑材料费用不能重复计算扣除。即：不得将"甲供材"计入建筑安装成本的同时，再将"甲供材"开具在建筑业发票上重复扣除。

④基础设施费。根据《土地增值税暂行条例实施细则》第七条第二款规定，基础设施费包括开发小区内道路、供水、供电、供气、排污、排洪、通讯、照明、环卫、绿化等工程发生的支出。

⑤公共配套设施费。根据《土地增值税暂行条例实施细则》第七条第二款规定，公共配套设施费包括不能有偿转让的开发小区内公共配套设施发生的支出。

⑥开发间接费用。根据《土地增值税暂行条例实施细则》第七条第二款规定，开发间接费用是指组织、管理开发项目发生的费用，包括工资、职工福利费、折旧费、修理费、办公费、水电费、劳动保护费、周转房摊销等。

⑦借款费用。根据《土地增值税暂行条例实施细则》第七条第三款规定，财务费用中的利息支出，凡能够按转让房地产项目计算分摊并提供金融机构证明的，允许据实扣除，但最高不能超过按商业银行同类同期贷款利率计算的金额，其他房地产开发费用，按取得土地使用权所支付的金额和房地产开发成本金额之和的5%以内计算扣除。

凡不能按转让房地产项目计算分摊利息支出或不能提供金融机构证明的，房地产开发费用按取得土地使用权所支付的金额和房地产开发成本金额之和的10%以内计算扣除。

上述计算扣除的具体比例，由各省、自治区、直辖市人民政府规定。

7.1.5 土地增值税的征收管理

7.1.5.1 土地增值税的征收方式

（1）预缴土地增值税。《土地增值税暂行条例实施细则》规定，纳税人在项目全部竣工结算前转让房地产取得的收入，由于涉及成本确定或其他原因无法据以计算土地增值税的，可以预征土地增值税，待该项目全部竣工、办理结算后再进行清算，多退少补。

《财政部 国家税务总局关于土地增值税一些具体问题规定的通知》（财税字〔1995〕48号）第十四条规定，关于预售房地产所取得的收入可以预征土地增值税。具体办法由各省、自治区、直辖市税务局根据当地情况制定。因此，对于纳税人预售房地产所取得的收入，当地税务机关规定预征土地增值税的，纳税人应当到主管税务机关办理纳税申报，并按规定比例预交，待办理决算后，多退少补；当地税务机关规定不预征土地增值税的，也应在取得收入时先到税务机关登记或备案。

根据《国家税务总局关于营改增后土地增值税若干征管规定的公告》（国家税务总局公告2016年第70号）第一条规定，为方便纳税人，简化土地增值税预征税款的计算，房地产开发企业采取预收款方式销售自行开发的房地产项目的，可按照以下方法计算土地增值税预征的计征依据：

土地增值税预征的计征依据 = 预收款 - 应预缴增值税税款

预售房款预缴土地增值税的房地产项目，按下列公式和步骤计算预缴土地增值税：

土地增值税预征的计征依据 = 预售房款 - 预缴的增值税税额

应当预缴土地增值税额 = 土地增值税预征的计征依据 × 预征率

[案例7.4] 甲房地产企业当期收到预售房款2 200万元，土地增值税的预征率为2%。

①假设甲房地产企业选择一般计税方法缴纳增值税，当期应当预缴土地增值税计算如下：

在项目所在地预缴的增值税 = 2 200 ÷（1 + 9%）× 3% = 60.55（万元）

应当预缴土地增值税 =（2 200 - 60.55）× 2% = 42.79（万元）

②假设甲房地产企业选择简易计税方法缴纳增值税，当期应当预缴土地增值税计算如下：

在项目所在地预缴的增值税 = 2 200 ÷（1 + 5%）× 3% = 62.86（万元）

应当预缴土地增值税 =（2 200 - 62.86）× 2% = 42.74（万元）

实务操作中，有些企业认为按上述办法计算预缴的土地增值税比按《财政部　国家税务总局关于营改增后契税 房产税 土地增值税 个人所得税计税依据问题的通知》(财税〔2016〕43号)计算的金额要大。

本例按财税〔2016〕43号文件计算如下:

①假设甲房地产企业选择一般计税方法缴纳增值税,当期应当预缴土地增值税计算为:

应当预缴土地增值税 = 2 200 ÷ (1 + 9%) × 2% = 40.37 (万元)

②假设甲房地产企业选择简易计税方法缴纳增值税,当期应当预缴土地增值税计算为:

应当预缴土地增值税 = 2 200 ÷ (1 + 5%) × 2% = 41.90 (万元)

从国家税务总局公告2016年第70号出台背景看,是"为方便纳税人,简化土地增值税预征税款计算,房地产开发企业采取预收款的方式销售自行开发的房地产项目的,可按照以下方法计算土地增值税预征计征依据",原则上企业有权选择,但部分省份为了统一口径,也便于"金三"系统的预警管理,明确规定只能按国家税务总局公告2016年第70号执行。

关于土地增值税预征率的调整问题,《财政部 国家税务总局关于土地增值税若干问题的通知》(财税〔2006〕21号)规定,各地要完善土地增值税预征办法,根据本地区房地产业增值水平和市场发展情况,区别普通住房、非普通住房和商用房等不同类型,科学合理地确定预征率,并适时调整。工程项目竣工结算后,应及时进行清算,多退少补。

土地增值税清算加收滞纳金问题。未按预征规定期限预缴税款的,根据《税收征收管理法》及实施细则的有关规定,从限定的缴纳税款期限届满次日起加收滞纳金。但根据国税函〔2010〕220号文件规定:纳税人按规定预缴土地增值税后清算补缴的土地增值税,在主管税务机关规定的期限内补缴的,不加收滞纳金。

《国家税务总局关于加强土地增值税征管工作的通知》(国税发〔2010〕53号)第二条规定,税务机关要科学合理制定预征率,加强土地增值税预征工作。预征是土地增值税征收管理工作的基础,是实现土地增值税调节功能、保障税收收入均衡入库的重要手段。各级税务机关要全面加强土地增值税的预征工作,把土地增值税预征和房地产项目管理工作结合起来,把土地增值税预征和销售不动产营业税(2016年5月1日后改征增值税)结合起来;把预征率的调整和土地增值税清算的实际税负结合起来;把预征率的调整与房价上涨的情况结合起来,使预征率更加接近实际税负水平,改变目前部分地区存在的预征率偏低,与房价快速上涨不匹配的情况。通过科学、精细的测算,研究预征率调整与房价上涨的挂钩机制。为了发挥土地增值税在预征阶段的调节作用,各地须对目前的预征率进行调整。除保障性住房外,东部地区省份预征率不得低于2%,中部和东北地区省份不得低于1.5%,西部地区省份不得低于1%,

各地要根据不同类型房地产确定适当的预征率（地区的划分按照国务院有关文件的规定执行）。对尚未预征或暂缓预征的地区，应切实按照税收法律、法规开展预征，确保土地增值税在预征阶段及时、充分发挥调节作用。

（2）清算。

①土地增值税清算的含义。土地增值税清算是指纳税人在符合土地增值税清算条件后，依照税收法律、法规及土地增值税有关政策规定，计算房地产开发项目应缴纳的土地增值税税额，并填写《土地增值税清算申报表》，向主管税务机关提供有关资料，办理土地增值税清算手续，结清该房地产项目应缴纳土地增值税税款的行为。

②土地增值税清算要求。《国家税务总局关于印发〈土地增值税清算管理规程〉的通知》（国税发〔2009〕91号）第四条规定，纳税人应当如实申报应缴纳的土地增值税税额，保证清算申报的真实性、准确性和完整性。

③土地增值税的清算单位。《土地增值税暂行条例》规定，土地增值税以纳税人房地产成本核算的最基本的核算项目或核算对象为单位计算。

《国家税务总局关于房地产开发企业土地增值税清算管理有关问题的通知》（国税发〔2006〕187号）第一条规定，土地增值税以国家有关部门审批的房地产开发项目为单位进行清算，对于分期开发的项目，以分期项目为单位清算。

对于上述规定中"分期开发的项目"的界定，财政部和国家税务总局的文件规定较为模糊，导致各省份的规定不尽一致。

④强制性清算。《国家税务总局关于房地产开发企业土地增值税清算管理有关问题的通知》（国税发〔2006〕187号）第二条规定，符合下列情形之一的，纳税人应进行土地增值税的清算：

- 房地产开发项目全部竣工、完成销售的。
- 整体转让未竣工决算房地产开发项目的。
- 直接转让土地使用权的。

⑤选择性清算。《国家税务总局关于房地产开发企业土地增值税清算管理有关问题的通知》（国税发〔2006〕187号）第三条规定，符合下列情形之一的，主管税务机关可要求纳税人进行土地增值税清算：

- 已竣工验收的房地产开发项目，已转让的房地产建筑面积占整个项目可售建筑面积的比例在85%以上，或该比例虽未超过85%，但剩余的可售建筑面积已经出租或自用的。
- 取得销售（预售）许可证满3年仍未销售完毕的。
- 纳税人申请注销税务登记但未办理土地增值税清算手续的。
- 省税务机关规定的其他情况。

⑥清算时限。对于符合强制性清算条件进行土地增值税清算的项目，纳税人应当

在满足条件之日起90日内到主管税务机关办理清算手续。对于符合选择性清算条件、税务机关可要求纳税人进行土地增值税清算的项目,由主管税务机关确定是否进行清算;对于确定需要进行清算的项目,由主管税务机关下达清算通知,纳税人应当在收到清算通知之日起90日内办理清算手续。

在规定的期限内拒不清算或不提供清算资料的,主管税务机关可依据《税收征收管理法》有关规定处理。

⑦土地增值税清算应报送的资料。《国家税务总局关于房地产开发企业土地增值税清算管理有关问题的通知》(国税发〔2006〕187号)第五条规定,纳税人办理土地增值税清算应报送以下资料:

- 房地产开发企业清算土地增值税书面申请、土地增值税纳税申报表。
- 项目竣工决算报表、取得土地使用权所支付的地价款凭证、国有土地使用权出让合同和银行贷款利息结算通知单、项目工程合同结算单、商品房购销合同统计表等与转让房地产的收入、成本和费用有关的证明资料。
- 主管税务机关要求报送的其他与土地增值税清算有关的证明资料等。

纳税人委托税务中介机构审核鉴证的清算项目,还应报送中介机构出具的《土地增值税清算税款鉴证报告》。

各地对土地增值税清算提交资料会有一些不同的规定,应当遵循其规定。

⑧土地增值税的审核鉴证。《国家税务总局关于房地产开发企业土地增值税清算管理有关问题的通知》(国税发〔2006〕187号)第六条规定,税务中介机构受托对清算项目审核鉴证时,应按税务机关规定的格式对审核鉴证情况出具鉴证报告。对符合要求的鉴证报告,税务机关可以采信。税务机关要对从事土地增值税清算鉴证工作的税务中介机构在准入条件、工作程序、鉴证内容法律责任等方面提出明确要求,并做好必要的指导和管理工作。

⑨清算后未转让房地产的后续处理。《国家税务总局关于房地产开发企业土地增值税清算管理有关问题的通知》(国税发〔2006〕187号)第八条规定,在土地增值税清算时未转让的房地产,清算后销售或有偿转让的,纳税人应按规定进行土地增值税的纳税申报,扣除项目金额按清算时的单位建筑面积成本费用乘以销售或转让面积计算。

单位建筑面积成本费用=清算时的扣除项目总金额÷清算的总建筑面积

[**案例7.5**] 甲房地产企业2019年2月对某小区进行土地增值税清算,清算时尚有5套房屋(面积为500平方米)没有销售,清算时的扣除项目金额为2 000万元,收入总额为3 800万元,清算总面积为10 000平方米。2019年6月,企业将剩余的5套房屋销售,取得房款300万元。计算清算时以及清算后应当申报缴纳的土地增值税。

解析：

清算时：

增值额 = 3 800 - 2 000 = 1 800（万元）

增值率 = 1 800 ÷ 2 000 = 90%

清算土地增值税 = 1 800 × 40% - 2 000 × 5% = 620（万元）

清算后：

扣除项目金额 = 2 000 ÷ 10 000 × 500 = 100（万元）

增值额 = 300 - 100 = 200（万元）

增值率 = 200 ÷ 100 = 200%

清算后销售5套房屋的土地增值税 = 200 × 50% - 100 × 15% = 85（万元）

合计应纳土地增值税 = 620 + 85 = 705（万元）

⑩清算后又发生成本是否允许二次清算问题。企业达到清算条件并进行土地增值税清算后，继续支付并取得合法、有效凭证的支出，此时是否允许企业申请对曾经清算过的项目进行重新清算问题，大部分省份允许二次清算，如《北京市地方税务局关于土地增值税清算管理若干问题的通知》规定，纳税人在项目完成清算后继续支付并取得合法有效凭证的成本和费用，主管税务机关可根据实际情况重新调整扣除项目金额，但原则上应在项目全部销售完毕时进行调整。存在类似规定的还有湖北、广西、大连、青岛等地。但也有不允许二次清算的情况，如《浙江省地方税务局关于土地增值税若干政策问题的解答》中规定，将清算后发生的成本计入清算后再转让的房地产增值额中扣除。

⑪税务机关对土地增值税清算的审核管理措施。《国家税务总局关于印发〈土地增值税清算管理规程〉的通知》（国税发〔2009〕91号）第四章规定：

• 清算审核包括案头审核、实地审核。

案头审核是指对纳税人报送的清算资料进行数据、逻辑审核，重点审核项目归集的一致性、数据计算准确性等。

实地审核是指在案头审核的基础上，通过对房地产开发项目实地查验等方式，对纳税人申报情况的客观性、真实性、合理性进行审核。

• 清算审核时，应审核房地产开发项目是否以国家有关部门审批、备案的项目为单位进行清算；对于分期开发的项目，是否以分期项目为单位清算；对不同类型房地产是否分别计算增值额、增值率，缴纳土地增值税。

• 审核收入情况时，应结合销售发票、销售合同（含房管部门网上备案登记资料）、商品房销售（预售）许可证、房产销售分户明细表及其他有关资料，重点审核销售明细表、房地产销售面积与项目可售面积的数据关联性，以核实计税收入；对销售合同所载商品房面积与有关部门实际测量面积不一致而发生补、退房款的收入调整情况进行审核；对销售价格进行评估，审核有无价格明显偏低情况。

必要时，主管税务机关可通过实地查验，确认有无少计、漏计事项，确认有无将开发产品用于职工福利、奖励、对外投资、分配给股东或投资人、抵偿债务、换取其他单位和个人的非货币性资产等情况。

- 非直接销售和自用房地产的收入确定。

房地产开发企业将开发产品用于职工福利、奖励、对外投资、分配给股东或投资人抵偿债务、换取其他单位和个人的非货币性资产等，发生所有权转移时应视同销售房地产，其收入按下列方法和顺序确认：

按本企业在同一地区、同一年度销售的同类房地产的平均价格确定；

由主管税务机关参照当地当年、同类房地产的市场价格或评估价值确定。

房地产开发企业将开发的部分房地产转为企业自用或用于出租等商业用途时，如果产权未发生转移，不征收土地增值税，在税款清算时不列收入，不扣除相应的成本和费用。

- 土地增值税扣除项目审核的内容包括：

取得土地使用权所支付的金额。

房地产开发成本，包括：土地征用及拆迁补偿费、前期工程费、建筑安装工程费、基础设施费、公共配套设施费、开发间接费用。

房地产开发费用。

与转让房地产有关的税金。

国家规定的其他扣除项目。

- 审核扣除项目是否符合下列要求：

在土地增值税清算中，计算扣除项目金额时，其实际发生的支出应当取得但未取得合法凭据的不得扣除。

扣除项目金额中所归集的各项成本和费用，必须是实际发生的。

扣除项目金额应当准确地在各扣除项目中分别归集，不得混淆。

扣除项目金额中所归集的各项成本和费用必须是在清算项目开发中直接发生的或应当分摊的。

纳税人分期开发项目或者同时开发多个项目的，或者同一项目中建造不同类型房地产的，应按照受益对象，采用合理的分配方法，分摊共同的成本费用。

对同一类事项，应当采取相同的会计政策或处理方法。会计核算与税务处理规定不一致的，以税务处理规定为准。

- 审核取得土地使用权支付金额和土地征用及拆迁补偿费时应当重点关注：

同一宗土地有多个开发项目，是否予以分摊，分摊办法是否合理、合规，具体金额的计算是否正确。

是否存在将房地产开发费用记入取得土地使用权支付金额以及土地征用及拆迁补偿费的情形。

拆迁补偿费是否实际发生，尤其是支付给个人的拆迁补偿款、拆迁（回迁）合同和签收花名册或签收凭证是否一一对应。

• 审核前期工程费、基础设施费时应当重点关注：

前期工程费、基础设施费是否真实发生，是否存在虚列情形。

是否将房地产开发费用计入前期工程费、基础设施费。

多个（或分期）项目共同发生的前期工程费、基础设施费，是否按项目合理分摊。

• 审核公共配套设施费时应当重点关注：

公共配套设施的界定是否准确，公共配套设施费是否真实发生，有无预提的公共配套设施费情况。

是否将房地产开发费用计入公共配套设施费。

多个（或分期）项目共同发生的公共配套设施费，是否按项目合理分摊。

• 审核建筑安装工程费时应当重点关注：

发生的费用是否与决算报告、审计报告、工程结算报告、工程施工合同记载的内容相符。

房地产开发企业自购建筑材料时，自购建材费用是否重复计算扣除项目。

参照当地当期同类开发项目单位平均建安成本或当地建设部门公布的单位定额成本，验证建筑安装工程费支出是否存在异常。

房地产开发企业采用自营方式自行施工建设的，还应当关注有无虚列、多列施工人工费、材料费、机械使用费等情况。

建筑安装发票是否在项目所在地税务机关开具。

• 审核开发间接费用时应当重点关注：

是否存在将企业行政管理部门（总部）为组织和管理生产经营活动而发生的管理费用计入开发间接费用的情形。

开发间接费用是否真实发生，有无预提开发间接费用的情况，取得的凭证是否合法有效。

• 审核利息支出时应当重点关注：

是否将利息支出从房地产开发成本中调整至开发费用。

分期开发项目或者同时开发多个项目的，其取得的一般性贷款的利息支出，是否按照项目合理分摊。

利用闲置专项借款对外投资取得收益，其收益是否冲减利息支出。

• 代收费用的审核。对于县级以上人民政府要求房地产开发企业在售房时代收的各项费用，审核其代收费用是否计入房价并向购买方一并收取；当代收费用计入房价时，审核有无将代收费用计入加计扣除以及房地产开发费用计算基数的情形。

- 关联方交易行为的审核。在审核收入和扣除项目时，应重点关注关联企业交易是否按照公允价值和营业常规进行业务往来。

应当关注企业大额应付款余额，审核交易行为是否真实。

- 纳税人委托中介机构审核鉴证的清算项目，主管税务机关应当采取适当方法对其鉴证报告的合法性、真实性进行审核。
- 对纳税人委托中介机构审核鉴证的清算项目，主管税务机关未采信或部分未采信鉴证报告的，应当告知其理由。
- 土地增值税清算审核结束，主管税务机关应当将审核结果书面通知纳税人，并确定办理补、退税期限。

⑫关于营改增前后土地增值税清算的计算问题。根据《国家税务总局关于营改增后土地增值税若干征管规定的公告》（国家税务总局公告 2016 年 70 号）第四条规定，房地产开发企业在营改增后进行房地产开发项目土地增值税清算时，按以下方法确定相关金额：

- 土地增值税应税收入 = 营改增前转让房地产取得的收入 + 营改增后转让房地产取得的不含增值税收入
- 与转让房地产有关的税金 = 营改增前实际缴纳的营业税、城建税、教育费附加 + 营改增后允许扣除的城建税、教育费附加

7.1.5.2 土地增值税的征收管理政策

（1）土地增值税的纳税期限。《财政部　国家税务总局关于土地增值税一些具体问题规定的通知》（财税字〔1995〕48 号）第十六条关于纳税期限的问题规定，根据《土地增值税暂行条例》第十条、第十二条和《土地增值税暂行条例实施细则》第十五条的规定，税务机关核定的纳税期限，应在纳税人签订房地产转让合同之后、办理房地产权属转让（过户登记）手续之前。

（2）土地增值税的纳税申报。

①纳税申报期限。《土地增值税暂行条例》第十条规定，纳税人应当自转让房地产合同签订之日起七日内向房地产所在地主管税务机关办理纳税申报，并在税务机关核定的期限内缴纳土地增值税。

②纳税申报程序。《土地增值税暂行条例实施细则》第十五条规定，根据《土地增值税暂行条例》第十条的规定，纳税人应当按照下列程序办理纳税手续：

纳税人应在转让房地产合同签订后的 7 日内，到房地产所在地主管税务机关办理纳税申报，并向税务机关提交房屋及建筑物产权、土地使用权证书，土地转让、房产买卖合同，房地产评估报告及其他与转让房地产有关的资料。

（3）土地增值税的纳税地点。《土地增值税暂行条例》第十条规定，纳税人应当自转让房地产合同签订之日起7日内向房地产所在地主管税务机关办理纳税申报，并在税务机关核定的期限内缴纳土地增值税。

《土地增值税暂行条例实施细则》第十七条规定，《土地增值税暂行条例》第十条所称的房地产所在地，是指房地产的坐落地。纳税人转让房地产坐落在两个或两个以上地区的，应按房地产所在地分别申报纳税。

（4）土地增值税的核定征收。

按评估价格核定征收土地增值税的条件。《土地增值税暂行条例实施细则》第九条规定，纳税人有下列情形之一的，按照房地产评估价格计算征收：

- 隐瞒、虚报房地产成交价格的。
- 提供扣除项目金额不实的。
- 转让房地产的成交价格低于房地产评估价格，又无正当理由的。

《土地增值税暂行条例实施细则》第十四条规定所称隐瞒、虚报房地产成交价格，是指纳税人不报或有意低报转让土地使用权、地上建筑物及其附着物价款的行为。

7.2 企业所得税的清算

7.2.1 企业所得税清算的情形

7.2.1.1 房地产先按毛利率预交企业所得税

《国家税务总局关于印发〈房地产开发经营业务企业所得税处理办法〉的通知》（国税发〔2009〕31号）规定，企业销售未完工开发产品取得的收入，应先按预计计税毛利率分季（或月）计算出预计毛利额，计入当期应纳税所得额。房地产开发企业按当年实际利润据实分季（或月）预缴企业所得税的，对开发、建造的住宅、商业用房以及其他建筑物、附着物、配套设施等开发产品，在未完工前采取预售方式销售取得的预售收入，按照规定的预计利润率分季（或月）计算出预计利润额，计入利润总额预缴，开发产品完工、结算计税成本后按照实际利润再行调整。

企业销售未完工开发产品的计税毛利率由各省、自治区、直辖市税务局按下列规定进行确定：

（1）开发项目位于省、自治区、直辖市和计划单列市人民政府所在地城市城区和郊区的，不得低于15%。

（2）开发项目位于地及地级市城区及郊区的，不得低于10%。

（3）开发项目位于其他地区的，不得低于5%。

（4）属于经济适用房、限价房和危改房的，不得低于3%。

7.2.1.2 房地产企业所得税预缴的会计核算

（1）按预收账款当期的发生额扣除期间费用及税金计算缴纳所得税。会计分录如下：

借：应交税费——应交所得税
　　贷：银行存款

房地产开发产品完工后，企业应及时计算已实现的收入同时按规定结转成本，经过纳税调整计算出的所得税反映在利润表中：

借：所得税费用
　　贷：应交税费——应交所得税

计算出预缴所得税与应交所得税差额部分缴纳所得税时：

借：所得税费用
　　贷：应交税费——应交所得税
借：应交税费——应交所得税
　　贷：银行存款

（2）房地产企业在核算所得税按照可抵扣暂时性差异确认对未来期间应纳所得税金额的影响，预缴的所得税应确认为递延所得税资产，缴纳时间同一般核算方案一样，年终对未达收入确认条件的预收账款对应的已上缴的所得税从"应交税费——应交所得税"科目转入"递延所得税资产——预售房预缴所得税"科目。

7.2.1.3 房地产清算企业所得税的情形

开发产品完工后，企业应及时结算其计税成本并计算此前销售收入的实际毛利额，同时将其实际毛利额与其对应的预计毛利额之间的差额，计入当年度企业本项目与其他项目合并计算的应纳税所得额。在年度纳税申报时，企业须出具对该项开发产品实际毛利额与预计毛利额之间差异调整情况的报告以及税务机关需要的其他相关资料。

房地产开发经营业务包括土地的开发，建造、销售住宅、商业用房以及其他建筑物、附着物、配套设施等开发产品。除土地开发之外，其他开发产品符合下列条件之一的，应视为已经完工：

（1）开发产品竣工证明材料已报房地产管理部门备案。

（2）开发产品已开始投入使用。

（3）开发产品已取得了初始产权证明。

（4）房地产开发企业建造、开发的开发产品，无论工程质量是否通过验收合格，或是否办理完工（竣工）备案手续以及会计决算手续，当企业开始办理开发产品交付手续（包括入住手续）或已开始实际投入使用时，为开发产品开始投入使用，应视为开发产品已经完工。房地产开发企业应按规定及时结算开发产品计税成本，并计算企业当年度应纳税所得额。

企业出现《税收征收管理法》第三十五条规定的情形，税务机关可对其以往应缴的企业所得税按核定征收方式进行征收管理，并逐步规范，同时按《税收征收管理法》等税收法律、行政法规的规定进行处理，但不得事先确定企业的所得税按核定征收方式进行征收、管理。

7.2.2 企业所得税清算收入总额的确定

7.2.2.1 确认收入的范围

开发产品销售收入的范围为销售开发产品过程中取得的全部价款，包括现金、现金等价物及其他经济利益。企业代有关部门、单位和企业收取的各种基金、费用和附加等，凡纳入开发产品价内或由企业开具发票的，应按规定全部确认为销售收入；未纳入开发产品价内并由企业之外的其他收取部门、单位开具发票的，可作为代收代缴款项进行管理。

开发产品用于捐赠、赞助、职工福利、奖励、对外投资、分配给股东或投资人、抵偿债务、换取其他企事业单位和个人的非货币性资产等行为，应视同销售。

7.2.2.2 确认收入的金额及时间点

（1）一次性全额收款方式。采取一次性全额收款方式销售开发产品的，应于实际收讫价款或取得索取价款凭据（权利）之日，确认收入的实现。

（2）分期收款方式。采取分期收款方式销售开发产品的，应按销售合同或协议约定的价款和付款日确认收入的实现。付款方提前付款的，在实际付款日确认收入的实现。

（3）银行按揭方式。采取银行按揭方式销售开发产品的，应按销售合同或协议约定的价款确定收入额，其首付款应于实际收到日确认收入的实现，余款在银行按揭贷款办理转账之日确认收入的实现。

（4）委托代销方式。

①采取支付手续费方式委托销售开发产品的，应按销售合同或协议中约定的价款于收到受托方已销开发产品清单之日确认收入的实现。

②采取视同买断方式委托销售开发产品的，属于企业与购买方签订销售合同或协议，或企业受托方、购买方三方共同签订销售合同或协议的，如果销售合同或协议中约定的价格高于买断价格，则应按销售合同或协议中约定的价格计算价款，此价款于收到受托方已销开发产品清单之日确认收入的实现；如果属于前两种情况中销售合同或协议中约定的价格低于买断价格，以及属于受托方与购买方签订销售合同或协议

的，则应按买断价格计算的价款于收到受托方已销开发产品清单之日确认收入的实现。

③采取基价（保底价）并实行超基价双方分成方式委托销售开发产品的，属于由企业与购买方签订销售合同或协议，或企业、受托方、购买方三方共同签订销售合同或协议的，如果销售合同或协议中约定的价格高于基价，则应按销售合同或协议中约定的价格计算的价款于收到受托方已销开发产品清单之日确认收入的实现，企业按规定支付受托方的分成额，不得直接从销售收入中减除；如果销售合同或协议约定的价格低于基价的，则应按基价计算的价款于收到受托方已销开发产品清单之日确认收入的实现。属于由受托方与购买方直接签订销售合同的，则应按基价加上按规定取得的分成额于收到受托方已销开发产品清单之日确认收入的实现。

⑤采取包销方式委托销售开发产品的，包销期内可根据包销合同的有关约定，参照上述①—③项规定确认收入的实现；包销期满后尚未出售的开发产品，企业应根据包销合同或协议约定的价款和付款方式确定收入的实现。

（5）视同销售方式。企业将开发产品用于捐赠、赞助、职工福利、奖励、对外投资、分配给股东或投资人、抵偿债务、换取其他企事业单位和个人的非货币性资产等行为，应于开发产品所有权或使用权转移，或于实际取得利益权利时确认收入（或利润）的实现。确认收入（或利润）的方法和顺序为：

①按本企业近期或本年度最近月份同类开发产品市场销售价格确定。

②由主管税务机关参照当地同类开发产品市场公允价值确定。

③按开发产品的成本利润率确定。开发产品的成本利润率不得低于15%，具体比例由主管税务机关确定。

7.2.2.3 完工产品未应及时结转收入

企业所得税收入达到确认条件时，及时结转收入与成本，补缴实际利润额与预计毛利额的差额的企业所得税。

房地产企业所得税征管是以开发项目为主体计算缴纳企业所得税的。实际业务中存在开发项目已达到文件规定的完工条件，但是未及时进行项目清算，未及时将实际利润与预计利润的差额补退税款的情况。通过延迟办理竣工决算手续，滞后收入结转的时间，存在较大的企业所得税涉税风险。

[案例7.6] 税务机关在风险应对过程中发现，某房地产开发企业2014～2016年连续三年预收账款增幅较大，却连续亏损三年。经核实，该企业连续开发两期房地产项目，第一期项目已经交付完毕，企业将收取的一期项目预售收入36 339.64万元长期挂账"预收账款"科目，准备等第二期项目开发销售完毕再一并结转主营业务收入。税务机关认为，对符合完工确认条件的房地产项目收入，应及时结转当期完工收入，计算缴纳企业所得税。经重新计算，税务机关确认了该企业2014～2016年的账面利润，责令企业补缴企业所得税926.3万元，并加收了相应的滞纳金。

根据《国家税务总局关于房地产开发企业开发产品完工条件确认问题的通知》（国税函〔2010〕201号）规定，房地产开发企业建造、开发的开发产品，无论工程质量是否通过验收合格，或是否办理完工（竣工）备案手续以及会计决算手续，当企业开始办理开发产品交付手续（包括入住手续）或已开始实际投入使用时，为开发产品开始投入使用，应视为开发产品已经完工。房地产开发企业应按规定及时结算开发产品计税成本，并计算企业当年度应纳税所得额。国税发〔2009〕31号文件规定，开发产品符合完工条件的，应及时结算其计税成本并计算此前销售收入的实际毛利额，同时将其实际毛利额与其对应的预计毛利额之间的差额，计入当年度企业本项目与其他项目合并计算的应纳税所得额。本案例中，税务机关认为该企业2014~2016年取得的一期项目完工收入36 339.64万元，不应该长期挂账"预收账款"科目，而是应该分别结转当年主营业务收入，调增账面利润，计算并汇缴当年企业所得税。

因此，房地产企业应准确核算不同开发项目的收入成本情况，并及时根据完工情况清算企业所得税，避免由此带来涉税风险，增加纳税成本。

7.2.3 企业所得税清算计税成本的确定

计税成本是指企业在开发、建造开发产品过程中所发生的按照税收规定进行核算与计量的应归入某项成本对象的各项费用。

7.2.3.1 开发产品成本对象的确定

成本对象是指为归集和分配开发产品开发、建造过程中的各项耗费而确定的费用承担项目。

（1）计税成本对象的确定原则。

①可否销售原则。开发产品能够对外经营销售的，应作为独立的计税成本对象进行成本核算；不能对外经营销售的，可先作为过渡性成本对象进行归集，然后再将其相关成本摊入能够对外经营销售的成本对象。

②分类归集原则。同一开发地点、竣工时间相近、产品结构类型没有明显差异的群体开发的项目，可作为一个成本对象进行核算。

③功能区分原则。当开发项目某组成部分相对独立，且具有不同使用功能时，可以作为独立的成本对象进行核算。

④定价差异原则。开发产品因其产品类型或功能不等同而导致其预期售价存在较大差异的，应分别作为成本对象进行核算。

⑤成本差异原则。开发产品因建筑上存在明显差异可能导致其建造成本出现较大差异的，要分别作为成本对象进行核算。

⑥权益区分原则。开发项目属于受托代建的或多方合作开发的，应结合上述原则分别划分成本对象进行核算。

（2）开发产品计税成本支出的内容。

①土地征用费及拆迁补偿费。指为取得土地开发使用权（或开发权）而发生的各项费用。主要包括土地买价或出让金、大市政配套费、契税、耕地占用税、土地使用费、土地闲置费、土地变更用途和超面积补交的地价及相关税费、拆迁补偿支出、安置及动迁支出、回迁房建造支出、农作物补偿费、危房补偿费等。

②前期工程费。指项目开发前期发生的水文地质勘察、测绘、规划、设计、可行性研究、筹建、场地通平等前期费用。

③建筑安装工程费。指开发项目开发过程中发生的各项建筑安装费用。主要包括开发项目建筑工程费和开发项目安装工程费等。

④基础设施建设费。指开发项目在开发过程中所发生的各项基础设施支出，主要包括开发项目内道路、供水、供电、供气、排污、排洪、通信、照明等社区管网工程费和环境卫生、园林绿化等园林环境工程费。

⑤公共配套设施费：指开发项目内发生的、独立的、非营利性的，且产权属于全体业主的，或无偿赠与地方政府、政府公用事业单位的公共配套设施支出。

⑥开发间接费。指企业为直接组织和管理开发项目所发生的，且不能将其归属于特定成本对象的成本费用性支出。主要包括管理人员工资、职工福利费、折旧费、修理费、办公费、水电费、劳动保护费、工程管理费、周转房摊销以及项目营销设施建造费等。

7.2.3.2 开发产品成本金额的确定

（1）计税成本核算的程序。

①应计入成本对象的成本和应在当期税前扣除的期间费用的划分。对当期实际发生的各项支出，按其性质、经济用途及发生的地点、时间区进行整理、归类，并将其区分为应计入成本对象的成本和应在当期税前扣除的期间费用。同时，还应按规定对有关预提费用和待摊费用进行计量与确认。

②直接成本、间接成本和共同成本的划分。对应计入成本对象中的各项实际支出、预提费用、待摊费用等合理划分为直接成本、间接成本和共同成本，并按规定将其合理归集、分配至已完工成本对象、在建成本对象和未建成本对象。

③已销开发产品、未销开发产品和固定资产成本的分配。对期前已完工成本对象应负担的成本费用按已销开发产品、未销开发产品和固定资产进行分配，其中应由已销开发产品负担的部分，在当期纳税申报时进行扣除，未销开发产品应负担的成本费用待其实际销售时再予扣除。

④开发产品和固定资产计税成本的结算。对本期已完工成本对象分类为开发产品和固定资产并对其计税成本进行结算。其中，属于开发产品的，应按可售面积计算其单位工程成本，再据此计算已销开发产品计税成本和未销开发产品计税成本。对本期

已销开发产品的计税成本,准予在当期扣除,未销开发产品计税成本待实际销售时再予扣除。

⑤建立未完工和尚在建造的成本对象的成本费用明细台账。对本期未完工和尚未建造的成本对象应当负担的成本费用,应分别建立明细台账,待开发产品完工后再予结算。

(2)计税成本核算的分摊方法。企业开发、建造的开发产品应按制造成本法进行计量与核算。其中,应计入开发产品成本中的费用属于直接成本和能够分清成本对象的间接成本,直接计入成本对象,共同成本和不能分清负担对象的间接成本,应按受益的原则和配比的原则分配至各成本对象,具体分配方法可按以下规定选择其一。

①占地面积法。指按已动工开发成本对象占地面积占开发用地总面积的比例进行分配。

一次性开发的,按某一成本对象占地面积占全部成本对象占地总面积的比例进行分配。

分期开发的,首先按本期全部成本对象占地面积占开发用地总面积的比例进行分配,然后再按某一成本对象占地面积占期内全部成本对象占地总面积的比例进行分配。

期内全部成本对象应负担的占地面积为期内开发用地占地面积减除应由各期成本对象共同负担的占地面积。

②建筑面积法。指按已动工开发成本对象建筑面积占开发用地总建筑面积的比例进行分配。

一次性开发的,按某一成本对象建筑面积占全部成本对象建筑面积的比例进行分配。

分期开发的,首先按期内成本对象建筑面积占开发用地计划建筑面积的比例进行分配,然后再按某一成本对象建筑面积占期内成本对象总建筑面积的比例进行分配。

③直接成本法。指按期内某一成本对象的直接开发成本占期内全部成本对象直接开发成本的比例进行分配。

④预算造价法。指按期内某一成本对象预算造价占期内全部成本对象预算造价的比例进行分配。

⑤土地成本、公共配套设施开发成本、借款费用的分摊方法。

土地成本,一般按占地面积法进行分配。如果确需结合其他方法进行分配的,应经商税务机关同意。

土地开发同时联结房地产开发的,属于一次性取得土地分期开发房地产的情况,其土地开发成本经商税务机关同意后可先按土地整体预算成本进行分配,待土地整体开发完毕再进行调整。

单独作为过渡性成本对象核算的公共配套设施开发成本,应按建筑面积法进行分配。

借款费用属于不同成本对象共同负担的，按直接成本法或按预算造价法进行分配。其他成本项目的分配法由企业自行确定。

7.2.3.3 预提成本费用的处理

房地产开发产过程中主要存在预提成本费用：

（1）出包工程未最终办理结算而未取得全额发票的，在证明资料充分的前提下，其发票不足金额可以预提，但最高不得超过合同总金额的10%。

（2）公共配套设施尚未建造或尚未完工的，可按预算造价合理预提建造费用。此类公共配套设施必须符合已在售房合同、协议或广告、模型中明确承诺建造且不可撤销，或按照法律、法规规定必须配套建造的条件。

（3）应向政府上交但尚未上交的报批报建费用、物业完善费用可以按规定预提。物业完善费用是指按规定应由企业承担的物业管理基金、公建维修基金或其他专项基金。

（4）按照配比原则计提的税金及附加。

因此，尚未建造或尚未完工的公共配套设施费才符合预提成本条件。如果预提成本在汇算清缴期结束之前已完工，已预提的公共配套设施费仍未取得有效凭证，需做纳税调增处理。报批报建费用、物业完善费用，必须是完工产品应上交的报批报建费用、物业完善费用，同时需提供政府要求上交相关费用的正式文件；未完工产品应上交的报批报建费用、物业完善费用不得预提并税前扣除。

7.2.4 土地增值税清算涉及企业所得税问题

根据《企业所得税法》及《税收征收管理法》的相关规定，房地产开发企业由于土地增值税清算，导致多缴企业所得税的，可以申请退税。具体规定如下：

（1）当年企业所得税汇算清缴出现亏损且有其他后续开发项目的，该亏损应按照税法规定向以后年度结转，用以后年度所得弥补。后续开发项目，是指正在开发以及中标的项目。

（2）企业按规定对开发项目进行土地增值税清算后，当年企业所得税汇算清缴出现亏损，且没有后续开发项目的，可以按照以下方法，计算出该项目由于土地增值税原因导致的开发各年度多缴企业所得税税款，并申请退税：

该项目缴纳的土地增值税总额，应按照该项目开发各年度实现的项目销售收入占整个项目销售收入总额的比例，在项目开发各年度进行分摊，具体按以下公式计算：

各年度应分摊的土地增值税 = 土地增值税总额 ×（项目年度销售收入÷整个项目销售收入总额）

销售收入包括视同销售房地产的收入，但不包括企业销售的增值额未超过扣除项目金额20%的普通标准住宅的销售收入。

该项目开发各年度应分摊的土地增值税减去该年度已经在企业所得税税前扣除的土地增值税后，余额属于当年应补充扣除的土地增值税；企业应调整当年度的应纳税所得额，并按规定计算当年度应退的企业所得税税款；当年度已缴纳的企业所得税税款不足退税的，应作为亏损向以后年度结转，并调整以后年度的应纳税所得额。

（3）按照上述方法进行土地增值税分摊调整后，导致相应年度应纳税所得额出现正数的，应按规定计算缴纳企业所得税。

（4）企业按上述方法计算的累计退税额，不得超过其在该项目开发各年度累计实际缴纳的企业所得税；超过部分作为项目清算年度产生的亏损，向以后年度结转。

[案例7.7] 某房地产开发企业自2014年1月开始开发某房地产项目，2016年10月项目全部竣工并销售完毕，12月进行土地增值税清算，整个项目共缴纳土地增值税1 100万元，其中2014～2016年预缴土地增值税分别为240万元、300万元、60万元；2016年清算后补缴土地增值税500万元。2014～2016年实现的项目销售收入总计为30 000万元，各年度分别为12 000万元、15 000万元、3 000万元，缴纳的企业所得税分别为45万元、310万元、0。该企业2016年度汇算清缴出现亏损，应纳税所得额为 -400万元。企业没有后续开发项目，拟申请退税。

具体计算如下：

（1）各年度应分摊土地增值税：

2014年：1 100 × （12 000 ÷ 30 000） = 440（万元）

2015年：1 100 × （15 000 ÷ 30 000） = 550（万元）

2016年：1 100 × （3 000 ÷ 30 000） = 110（万元）

（2）2014年应调整的应纳税所得额：240 - 440 = -200（万元）

2014年应退企业所得税 = 200 × 25% = 50（万元）

2014年仅交纳企业所得税45万元，小于50万元，只能申请退税45万元。剩余的5万元所得税对应的所得额20万元作为亏损向以后年度结转。

（3）2015年应调整的应纳税所得额：300 - 550 = -250（万元）

加上2014年转来的亏损20万元，2015年应调减的应纳税所得额共为：250 + 20 = 270（万元）

2015年应退所得税额 = 270 × 25% = 67.5（万元）

2015年缴纳企业所得税310万元，大于67.5万元，67.5万元可全额申请退税。

（4）2016年应调整的应纳税所得额 = 60 + 500 - 110 = 450（万元）

调整前，2016年度亏损400万元；

调整后，2016年度应纳税所得额为：-400 + 450 = 50（万元）

应补缴企业所得税：50 × 25% = 12.5（万元）

该企业应申请退税合计：45 + 67.5 - 12.5 = 100（万元）

7.2.5 房地产企业所得税税收优惠政策

7.2.5.1 公益性捐赠支出

《财政部　国家税务总局关于公益性捐赠支出企业所得税税前结转扣除有关政策的通知》（财税〔2018〕15号）规定，企业通过公益性社会组织或者县级（含县级）以上人民政府及其组成部门和直属机构，用于慈善活动、公益事业的捐赠支出，在年度利润总额12%以内的部分，准予在计算应纳税所得额时扣除；超过年度利润总额12%的部分，准予结转以后三年内在计算应纳税所得额时扣除。公益性社会组织，应当依法取得公益性捐赠税前扣除资格。年度利润总额，是指企业依照国家统一会计制度的规定计算的大于零的数额。

7.2.5.2 安置残疾人就业支付残疾人工资的加计扣除

企业安置残疾人员的，在按照支付给残疾职工工资据实扣除的基础上，按照支付给残疾职工工资的100%加计扣除。

7.2.5.3 固定资产加速折旧

企业在2018年1月1日至2020年12月31日期间新购进的设备、器具，单位价值不超过500万元的，允许一次性计入当期成本费用在计算应纳税所得额时扣除，不再分年度计算折旧。

7.2.5.4 资产损失

实际资产损失应当在其实际发生且会计上已作损失处理的年度申报扣除；法定资产损失，应当在企业向主管税务机关提供证据资料证明该项资产已符合法定资产损失确认条件，且会计上已作损失处理的年度申报扣除。

7.2.5.5 疫情期间优惠政策

（1）公益性社会组织或县级以上人民政府及其部门等国家机关捐赠应对疫情的现金和物品允许企业所得税税前全额扣除。

自2020年1月1日起，企业和个人通过公益性社会组织或者县级以上人民政府及其部门等国家机关，捐赠用于应对新型冠状病毒感染的肺炎疫情的现金和物品，允许在计算企业所得税或个人所得税应纳税所得额时全额扣除。

公益性社会组织是指依法取得公益性捐赠税前扣除资格的社会组织。企业享受规定的全额税前扣除政策的，采取"自行判别、申报享受、相关资料留存备查"的方式，并将捐赠全额扣除情况填入企业所得税纳税申报表相应行次。

（2）直接向承担疫情防治任务的医院捐赠应对疫情物品允许企业所得税或个人所得税税前全额扣除。

自2020年1月1日起，企业和个人直接向承担疫情防治任务的医院捐赠用于应对新型冠状病毒感染的肺炎疫情的物品，允许在计算企业所得税应纳税所得额时全额扣除。

（3）企业扶贫捐赠支出的所得税税前扣除政策。自2019年1月1日至2022年12月31日，企业通过公益性社会组织或者县级（含县级）以上人民政府及其组成部门和直属机构，用于目标脱贫地区的扶贫捐赠支出，准予在计算企业所得税应纳税所得额时据实扣除。在政策执行期限内，目标脱贫地区实现脱贫的，可继续适用上述政策。

企业同时发生扶贫捐赠支出和其他公益性捐赠支出的，在计算公益性捐赠支出年度扣除限额时，符合上述条件的扶贫捐赠支出不计算在内。

企业在2015年1月1日至2018年12月31日期间已发生的符合上述条件的扶贫捐赠支出，尚未在计算企业所得税应纳税所得额时扣除的部分，可执行上述企业所得税政策。

（4）吸纳重点群体就业税收扣减。2019年1月1日至2021年12月31日，自签订劳动合同并缴纳社会保险当月起，在3年（36个月）内按实际招用人数予以定额依次扣减增值税、城市维护建设税、教育费附加、地方教育附加和企业所得税优惠。定额标准为每人每年6 000元，最高可上浮30%，各省、自治区、直辖市人民政府可根据本地区实际情况在此幅度内确定具体定额标准。在2021年12月31日未享受满3年的，可继续享受至3年期满为止。

（5）小微企业所得税优惠政策。小型微利企业是指从事国家非限制和禁止行业，且同时符合年度应纳税所得额不超过300万元、从业人数不超过300人、资产总额不超过5 000万元等三个条件的企业。对小型微利企业年应纳税所得额不超过100万元的部分，减按25%计入应纳税所得额，按20%的税率缴纳企业所得税；对年应纳税所得额超过100万元但不超过300万元的部分，减按50%计入应纳税所得额，按20%的税率缴纳企业所得税。

从业人数，包括与企业建立劳动关系的职工人数和企业接受的劳务派遣用工人数。

年度中间开业或者终止经营活动的，以其实际经营期作为一个纳税年度确定上述相关指标。

7.2.6　企业所得税清算案例解析

[案例7.8] A房地产企业开发的B项目，2017年实现预售收入1 000万元，预计计税毛利率为20%，期间费用及可扣除税金为150万元，当年缴纳企业所得税12.5万元；2018年实现预售收入2 000万元，预计计税毛利率为15%，期间费用及可扣除税金为200万元，当年缴纳企业所得税25万元；2019年B项目竣工交付业主使用，当年实现销售收入3 000万元，期间费用及可扣除税金为250万元，项目计税成本为4 200万元。假设没有其他纳税调整项目，试计算A房地产企业在B项目竣工清算年度，即

2019年需要缴纳的企业所得税税额？

A房地产企业财务人员认为，B项目竣工清算共计实现销售收入6 000万元（1 000+2 000+3 000），发生计税成本4 200万元，项目期间费用及可扣除税金为600万元（150+200+250），应纳税所得额为1 200万元（6 000-4 200-600），应缴企业所得税为300万元（1 200×25%），实际预缴企业所得税为37.5万元（12.5+25），项目竣工清算应补缴企业所得税为262.5万元（300-37.5）。

实际上，该财务人员并没有领会《房地产开发经营业务企业所得税处理办法》（国税发〔2009〕31号）相关规定的具体含义。

第一，房地产企业开发经营业务的企业所得税处理并不仅着眼于具体项目的损益情况，无论项目是否完工，无论开发产品是预售还是现售，都应当在当年度确认销售收入并汇算清缴企业所得税。案例中，A房地产企业2017年度、2018年度缴纳的企业所得税实质上是当年度汇算清缴的应纳税额，并非B项目完工预缴税额。

第二，企业销售未完工开发产品取得的销售收入，应先按预计计税毛利率分季度或月度计算出预计毛利额，计入当期应纳税所得额。案例中，A房地产企业2017年销售收入对应的应纳税所得额为50万元（1 000×20%-150），2018年销售收入对应的应纳税所得额为100万元（2 000×15%-200）。

第三，开发产品完工后，企业应及时结算其计税成本并计算此前销售收入的实际毛利额，同时将其实际毛利额与对应的预计毛利额之间的差额，计入当年度企业的应纳税所得额。

B项目计税成本为4 200万元，实际毛利率为30%〔（6 000-4 200）÷6 000×100%〕，2016年、2017年实际毛利额与预计毛利额的差额分别为100万元〔1 000×（30%-20%）〕和300万元〔2 000×（30%-15%）〕，毛利差额400万元（100+300）应当计入2018年度应纳税所得额。

第四，确定2018年度应纳税所得额为1 050万元｛3 000-〔4 200-3 000×（1-30%）〕-250+400｝，应纳所得税为262.5万元（1 050×25%）。

以上计算结果与企业财务人员计算结果虽然一致，但两种计算过程体现的计税思路和理念是完全不同的。企业财务人员的计算思路是，未完工年度预缴，完工年度结算，多退少补。正确的计算思路是将预计毛利额与实际毛利额的差异调整，纳入完工年度的所得税汇算清缴。企业所得税项目清算，仅指项目计税成本的最终结算，涵盖了3年的销售期间，而汇算仍然是按照年度分别计算的企业所得税应纳税额，两者不能等同。

第 8 章 商业地产出租的税务管理

8.1 直接出租的税务管理

8.1.1 直接出租概述

国家一直坚持"房子是用来住的,不是用来炒的",加快建立多主体供给、多渠道保障、租购并举的住房制度,让全体人民住有所居。由此可以看出国家对于将房地产发展趋势调整为打击房地产投机性炒作,维持房地产市场稳定的决心,预示着我国房地产租赁业将迎来一个新的发展春天。

普通出租模式是以商业地产、住宅等提供租赁服务,按照双方约定的租赁价格与平方米数量计算确定租赁价格,租赁双方定期结算的方式。

8.1.2 直接出租业务的税务管理

8.1.2.1 直接出租增值税管理

(1)一般纳税人出租不动产。出租 2016 年 4 月 30 日前取得的不动产,可以选择适用简易计税方法,按照 5% 的征收率计算应纳税额。不动产所在地与机构所在地不在同一县(市、区)的,出租方向不动产所在地主管税务机关预缴税款,向机构所在地主管税务机关申报纳税。

应预缴税款 = 含税销售额 ÷（1 + 5%）× 5%

出租 2016 年 5 月 1 日后取得的不动产，适用一般计税方法计税，2019 年 4 月 1 日之后适用税率为 9%，不动产所在地与机构所在地不在同一县（市、区）的，出租方向不动产所在地主管税务机关预缴税款，向机构所在地主管税务机关申报纳税。

应预缴税款 = 含税销售额 ÷（1 + 9%）× 3%。一般纳税人出租不动产的增值税税率如表 8.1 所示。

表 8.1　　　　　　　　　一般纳税人出租不动产的增值税税率情况

计税方法	不动产所在地 A 与机构所在地 B	税务处理
简易计税（可选择）	A 与 B 同地（同县市区，下同）	机构所在地申报纳税，纳税税款 = 租金 ÷（1 + 5%）× 5%
	A 与 B 不同地	不动产所在地预缴税款，预缴税款 = 租金 ÷（1 + 5%）× 5% 机构所在地申报纳税，纳税税款 = 租金 ÷（1 + 5%）× 5% - 预缴税款
一般计税	A 与 B 同地	机构所在地申报纳税，纳税税款 = 租金 ÷（1 + 9%）× 9%
	A 与 B 不同地	不动产所在地预缴税款，预缴税款 = 租金 ÷（1 + 9%）× 3% 机构所在地申报纳税，纳税税款 = 租金 ÷（1 + 9%）× 9% - 预缴税款

（2）小规模纳税人。单位和个体工商户出租不动产（不含个体工商户出租住房），按照 5% 的征收率计算应纳税额。个体工商户出租住房，按照 5% 的征收率减按 1.5% 计算应纳税额。其他个人出租住房，应纳税款 = 含税销售额 ÷（1 + 5%）× 1.5%，其他个人出租非住房，应纳税款 = 含税销售额 ÷（1 + 5%）× 5%

8.1.2.2　直接出租企业所得税管理

《企业所得税法》规定，租金收入，是指企业提供固定资产、包装物或者其他有形资产的使用权取得的收入，按照合同约定的承租人应付租金的日期确认收入的实现。

同时，根据《国家税务总局关于贯彻落实企业所得税法若干税收问题的通知》（国税函〔2010〕79 号）规定，企业提供固定资产、包装物或者其他有形资产的使用权取得的租金收入，应按交易合同或协议规定的承租人应付租金的日期确认收入的实现。其中，如果交易合同或协议中规定租赁期限跨年度，且租金提前一次性支付的，可以按照收入与费用配比原则，在租赁期内，分期均匀计入相关年度收入。因此，租金收入确认的方法：一是按交易合同或协议规定的承租人应付租金的日期确认收入；二是依据收入与费用配比原则，在租赁期内，分期均匀计入相关年度收入。

[案例 8.1] A 企业（一般纳税人）于 2018 年 4 月 1 日购入办公用房一套，建筑面积 220 平方米，2018 年 1 月 10 日与 B 企业签订了一份房屋租赁合同，合同租期为 2018 年 2 月 1 日至 2020 年 1 月 31 日，合同约定 B 企业于 2018 年 1 月 28 日前一次性支付 36 个月租金，合计为 1 080 000 元。若 A 企业 2018 年无其他收入，相关成本费用为 100 000 元，无其他纳税调整事项，符合小型微利企业条件。

A 企业 2018 年应缴企业所得税 =（108 ÷ 36 × 11 - 10）× 50% × 20% × 10 000 =

23 000（元）（B企业一次性支付的租金1 080 000元分36个月均匀计入相关年度收入）

8.1.2.3 直接出租房产税管理

根据《房产税暂行条例》，房产税有两种计税方式，即从价计征和从租计征。

（1）从价计征应纳税额＝房产原值×（1－扣除比例）×1.2%，房产原值是房屋原价，扣除比例是省、自治区、直辖市人民政府规定的10%～30%。

①对按照房产原值计税的房产，无论会计上如何核算，房产原值均应包含地价，包括为取得土地使用权支付的价款、开发土地发生的成本费用等。

②对原有房屋进行改建、扩建的，相应地增加房屋原值，并及时调整房产税计税依据。对于更换房屋附属设备和配套设施的，在将其价值计入房产原值时，可扣减原来相应设备和设施的价值。

③房产原值应包括与房屋不能分割的各种附属设备或一般不单独计算价值的配套设施。如，暖气、照明、通风等设备；电力、电讯、给排水、电梯等。无论会计核算中是否单独记账与核算，均应并入原值计税。

（2）从租计征应纳税额＝房产租金收入×12%，直接出租房产时，应以从租计征方式计算交纳房产税。

①房产的租金收入包括货币收入和实物收入。如果是以劳务或者其他形式为报酬抵付房租收入的，应根据当地同类房产的租金水平确定，租金收入为不含税收入。

②对出租房产，租赁双方签订的租赁合同约定有免收租金期限的，免收租金期间由产权所有人按照房产原值缴纳房产税。

③一次性收取房租的，按租期将租金平均分摊到每个月计算。

8.1.2.4 直接出租城镇土地使用税管理

（1）出租自持物业交纳城镇土地使用税的纳税义务发生时间。

纳税义务发生时间：纳税人出租、出借房产，自出租、出借次月起纳税。

纳税期限：实行按年计算、分期缴纳的征收办法，具体纳税期限由省、自治区、直辖市人民政府确定。

纳税地点：向土地所在地的主管税务机关纳税，如占用的土地跨省市，应分别向不同所在地税务机关纳税。

（2）出租自持物业交纳城镇土地使用税的税额计算。对在城镇土地使用税征税范围内单独建造的地下建造用地，按规定征收城镇土地使用税。其中，已取得地下土地使用权证的，按土地使用权证确认的土地面积计算应征税款；未取得土地使用权证或土地使用权证上未标明土地面积的按地下建筑垂直投影面积计算应征税款。对地下建筑用地按应征税款的50%征收城镇土地使用税。

城镇土地使用税采用定额税率，一般规定每平方米的年税额为：

- 大城市：1.5～30元；

- 中等城市：1.2～24元；
- 小城市：0.9～18元；
- 县城、建制镇、工矿区：0.6～12元。

定额税率。经济落后地区，土地使用税的适用税额标准可适当降低，但降低额不得超过规定最低税额的30%。经济发达地区的适用税额标准可以适当提高，但须报财政部批准。

土地使用税税额定为幅度税额，拉开档次，而且每个幅度税额的差距规定为20倍。以下为部分省市的土地使用税规定标准：

- 陕西省：西安市为1.5～27元；宝鸡市、咸阳市、铜川市、延安市、渭南市为1.2～18元；汉中市、榆林市、安康市、商洛市、杨凌示范区为1.2～15元；县级市为0.9～10元；县城、建制镇、工矿区为0.6～7元。
- 上海市：内环线以内区域为一级至三级；内环线以外外环线以内区域为二级至四级；外环线以外区域为三级至六级。

各纳税等级区域的具体范围，由市税务局确定并公布。各纳税等级区域的税额标准如下：一级区域，每平方米年税额为30元；二级区域，每平方米年税额为20元；三级区域，每平方米年税额为12元；四级区域，每平方米年税额为6元；五级区域，每平方米年税额为3元；六级区域，每平方米年税额为1.5元。

- 江苏省：大城市，南京市、无锡市不得低于0.70元，苏州市、徐州市不得低于0.60元；中等城市为1.2～24元；小城市为0.9～18元；县城、建制镇、工矿区为0.6～12元。

（3）出租自持物业城镇土地使用税优惠事项。开发商在经济适用住房、商品住房项目中配套建造廉租住房，在商品住房项目中配套建造经济适用住房，如能提供政府部门出具的相关材料，可按廉租住房、经济适用住房建筑面积占总建筑面积的比例免征开发商应缴纳的城镇土地使用税。

对廉租住房、经济适用住房建设用地以及廉租住房经营管理单位按照政府规定价格向规定保障对象出租的廉租住房用地，免征城镇土地使用税。

8.1.2.5 直接出租维修费用税务管理

一般情况下，出租物业投入使用之后，由于建筑物磨损、各组成部分耐用程度不同等原因，可能出现房屋设施的局部损坏。为了保证房屋的正常使用，企业将对房屋进行必要的维修。房屋的日常维修只是为维持房屋的正常使用，因此日常维修费用通常不符合资产的确认条件，在发生时可直接计入当期损益。根据《企业所得税法》的规定，企业发生的房屋维修支出允许在企业所得税税前扣除。

房地产企业发生的日常维修支出应直接计入当期损益，允许抵扣的进项税额计入"应交税费——应交增值税（进项税额）"科目。日常维修费用发生时，按照维修支出的金额，借记"其他成本"科目，贷记"银行存款""应交税费——应交增值税"等科目。

8.2 出租自持物业免租期的税务管理

8.2.1 自持物业免租期的情形

房地产开发企业在实际经营过程中发生不动产出租业务，在出租期内根据商户的装修期间等因素约定了免租期，作为提升营销力度的一种手段。

8.2.2 自持物业免租期的税务管理

8.2.2.1 免租期增值税管理

财税〔2016〕36号文件规定，单位或者个体工商户向其他单位或者个人无偿提供服务应视同销售，但用于公益事业或者以社会公众为对象的除外。

《国家税务总局关于土地价款扣除时间等增值税征管问题的公告》（国家税务总局公告2016年第86号）规定，纳税人出租不动产，租赁合同中约定免租期的，不属于视同销售。

8.2.2.2 免租期企业所得税管理

《企业所得税法》规定，租金收入是指企业提供固定资产、包装物或者其他有形资产的使用权取得的收入。同时，国税函〔2010〕79号文件规定，租赁收入可以按照合同约定收取租金的日期确认收入，也可以按照租赁期限平均确认收入。

因此，免租期内属于租赁期，按照税法规定以合同约定的整个租赁期平均计入租金收入。

8.2.2.3 免租期房产税管理

根据《财政部 国家税务总局关于安置残疾人就业单位城镇土地使用税等政策的通知》（财税〔2010〕121号）第二条规定，对出租房产，租赁双方签订的租赁合同约定有免收租金期限的，免收租金期间由产权所有人按照房产原值缴纳房产税。

即，一般情况下约定免租期的，应分两个阶段分别计算房产税。在免租期内应仍按照房产余值计算缴纳房产税，从开始收取租金月起按照收取的租金计算缴纳房产税。用于出租的房产，按照租金收入计征房产税。

8.2.2.4 免租期城镇土地使用税管理

免租期内出租人应该按照房产所在地的标准缴纳城镇土地使用税。

8.3 疫情期间租金减免的税务管理

8.3.1 疫情期间租金减免的情形

2020年,突如其来的新型冠状病毒感染的肺炎疫情带给各企业重大的经营风险,各级政府为确保复工复产出台各项优惠政策,降低中小企业的经济压力,众多房地产企业也推出减免租金的优惠政策。

8.3.2 疫情期间租金减免的税务处理

8.3.2.1 疫情期间租金减免增值税管理

(1)租金减免增值税管理。财税〔2016〕36号文件规定,单位或者个体工商户向其他单位或者个人无偿提供服务应视同销售,但用于公益事业或者以社会公众为对象的除外。同时规定,免租期不属于视同销售的范围。因此,疫情期间的免租事宜双方应签订补充合同,免租期间出租方无须视同销售缴纳增值税。

(2)取得财政补贴的增值税管理。出租方收到的财政补贴是否需要征收增值税,应当区分具体情况判断。《国家税务总局关于取消增值税扣税凭证认证确认期限等增值税征管问题的公告》(国家税务总局2019年公告第45号)规定,纳税人取得的财政补贴收入,与其销售货物、劳务、服务、无形资产、不动产的收入或者数量直接挂钩的,应按规定计算缴纳增值税。纳税人取得的其他情形的财政补贴收入,不属于增值税应税收入,不征收增值税。

根据该条款,企业收到的财政补贴如果与房租的金额直接挂钩的,如企业免除2~4月租金300 000元,政府在发放财政补贴时,明确说明补贴该企业2~4月房租300 000元,则应当计算缴纳增值税;企业收到的财政补贴与房租的金额没有直接挂钩,如政府在补贴时明确针对该企业减免房租的行为予以奖励,给予奖励金300 000元,则无须缴纳增值税。

8.3.2.2 疫情期间租金减免企业所得税管理

(1)租金减免企业所得税处理。《企业所得税法》规定,在租赁期间因疫情影响存在免租期的企业所得税处理如下:

①提前收取租金,免租期间的对应租金需要退还给承租方的,则免收的租金需冲减租赁收入。

②提前收取租金,免租期间的对应租金需要退还给承租方的,企业需要将退还的

租金冲减预收账款即可。涉及增值税的处理需开具增值税红字发票。

（2）取得财政补贴企业所得税税务处理。企业在给客户免除房租后收到的补贴收入，可以参照《财政部 国家税务总局关于专项用途财政性资金企业所得税处理问题的通知》（财税〔2011〕70号）的规定："企业从县级以上各级人民政府财政部门及其他部门取得的应计入收入总额的财政性资金，凡同时符合以下条件的，可以作为不征税收入，在计算应纳税所得额时从收入总额中减除：

（一）企业能够提供规定资金专项用途的资金拨付文件；

（二）财政部门或其他拨付资金的政府部门对该资金有专门的资金管理办法或具体管理要求；

（三）企业对该资金以及以该资金发生的支出单独进行核算。"

如果符合上述文件所列条件的，可以作为不征税收入；不符合的，应当并入应纳税所得额，计算缴纳企业所得税。

8.3.2.3 租金减免房产税管理

由于受到疫情影响，2020年2月25日国务院常务会议明确，鼓励各地通过减免房产税、城镇土地使用税等方式，支持出租方为个体工商户减免物业租金。

各地也陆续出台了有关优惠政策，如《山东省财政厅 国家税务总局山东省税务局关于疫情防控期间房产税 城镇土地使用税减免政策的通知》（鲁财税〔2020〕16号）明确，疫情期间为个体工商户免租金的，对免租金部分所对应的房产、土地，可按免租金月份数减免房产税、城镇土地使用税。同时，对于符合条件的小规模纳税人，之前享受财税〔2019〕13号文中规定的"六税二费"减征50%相关优惠的，疫情期间继续享受。具体减免比例请参考各省的文件规定。

8.4 转租不动产的税务管理

8.4.1 转租商业地产的情形

房屋的转租通常分为两种方式，第一种方式是指承租人在租赁期间将其承租房屋的部分或者全部再出租的行为；第二种转租方式是房屋承租权转让，指在房屋租赁期限内，承租人将其在房屋租赁合同中的权利、义务一并转移给第三人，由第三人取代原承租人的地位，继续履行房屋租赁合同的行为。

8.4.2 转租商业地产的税务管理

8.4.2.1 转租商业地产的增值税管理

转租作为一种经营租赁方式在企业房地产经营管理中时有发生，企业转租不动产是指企业作为不动产承租方将承租的不动产部分或者全部租赁给第三方，由第三方向承租方支付租金的行为。

根据《国家税务总局关于发布〈纳税人提供不动产经营租赁服务增值税征收管理暂行办法〉的公告》（国家税务总局公告2016年第16号）规定，转租的增值税缴纳方法分为简易计税和一般计税。属于2016年4月30日前租入不动产转租的可以选择适用简易计税方法，属于2016年5月1日之后租入不动产转租的不得选择简易计税方法，适用一般计税方法。以下为摘录部分省份税务机关关于此事项的答复：

河北省国税机关答复情况为，转租人根据2016年4月30日前签订的租赁合同收取的租金，视为在2016年4月30日之前取得的不动产对外出租，可以选择简易计税方法。纳税人将2016年4月30日前租入的不动产对外转租的，选择适用简易计税方法进行备案时，需提供租入该不动产的合同证明该不动产于2016年4月30日前租入。纳税人2016年5月1日之后租入的不动产对外转租的，不能选择适用简易计税方法。

山东省国税机关答复情况为，关于转租不动产适用简易计税方法问题：转租人于2016年4月30日前租入不动产，于2016年5月1日之后进行转租，视为将2016年4月30日前取得的不动产对外出租，收取的租金可以选择适用简易计税方法计算缴纳增值税。

海南省国税机关答复情况为，营改增后，关于转租不动产如何纳税的答复：一般纳税人将2016年4月30日之前租入的不动产对外转租的，可选择简易计税方法征税；将5月1日之后租入的不动产对外转租的，不能选择简易计税方法征税。

北京市国税机关答复情况为，一般纳税人转租其在2016年4月30日之前租入的不动产，享受简易征收政策的答复：一般纳税人转租其在2016年4月30日之前租入的不动产，可以享受简易征收政策

河南省国税机关答复情况为，纳税人以经营租赁方式出租其取得的不动产，包括以直接购买、接受捐赠、接受投资入股、自建以及抵债等各种形式取得的不动产。因此，转租住房属于纳税人出租以承租方式取得的不动产，适用税务总局公告2016年第16号的规定，应按照出租不动产缴纳增值税。

厦门市国税机关关于物业公司承租不动产后再转租，是执行简易计税办法征收还是一般计税办法征收答复为，"转租"也是不动产取得的一种方式，若物业公司转租的是2016年4月30日之前承租的不动产，可以选择简易计税办法计算缴纳增值税。

甘肃省国税机关答复情况为，一般纳税人转租其在2016年4月30日之前租入的

不动产,能否享受简易征收政策答复为:《国家税务总局关于发布〈纳税人提供不动产经营租赁服务增值税征收管理暂行办法〉的公告》(国家税务总局公告2016年第16号)规定,一般纳税人出租其2016年4月30日前取得的不动产,可以选择适用简易计税方法,按照5%的征收率计算应纳税额。取得的不动产,包括以直接购买、接受捐赠、接受投资入股、自建以及抵债等各种形式取得的不动产。租入的固定资产也属于取得的范围,2016年4月30日之前租入的不动产转租可以享受简易征收政策。

天津市国税机关答复情况为,关于转租不动产如何纳税:一般纳税人将2016年4月30日之前租入或受托管理的不动产对外转租的,可选择简易计税办法征税;将5月1日之后租入或受托管理的不动产对外转租的,不能选择简易计税办法征税,简易计税备案需提供2016年4月30日之前租入不动产的租赁合同或其他授权合同。

小规模纳税人转租不动产的税务处理:

①月销售额未超过10万元的,当期无须预缴税款;

②其他个人无预缴;

③住房征收率为1.5%;

④其他按一般纳税人简易计税方法处理即可。

8.4.2.2 转租商业地产的房产税管理

房产税的纳税人范围包括:房产税由产权所有人缴纳。产权属于全民所有的,由经营管理的单位缴纳。产权出典的,由承典人缴纳。产权所有人、承典人不在房产所在地的,或者产权未确定及租典纠纷未解决的,由房产代管人或者使用人缴纳。

房产税的计税依据为房产出租的以房产租金收入为房产税的计税依据。这里所指房屋的租金收入应当是以出租房屋的房产税纳税义务人即房屋产权所有人出租房屋使用权取得的所有收入为计税依据。

因此,转租商业地产不需缴纳房产税。

8.4.2.3 转租商业地产的企业所得税管理

根据《企业所得税法实施条例》第十九条规定:"企业所得税法第六条第(六)项所称租金收入,是指企业提供固定资产、包装物或者其他有形资产的使用权取得的收入。"租金收入,按照合同约定的承租人应付租金的日期确认收入的实现。一是按交易合同或协议规定的承租人应付租金的日期确认收入;二是依据收入与费用配比原则,在租赁期内,分期均匀计入相关年度收入。

8.4.2.4 转租商业地产的城镇土地使用税管理

转租房地产根据合同判断如果是将房屋的权利和义务一并转给第三人,并取代承租人的地位,那么应由承租房屋的第三人缴纳城镇土地使用税。如果是普通的出租行为,由出租人缴纳城镇土地使用税。

8.4.3 转租商业地产的案例解析

[**案例 8.2**] 房地产企业 2016 年 3 月将商铺出租至物业公司，2016 年 9 月物业公司将商铺转租至商户。物业公司向商户每年收取不含税租金 5 000 000.00 元，同时需要支付给房地产企业租金 4 000 000.00 元。物业公司应该缴纳的增值税为 250 000.00 元（5 000 000.00 × 5%），同时需要交纳相关税费 25 000.00 元 [250 000.00 × (3% + 7%)]。

8.5 售后回租的税务管理

8.5.1 售后回租概述

融资性售后回租业务是指承租方以融资为目的将资产出售给经批准从事融资租赁业务的企业后，又将该项资产从该融资租赁企业租回的行为。融资性售后回租业务中承租方出售资产时，资产所有权以及与资产所有权有关的全部报酬和风险并未完全转移。

房地产的原所有者通过售后回租的方式，可以盘活资产，既满足了企业对房地产的需要，又满足了对资金需求，能够有效缓解企业资金紧张的压力；而房地产的新所有者通过售后回租交易，找到了一个风险小、回报大的投资机会。但按照《融资租赁法》的相关规定，以房地产融资性售后回租，房地产产权必须过户给出租方。由于融资租赁是以融资为目的，与一般购买不动产具有根本的区别。《合同法》中未标明禁止房地产行业进行融资性售后回租，但是由于不动产产权的特殊性，导致售后回租事项具有一定争议。因此，本节仅在税收政策上进行分析。

8.5.2 售后回租的税务处理

8.5.2.1 售后回租的增值税管理

（1）销售环节。根据《国家税务总局关于融资性售后回租业务中承租方出售资产行为有关税收问题的公告》（国家税务总局公告 2010 年第 13 号）规定，根据现行增值税和营业税有关规定，融资性售后回租业务中承租方出售资产的行为，不属于增值税和营业税征收范围，不征收增值税和营业税。

因此，对于融资性售后回租业务中销售环节不属于增值税的征收范围，不需要交纳增值税，不需要开具增值税发票。

（2）租赁环节。

①融资性售后回租合同签订时间为 2016 年 4 月 30 日之前的情形：试点纳税人根据

2016年4月30日前签订的有形动产融资性售后回租合同,在合同到期前提供的有形动产融资性售后回租服务,可继续按照有形动产融资租赁服务缴纳增值税。继续按照有形动产融资租赁服务缴纳增值税的试点纳税人,经人民银行、银监会或者商务部批准从事融资租赁业务的,根据2016年4月30日前签订的有形动产融资性售后回租合同,在合同到期前提供的有形动产融资性售后回租服务,可以选择以下方法之一计算销售额:

● 以向承租方收取的全部价款和价外费用,扣除向承租方收取的价款本金,以及对外支付的借款利息(包括外汇借款和人民币借款利息)、发行债券利息后的余额为销售额。

纳税人提供有形动产融资性售后回租服务,计算当期销售额时可以扣除的价款本金为书面合同约定的当期应当收取的本金。无书面合同或者书面合同没有约定的,为当期实际收取的本金。

试点纳税人提供有形动产融资性售后回租服务,向承租方收取的有形动产价款本金,不得开具增值税专用发票,可以开具普通发票。

● 以向承租方收取的全部价款和价外费用,扣除支付的借款利息(包括外汇借款和人民币借款利息)、发行债券利息后的余额为销售额。

②融资性售后回租合同签订时间为2016年5月1日之后的情形:融资性售后回租服务属于贷款服务,应按照金融服务缴纳增值税。融资性售后回租,是指承租方以融资为目的,将资产出售给从事融资性售后回租业务的企业后,从事融资性售后回租业务的企业将该资产出租给承租方的业务活动。按照金融服务开具增值税发票。

8.5.2.2 售后回租的企业所得税管理

会计核算遵循实质重于形式原则,所以融资租赁售后回租,不论出售对象是否为"经批准从事融资租赁业务的企业",均不确认为销售收入。在企业所得税上,根据《国家税务总局关于融资性售后回租业务中承租方出售资产行为有关税收问题的公告》(国家税务总局公告2010年第13号)第二条的规定,融资性售后回租业务中,承租人出售资产的行为,不确认为销售收入,对融资性租赁的资产,仍按承租人出售前原账面价值作为计税基础计提折旧。租赁期间,承租人支付的属于融资利息的部分,作为企业财务费用在税前扣除。

8.5.2.3 售后回租的土地增值税管理

根据《土地增值税暂行条例》第二条的规定,转让国有土地使用权、地上的建筑物及其附着物并取得收入的单位和个人,为土地增值税的纳税义务人,应依照本条例缴纳土地增值税。《土地增值税暂行条例实施细则》第二条的规定,《土地增值税暂行条例》第二条所称的转让国有土地使用权、地上的建筑物及其附着物并取得收入,指以出售或者其他方式有偿转让房地产的行为。不包括以继承、赠与方式无偿转让房地产的行为。《金融租赁公司管理办法》(中国银监会令2014年第3号)第三十四条规定："从事售后回租业务的金融租赁公司应真实取得相应标的物的所有权。标的物属于国家法律法规规定其产权转移必须到登记部门进行登记的财产类别的，金融租赁公司应进行相关登记。"根据上述规定，承租方将房屋出售给融资租赁公司时，必须办理房产过户手续。而缴纳土地增值税是办理房产过户手续的条件之一，因此承租方转让房产时，不论出售对象是否为"经批准从事融资租赁业务的企业"，均需按规定计算缴纳土地增值税。

8.5.2.4 售后回租的契税管理

根据《金融租赁公司管理办法》第三十四条规定，承租方将不动产出售给融资租赁公司时，必须办理房产过户手续。根据《财政部 国家税务总局关于企业以售后回租方式进行融资等有关契税政策的通知》（财税〔2012〕82号）的规定，对金融租赁公司开展售后回租业务，承受承租人房屋、土地权属的，应当照章征收契税。

房地产企业回购后可以免征契税。

8.5.2.5 售后回租的印花税管理

实务中，售后回租业务通常签订融资租赁合同，根据《国家税务总局关于对借款合同贴花问题的具体规定》（国税地字〔1988〕30号）的规定，对融资租赁合同，应根据合同所载的租金总额暂按"借款合同"计税贴花。对开展融资性售后回租，承租人应当按照合同载明的租金总额，依照"借款合同"税目，按万分之零点五的税率计税贴花。

8.5.2.6 售后回租的房产税管理

融资性售后回租，房产产权人为出租人。但根据《财政部 国家税务总局关于房产税 城镇土地使用税有关问题的通知》（财税〔2009〕128号）的规定，融资租赁的房产，应由承租方自融资租赁合同约定开始日的次月起依照房产余值缴纳房产税；合同未约定开始日的，由承租方自合同签订的次月起依照房产余值缴纳房产税。另据《财政部 国家税务总局关于安置残疾人就业单位城镇土地使用税等政策的通知》（财税〔2010〕121号）的规定，对按照房产原值计税的房产，无论会计上如何核算，房产原值均应包含地价，包括为取得土地使用权支付的价款、开发土地发生的成本费用等。虽然土地使用权证在租赁期间名义上归属于出租方，但根据实质重于形式的原则，承租方还应当将相关地价并入房产原值计算缴纳房产税。

8.5.2.7 售后回租的城镇土地使用税管理

《国家税务局关于检发〈关于土地使用税若干具体问题的解释和暂行规定〉的通知》（国税地字〔1988〕15号）第四条规定，土地使用税由拥有土地使用权的单位或个人缴纳。拥有土地使用权的纳税人不在土地所在地的，由代管人或实际使用人纳税；土地使用权未确定或权属纠纷未解决的，由实际使用人纳税；土地使用权共有的，由共有各方分别纳税。因此，由于融资性售后回租业务中承租方出售资产时，资产所有权已发生转移，则应由出租人缴纳土地使用税。

附 录

附录 1 国际花园项目开发案例及其分析

1.1 项目背景

中国铁建·（北京）国际花园项目（以下简称国际花园项目）是由中铁房地产集团北京正达置业有限公司（原）开发的大型住宅类项目，位于长阳CSD核心区域，与奥特莱斯一街之隔，距离轻轨房山线篱笆房站约800米，沿京良路转入长阳西街、东街即可到达本项目，交通便捷。项目占地约为14万平方米，建筑面积约为21万平方米，容积率为2.0，绿化率为30%。由14栋住宅楼与4栋沿街配套商业楼组成。

项目住宅共1 656套，均为18层一梯两户、南北通透板楼，户型为75平方米两居室、90~128平方米三居室。可售车位共299个，整体车位配比约为1∶0.6，以地下车位为主，少量地上车位，主要人行道路和车行道路实行了分流。社区配套商业为独立集中型商业，共6 500平方米，可售商铺47套，全部临街，单套面积为81~456平方米。

住宅部分全部为18层板楼，户型有着良好的采光与通风，南北通透，户户观景，为家庭量身定制的空间结构，满足家庭成员间的互动交流和隐私需求，节能的同时保障住宅的良好舒适性，同时绿化景观资源丰富，为宜居生态型住区，自建商业让社区业主不出园区即可享受一站式生活配套服务。项目外部以CSD时尚购物核心为点，京良路为轴，轻轨转折为圆心，尽享优质教育资源、自然环境、城铁发达路网，及以华北最大的奥特莱斯为主的 CSD 时尚购物生活圈。

2012 年 7 月 20 日，公司通过拍卖以 78 090 万元的总价竞得本地块，折合楼面地价 6 928 元/平方米（按照容积率面积计算）。

1.2 国际花园项目具体运作节点（见表 1）

表 1　　　　　　　　　　具体运作节点

序号	任务名称	实际完成时间（××年××月××日）
一	项目启动阶段	
1	土地获取	2012 年 7 月 20 日
二	前期准备阶段	
2	项目定位策划确定	2012 年 10 月 8 日
3	物业早期介入计划编制	2013 年 2 月 1 日
4	取得立项批复	2013 年 1 月 5 日
5	取得《建设用地规划许可证》	2013 年 1 月 14 日
6	取得《国有土地使用证》	2013 年 1 月 15 日
7	取得规划方案政府批复	2013 年 1 月 29 日
8	取得《建设工程规划许可证》	2013 年 2 月 25 日
9	取得建筑施工图审查合格书	2013 年 3 月 28 日
10	取得《建筑工程施工许可证》	2013 年 6 月 4 日
11	取得《预售许可证》	2013 年 7 月 11 日
三	工程管理阶段	
12	开工	2013 年 3 月 1 日
13	总包单位确定	2013 年 2 月 2 日
14	主体结构出 ±0.000	2013 年 6 月 30 日
15	主体工程封顶	2013 年 9 月 25 日
16	外立面亮相	2014 年 5 月 15 日
17	竣工验收	2014 年 11 月 21 日
18	竣工备案	2014 年 11 月 28 日
四	营销资金管理阶段	
19	取得外部融资（土地抵押贷款/项目开发贷款/信托融资）	2015 年 4 月 14 日
20	售楼处开放	2013 年 7 月 11 日
21	开盘销售	2013 年 7 月 11 日
22	自有资金累计净流量为正	2013 年 11 月 30 日

续表

序号	任务名称	实际完成时间（××年××月××日）
23	全投资累计净流量为正	2014年5月31日
五	产品交付阶段	
24	完成物业交接	2014年10月31日
25	入伙交付	2014年12月4日

1.3 会计核算及税务管理

（1）取得土地使用权。

①国际花园项目通过招拍挂方式以78 090万元的总价竞得本地块。因为项目公司前期是上级单位缴纳保证金，拿地后与国土局签订补充协议，更改所属单位，所转价单位后直接计入土地成本：

借：开发成本——土地征用及拆迁补偿费——土地征用费——土地征用金

780 900 000

贷：银行存款 780 900 000

②项目公司依据经审批的付款申请单网上申报相关土地成本的契税款，按3%税率计算：

契税：78 090×3% = 2 342.70（万元）

借：开发成本——土地征用及拆迁补偿费——土地征用费——契税

23 427 000

贷：银行存款 23 427 000

③项目公司拿取土地合同前往房山区地税局缴纳相关土地成本的印花税，按0.05%计算：

印花税：78 090×0.05% = 39.045（万元）

借：开发成本——土地征用及拆迁补偿费——土地征用费——契税

390 450

贷：银行存款 390 450

（2）开发建设阶段

工程于2013年3月1日开工建设，前期、公共配套、建安费用、基础设施与对方及时签订验工结算单，并取得营业税发票，验明真伪后进行账务处理：

①国际花园项目发生公共配套费48万元。

借：开发成本——公共配套费　　　　　　　　　　　　　　480 000
　　　贷：应付账款——工程款　　　　　　　　　　　　　　　480 000
借：应付账款——工程款　　　　　　　　　　　　　　　　　480 000
　　　贷：银行存款　　　　　　　　　　　　　　　　　　　　480 000

②项目发生基础设施费用 13 002 万元，其中道路公路费为 305 万元，环境设计费为 1 978 万元，室外采暖系统费为 1 009 万元，室外高低压系统费为 6 689 万元，室外给排水系统费为 2 491 万元，室外燃气系统费为 277 万元，室外通信工程费为 28 万元，环境设计费为 180 万元，绿化建设费为 45 万元。

借：开发成本——基础设施费——道路公路费　　　　3 050 000
　　　　　　　　　　　　　——环境设计费　　　　19 780 000
　　　　　　　　　　　　　——室外采暖系统费　　10 090 000
　　　　　　　　　　　　　——室外高低压系统费　66 890 000
　　　　　　　　　　　　　——室外给排水系统费　24 910 000
　　　　　　　　　　　　　——室外燃气系统费　　 2 770 000
　　　　　　　　　　　　　——室外通信工程费　　　　280 000
　　　　　　　　　　　　　——环境设计费　　　　 1 800 000
　　　　　　　　　　　　　——绿化建设费　　　　　　450 000
　　　贷：应付账款——工程款　　　　　　　　　　130 020 000
借：应付账款——工程款　　　　　　　　　　　　　130 020 000
　　　贷：银行存款　　　　　　　　　　　　　　　130 020 000

③项目发生建安费用 52 367 万元，其中电信及安装费为 18 万元，发动机及安装费为 662 万元，高低压配电及安装费为 560 万元，工程建设监理费为 235 万元，公共部位精装修 2 124 万元，基础工程费为 1 578 万元，建设工程质量监督费为 57 万元，结构及粗装修费为 40 417 万元，设备安装工程费为 2 453 万元，室内采暖系统费为 874 万元，室内给排水系统费为 94 万元，室内精装修费为 1 537 万元，室内燃气系统费为 850 万元，消防及安装费 908 万元。

借：开发成本——建筑安装工程费——电信及安装费　　　　180 000
　　　　　　　　　　　　　　　——发动机及安装费　　　6 620 000
　　　　　　　　　　　　　　　——高低压配电及安装费　5 600 000
　　　　　　　　　　　　　　　——工程建设监理费　　　2 350 000
　　　　　　　　　　　　　　　——公共部位精装修　　 21 240 000
　　　　　　　　　　　　　　　——基础工程费　　　　 15 780 000
　　　　　　　　　　　　　　　——建设工程质量监督费　　570 000
　　　　　　　　　　　　　　　——结构及粗装修费　　404 170 000

——设备安装工程费		24 530 000
——室内采暖系统费		8 740 000
——室内给排水系统费		940 000
——室内精装修费		15 370 000
——室内燃气系统费		8 500 000
——消防及安装费		9 080 000

  贷：应付账款——工程款   523 670 000
借：应付账款——工程款   523 670 000
  贷：银行存款   523 670 000

④项目间接费为 5 800 万元，包含人员工资、折旧、咨询费、固话费、通信费、山东筹备组费用。

借：开发间接费——人员工资（折旧、咨询费、固话费、通信费）
              58 000 000
  贷：银行存款   58 000 000

期末结转至开发成本：

借：开发成本——开发间接费   58 000 000
  贷：间接费用——结转   58 000 000

（3）2014 年 7 月 6 日至 2016 年 12 月 20 日向集团借款 115 628 万元，年利率为 6%，产生利息共 6 561 万元。

借：银行存款   1 156 280 000
  贷：其他应付款——集团内部借款——本金   1 156 280 000
借：开发间接费——资本化利息   65 610 000
  贷：其他应付款——集团内部借款——利息   65 610 000

归还时：

借：其他应付款——集团内部借款——本金   1 156 280 000
  贷：银行存款   1 156 280 000
借：其他应付款——集团内部借款——利息   65 610 000
  贷：银行存款   65 610 000

（4）2015 年 4 月 14 日与北京银行琉璃厂支行签订开发贷款协议，本金为 42 000 万元，利息为 3 362 万元，利率为 6.15%。

借：银行存款   420 000 000
  贷：长期借款——本金   420 000 000
借：开发间接费——资本化利息   33 620 000
  贷：应付利息   33 620 000

归还时：

借：长期借款——本金　　　　　　　　　　　　　　　　　420 000 000
　　贷：银行存款　　　　　　　　　　　　　　　　　　　　420 000 000
借：应付利息　　　　　　　　　　　　　　　　　　　　　　33 620 000
　　贷：银行存款　　　　　　　　　　　　　　　　　　　　33 620 000

1.4　预售及销售

2013年7月11日取得销售证后，对在建的国际花园项目开始预售，2013年7月14日左瑞敏缴纳8—3—901号房定金5万元，2013年8月4日缴纳首付款37万元，2013年11月27日农商行放款95万元，房屋总价为137万元。

（1）收到定金时：

借：银行存款　　　　　　　　　　　　　　　　　　　　　　50 000
　　贷：其他应付款——定金　　　　　　　　　　　　　　　50 000

（2）收到业主全部款项时：

借：银行存款　　　　　　　　　　　　　　　　　　　　　1 320 000
　　贷：预收账款　　　　　　　　　　　　　　　　　　　1 320 000
借：其他应付款——定金　　　　　　　　　　　　　　　　1 320 000
　　贷：预收账款　　　　　　　　　　　　　　　　　　　1 320 000

依据房山区政策，需要缴纳营业税及附加，营业税为5%，城建税为营业税的5%，教育费附加为营业税的3%，地方教育附加为营业税的2%。

借：应交税费——应交营业税　　　　　　　　　　　　　　　68 500
　　　　　　——应交城市维护建设税　　　　　　　　　　　3 425
　　　　　　——应交教育费附加　　　　　　　　　　　　　2 055
　　　　　　——应交地方教育附加　　　　　　　　　　　　1 370
　　贷：银行存款　　　　　　　　　　　　　　　　　　　　75 350

（3）计算预缴土地增值税，下月预缴增值税按回款的2%为2.74万元（137×2%）。

借：应交税费——应交土地增值税　　　　　　　　　　　　　27 400
　　贷：银行存款　　　　　　　　　　　　　　　　　　　　27 400

（4）计算印花税按照合同额的0.05%为685元（1 370 000×0.05%）。

借：销售费用——印花税　　　　　　　　　　　　　　　　　685

　　　　贷：应交税费——印花税　　　　　　　　　　　　　　　685
　　　借：应交税费——印花税　　　　　　　　　　　　　　　685
　　　　贷：应交税费——印花税　　　　　　　　　　　　　　　685

（5）计算企业所得税

企业所得税按年汇算，同时按照规定做完工成品的清算，每年在汇算前将完工产品的计税成本进行鉴证，找出会计成本与税务成本的差异，对预提的成本、未取得发票、未支付的建安、基础、公共配套等成本进行纳税调整，对符合合同总价10%的部分予以确认，将计提的土地增值税的预提额进行调整，每年都在事务所的帮助下，将税务成本调整为基本符合首付实现的水平，对其他项目如招待费、广告费、计提的坏账准备每年也都进行调整。

（6）房产税。按照使用房屋的原值计算房产税，原值未能准确确认的，暂按估计的价值计算，待资产价值取得后再做调增。若有出租性质的房屋，按照租金的收入计算缴纳房产税。

　　　借：税金及附加——房产税　　　　　　　　　　　75 954 300
　　　　贷：应交税费——应交房产税　　　　　　　　　75 954 300
　　　借：应交税费——应交房产税　　　　　　　　　　75 954 300
　　　　贷：银行存款　　　　　　　　　　　　　　　　75 954 300

（7）土地使用税。按照占地面积的平方米，乘以该地级的每平方米的单位税额，计算缴纳土地使用税，当开发产品完工后，将该部分扣除，按照剩余的面积缴纳土地使用税。

　　　借：税金及附加——城镇土地使用税　　　　　　　65 894 400
　　　　贷：应交税费——应交城镇土地使用税　　　　　65 894 400
　　　借：应交税费——应交城镇土地使用税　　　　　　65 894 400
　　　　贷：银行存款　　　　　　　　　　　　　　　　65 894 400

1.5　完工清算阶段

2014年10月31日国际花园项目交付验收，对发生的各项开发费用进行结转完工开发产品。发生的明细如表2所示。

表 2		开发费用明细	单位：万元
项目	结算金额	暂估金额	合计
开发间接费用	12 048	0	12 048
土地开发成本	73 199	0	73 199
前期工程费	4 615	0	4 615
建筑安装工程费	40 217	25 380	65 597
基础设施建设费	11 606	0	11 606
公共配套设施建设费	39	0	39
合计	141 724	25 380	167 104

①对尚未完工、未结算的合同进行暂估预提：

借：开发成本——预提费用 253 800 000

　　贷：应付账款——应付工程款 253 800 000

②将开发成本结转开发产品：

借：开发产品——房屋 1 671 040 000

　　贷：开发成本——结转——开发间接费用 120 480 000

　　　　　　　　　　　——土地开发成本 731 990 000

　　　　　　　　　　　——前期工程费 46 150 000

　　　　　　　　　　　——建筑安装工程费 655 970 000

　　　　　　　　　　　——基础设施建设费 116 060 000

　　　　　　　　　　　——公共配套设施建设费 390 000

2014年部分房地产达到交付条件，并发出入住通知书，业态类型和建筑面积如表3所示。

表 3		业态类型和建筑面积情况		
项目	实测面积（万平方米）	货值总计（万元）	本次确认面积（万平方米）	本次确认营业收入（万元）
住宅	15	301 779	10	198 912
商业	1	25 185	0	0
地下车库	1	4 239	1	1 782
合计	16	331 202	11	200 694

①确认收入。

借：预收账款——住宅 1 989 120 000

　　　　　　　——地下车库 17 820 000

　　贷：主营业务收入 2 006 940 000

②在分摊时，所有成本按照实测面积进行分摊，车库仅分摊土地和建安成本（见

表4)。

表4　　　　　　　　　　　　成本分摊明细

业态类型	实测面积（万平方米）	土地成本（万元）	前期工程费（万元）	基础设施建设费（万元）	建筑安装工程费（万元）	开发间接费（万元）	合计
住宅	11	54 880	2 964	5 317	45 190	7 917	116 268
车库	1	10	—	—	1 700	—	1 710
合计	12	54 890	2 964	5 317	46 890	7 917	117 978

借：主营业务成本——房地产　　　　　　　1 179 780 000
　　贷：开发产品——房屋　　　　　　　　　　　　1 179 780 000

③根据收入情况确认营业税金及附加。

借：主营业务及税金　　　　　　　　　　　110 360 000
　　贷：应交税金——营业税　　　　　　　　　　　100 340 000
　　　　　　　——城市维护建设税　　　　　　　　　5 010 000
　　　　　　　——教育费附加　　　　　　　　　　　5 010 000

项目公司对本期交付预收房款200 694万元，已按房款预交4 013万元的土地增值税，经计算，认为预交的土地增值税比例比较低，测算仍需预提21 732万元。

借：主营业务税金——土地增值税　　　　　257 450 000
　　贷：应交税费——土地增值税　　　　　　　　　40 130 000
　　　　　　——预提土地增值税　　　　　　　　217 320 000

考虑预提的土地增值税对递延所得税的影响。

借：递延所得税资产——可抵扣暂时性差异——预提土地增值税
　　　　　　　　　　　　　　　　　　　　　54 330 000
　　贷：所得税费用——递延所得税费用　　　　　　54 330 000

根据当期的销售情况，需要计提销售佣金及结转以前已计提的销售佣金：

借：销售费用——销售佣金　　　　　　　　　8 640 000
　　贷：预付账款——销售佣金　　　　　　　　　　　8 640 000
借：销售费用——销售佣金（计提）　　　　　3 000 000
　　贷：应付账款——其他　　　　　　　　　　　　　3 000 000

　　房地产企业的税收管理重点在完工清算和土地增值税的清算，众多的方案的关注点也都在这两个地方。因此，国际花园项目非常重视这两项工作的管理，财务部提前做好了充分的准备，并跟会计师事务所和税务所事务所紧密协商，在会计核算上符合会计准则的要求，在纳税上符合税法的要求，并且掌握住在土地增值税不能及时清算时，如何能够让企业所得税不多交，不至于等到土地增值税清算完毕后，企业所得税产生退税。根据《国家税务总局关于印发〈优化税务执法方式全面推行"三项制度"

实施方案〉的通知》(税总发〔2019〕31号)规定,通过多次测算企业所得税税负,并结合销售情况,将商业类房屋和车库的销售情况提前完成,提前完成网签,提前实现销售收入 2 000 万元,并进行了收入的调整。使其土地增值税的清算比例由原来的83%提高到了90%,并且充分享受了企业所得税的税前扣除政策。做到企业所得税的均衡入库,并在土地增值税清算后,没有造成大额的退税。

2017 年 6 月,国际花园项目完成了土地增值税清算,最终确认如下:

①收入总额:310 445.96 万元

②扣除项目金额:205 064.70 万元

③增值额:105 381.26 万元

④增值率:51.39%

⑤适用税率:40% 和 30%

⑥应缴土地增值税税额:32 184.72 万元

⑦已缴土地增值税税额:6 050.10 万元

⑧应补土地增值税税额:26 134.62 万元

⑨普通住宅单位建筑面积成本为 12 840.45 元/平方米,非普通住宅单位建筑面积成本为 12 834.87 元/平方米。

1.6　营改增之后账务处理

2016 年 5 月 1 日起,我国所有行业正式试行营改增,国际花园项目选择简易征收方法计征增值税。具体涉及文件如下:

《财政部　国家税务总局关于营改增后契税、房产税、土地增值税、个人所得税计税依据问题的通知》(财税〔2016〕43 号)第三条规定,土地增值税纳税人转让房地产取得的收入为不含增值税收入。

《国家税务总局关于公布〈纳税人转让不动产增值税征收管理暂行办法〉的公告》(国家税务总局公告 2016 年第 14 号)第三条规定:"一般纳税人转让其取得的不动产,按照以下规定缴纳增值税:……(二)一般纳税人转让其 2016 年 4 月 30 日前自建的不动产,可以选择适用简易计税方法计税,以取得的全部价款和价外费用为销售额,按照 5% 的征收率计算应纳税额。纳税人应按照上述计税方法向不动产所在地主管地税机关预缴税款,向机构所在地主管国税机关申报纳税。"

(1) 2017 年 3 月 15 日任国栋购买 18—207 号商业类房屋,全部房款为 252 万元,增值税为简易计税方法纳税,税率为 5%,增值税为 12 万元,城市维护建设税适用税率为5%，教育费附加适用税率为3%，地方教育附加适用税率为2%。

  借：银行存款   2 520 000

    贷：合同负债——预收售房款   2 520 000

  借：应交税费——增值税   120 000

      ——城市维护建设税及附加   6 000

      ——教育费附加   3 600

      ——地方教育附加   2 400

    贷：银行存款   132 000

（2）收房时发出入住通知书，业主缴纳补差款1万元，公共维修基金1万元。

  借：银行存款   20 000

    贷：合同负债——预收售房款   10 000

      其他应付款——公共维修基金   10 000

代缴业主公共维修基金时，前往光大银行办理：

  借：其他应付款——公共维修基金   10 000

    贷：银行存款   10 000

（3）2018年9月对符合确认要求的房源确认收入（见表5）。

表5   收入明细

认购日期	产品类型	幢号	车位号	最终实测建筑面积（万平方米）	签约总价（万元）	确认收入金额（万元）	增值税（万元）	城市维护建设税（万元）	教育费附加（万元）	地方教育附加（万元）
2018年5月22日	车位	1#	261	29.74	20.00	19.05	0.95	0.05	0.03	0.02
2018年6月4日	车位	3#	133	30.18	17.00	16.19	0.81	0.04	0.02	0.02
2018年7月3日	车位	3#	170	30.18	17.00	16.19	0.81	0.04	0.02	0.02
2018年5月4日	车位	3#	206		17.00	16.19	0.81	0.04	0.02	0.02
2018年5月22日	车位	3#	218	29.58	17.00	16.19	0.81	0.04	0.02	0.02
合计				149.86	88.00	83.81	4.19	0.21	0.13	0.08

  借：合同负债——预收售房款   880 000

    贷：主营业务收入   838 100

      应交税费——简易征收——增值税   41 900

  借：主营业务税金   4 200

    贷：应交税金——城市维护建设税   2 100

      ——教育费附加   1 300

      ——地方教育附加   800

结转主营业务成本分摊比例及记账分录同营业税。

（4）清算后土增税缴纳。土地增值税清算后，仍有部分尚未销售的商铺、车库，这部分的土地增值税缴纳无须采取预交的方式，在取得销售收入时，缴纳增值税，同时按照向税务机关清算时的单方成本作为土地增值税的扣除项目，抵减收入，计算增值额，缴纳土地增值税。

2020年第2季度，清算后销售车位计算缴纳土地增值税如下：

①本期销售面积：31.96 平方米

②销售收入：161 904.76 万元

③本期允许扣除项目金额：31.96 × 12 834.87（清算时非普通住宅单位建筑面积成本）＝ 410 202.45（万元）

④本期增值额：－248 297.69 万元

⑤本期增值率：－60.53%

⑥适用税率：0

⑦本期应缴土地增值税税额：0

附录 2
城市运营开发项目案例及其分析

2.1 项目背景

MJ公司系世界500强之一的ZH集团设立的独资的城市地产开发、运营公司，MJ公司主营业务形式为"一主两翼"，主业为房地产开发销售，两翼为资产增值业务，其中一翼为物业服务与管理，另一翼为资产运营与商业服务。

MJ公司地处北方海滨城市DH市。DH市是国家重点发展城市、国家中心城市，其GDP年均增长10%以上，在中国百强城市排行榜上名列前茅。MJ公司在该市深耕多年，研究该市土地市场情况，剖析该市楼市供需趋势、市场环境以及消费偏好。

2014年，MJ公司敏锐觉察到DH市土地市场的需求处于相对的镇静期，果断摘得该市主城区核心发展板块的土地，面积约10万平方米，支付土地出让金约50亿元，为MJ公司在DH市的发展打下了扎实基础。

MJ公司在取得该宗地之前，进行了可行性研究分析、论证，测算结果表明前景明朗，利润可观，得到了所属集团公司的大力支持。MJ公司取得该宗地之后，着手办理在DH市发改委的项目立项备案手续，并于同年获批。

MJ公司取得的该宗地共分4个地块（A、B、C和D地块），土地用途为城镇住宅、商服（包括城市型公寓）、科教，总用地面积约9万平方米，建设用地面积约7万平方米，总建筑面积为50万平方米，地上建筑面积36万平方米，可售面积32万平方米，主要业态包括高层、洋房、公寓、商用 Loft、写字楼、商业地产、幼儿园，开发建设周期大约为 4.2 年。该宗地开发建设的项目亦是其所属集团公司开发的第一个城市综合体项目。

MJ 公司打造精锐的营销团队，积极探索多种营销模式，拓展营销渠道。随着 2016 年房地产市场爆发式增长，开发的部分地块部分产品售罄，但是随着国家政策收紧，整个楼市趋于下行，房地产行业又开始面临比较严峻的形势，房地产行业进入"白银时代"，营销工作存在困难。MJ 公司经营坚持以市场为导向，形成全员营销的格局。2020 年新年伊始，面对突如其来的新型冠状病毒感染的肺炎疫情，MJ 公司也遭遇了前所未有的经营寒潮，公司果断决策，迅速拓展销售渠道，试水网络营销、全民营销，突出重围，除作为持有性经营的产品外，其他产品预计 2020 年年末清盘。

2.2 运作模式

房地产行业是受国家宏观调控影响比较大的行业，业务政策敏感性强，与所在城市的各级行政机关联系紧密。公司设立、开发建设、预售及销售、完工清算、资产运营等阶段的运作模式满足市场、客户的需求，同时均应该考虑相关政策因素以及政府行政部门的相关要求及办事流程。另外，公司的运作模式也需要结合自身的战略定位而进行相应调整。

2.2.1 项目公司设立阶段的运作模式

MJ 公司熟悉 DH 市房地产行业行政管理及相关规定，与 DH 市各级政府保持着较好的政企关系，MJ 公司及时分析预判了取得土地开发、运营情况，在签订土地出让合同之前设立了项目公司。MJ 公司从项目开发建设、市场营销、资产运营、资本结构、资金来源、税收筹划等方面综合考虑，另外结合该项目是 MJ 公司在 DH 市的首开项目，又是一个几乎涵盖所有业态的比较高级的城市综合体项目，在确保 MJ 公司在 DH 市一鸣惊人、一炮走红的同时，又要保证风险可控，与 MJ 公司有所区隔，决定设立 100% 控股的项目公司。100% 控股的项目公司有利于提高决策效率，快速推进项目的开发、建设速度，有利于探索和创新业务发展模式。另外，因为该项目是 MJ 公司在 DH 市的首开项目，所以当时就没再筹划总、分公司结构，也没再考虑是外资，还是合资的股权结构。同时，注册资本和实收资本均为 1 亿元，也达到了当时房地产开发企业资质等级中对大企业的规模的基本要求，为项目后续发展、融资工作开展打下了良好的基础。后来，因为业务发展以及项目公司定位的进一步清晰化，先后又设立了与项目公司配套的物业服务和管理的物业分公司,以及管理资产租售、运营的商管分公司。

由于MJ公司是城市地产公司,隶属于ZH集团,ZH集团专注于集团化经营发展地产业务,基于取得土地前期的可行性研究、投资测算以及整个集团公司的运作,结合业务在全国和区域布局的综合考虑,因此在摘得土地后、签订土地出让合同之前就决策及时成立了项目公司,避免了用非房地产开发公司先摘得土地且签订土地出让合同后将土地注入项目公司的困难和风险。

2.2.2 取得土地使用权阶段的运作模式

MJ公司土地竞拍成功后,在签订土地合同过程中,MJ公司与DH市政府土地主管部门进行了多轮磋商,经过多轮经济测算、财务安排、向相关政府部门准备、提交相关资料、说明等,通过多次签订补充协议的形式,争取到了较为优惠的开发条件和支付条款。如土地出让金分两期支付、土地出让金延期支付、未交付的土地暂缓缴纳土地出让金等。现列示《DH市国有建设用地使用权出让合同》(建设类—合同编号DH1112015026)(以下简称原合同)及其《DH市国有建设用地使用权出让合同补充协议X》(以下简称补充协议)相关的条款如下:

(1)原合同第八条:本合同签订时,受让人应缴付人民币大写壹拾亿元正(小写100 000万元)作为履行合同的定金,定金抵作部分土地出让金。受让人参与竞买缴纳竞买保证金自动转为履行合同的定金。

(2)原合同第九条:受让人同意自本合同签订之日起30日内,缴付不低于50%的土地出让金(含定金)人民币大写贰拾伍亿元正(小写250 000万元)。

(3)原合同第十条:受让人同意自本合同签订之日起90日内,缴齐全部土地出让金(含定金)人民币大写伍拾亿元正(小写500 000万元)。

(4)补充协议第一条:《出让合同》第十条调整为"乙方至2015年6月17日前缴齐全部土地出让金(含定金)人民币大写伍拾亿元正(小写500 000万元)。"

2.2.3 开发建设阶段的运作模式

项目公司签订土地出让合同后,积极开展报批报建工作,先后办理了勘察业务、设计业务、监理业务的公开招标,取得发改委立项备案批复,取得了《土地使用权证》《建设用地规划许可证》《建设用地批准书》《建设工程规划许可证》《建筑工程施工许可证》《商品房销售许可证》。联系市政部门,准备施工条件,开通了施工用电、施工用水,修建了施工道路,进行场地平整,建设了临时售楼处。项目公司加速推进开发建设速度,历时4年,4个地块所有业态全部竣工。ZH集团品牌商业街作为持有性资产,建筑面积约4万平方米,成本约10亿元,于2018年10月首次投入运营；DH市委宣传部的相关组成部门冠名的办公大楼作为持有性资产，建筑面积约4.7万平方米，成本约11亿元，于2019年9月开始运营。

2.2.4 销售阶段的运作模式

项目公司取得《商品房销售许可证》、临时售楼处的投入使用后，次月项目就开盘销售。公司组建营销团队，开展渠道营销，拓展促销方式，加大广告投入。2016年市场火爆，A地块高层产品售罄；2017年市场热潮持续了一段时间，随着国家房地产市场宏观调整，热潮逐渐退去；2018年市场比较温和，公司销售状况与市场状况相似；2019年公司引进营销、管理人才，加强内部管理，多方拓展销售渠道取得不错的销售业绩，去化率高达20%；2020年除作为持有性经营的产品外，预计整个项目清盘。

2.2.5 完工清算阶段的运作模式

2020年，项目公司或将达到清算条件。《国家税务总局关于房地产开发企业土地增值税清算管理有关问题的通知》（国税发〔2006〕187号）规定：

（1）符合下列情形之一的，纳税人应进行土地增值税的清算：

①房地产开发项目全部竣工、完成销售的；

②整体转让未竣工决算房地产开发项目的；

③直接转让土地使用权的。

（2）符合下列情形之一的，主管税务机关可要求纳税人进行土地增值税清算：

①已竣工验收的房地产开发项目，已转让的房地产建筑面积占整个项目可售建筑面积的比例在85%以上，或该比例虽未超过85%，但剩余的可售建筑面积已经出租或自用的；

②取得销售（预售）许可证满三年仍未销售完毕的；

③纳税人申请注销税务登记但未办理土地增值税清算手续的；

④省税务机关规定的其他情况。

根据上述规定，项目公司现时可售产品清盘后，将触发土地增值税清算条件。项目公司已经安排多轮、多条件下土地增值税清算测算，积极跟进销售进度，跟进工程结算，积极准备土地增值税清算工作。

2.3 会计核算及税务管理

本案例主要介绍项目公司设立、取得土地使用权、开发建设、预售及销售、完工清算、运营阶段主要的会计核算和税务管理，示例简化，有助于理解城市运营开发业务的全貌。

2.3.1 项目公司设立阶段

MJ公司在摘得土地后，签订土地出让合同之前就决策及时成立了项目公司，项目公司注册资本为1亿元。2015年1月，项目公司收到MJ公司的投资款1亿元，并办理了相关登记手续，领取了营业执照。项目公司在成立之前已经向集团公司申请了财务软件端口和多个用户账号，并建立相关会计账簿。项目公司在筹建成立到领取营业执照期间发生业务招待费800元，人员工资15 000元和福利费1 000元，办公用品采购费用2 000元。

(1) 收到投资款的会计处理及税务管理。

①会计处理。项目公司收到MJ公司投资款后，根据企业会计制度及企业会计准则相关规定，依据银行账户基本户收到投资款的银行回单，项目公司的账务处理如下：

借：银行存款　　　　　　　　　　　　　　　100 000 000
　　贷：实收资本　　　　　　　　　　　　　　100 000 000

项目公司收到MJ公司投资款后，根据企业会计制度及企业会计准则相关规定，结合相关税收法规规定申报、缴纳印花税50 000元，项目公司的账务处理如下：

借：管理费用　　　　　　　　　　　　　　　　　50 000
　　贷：银行存款　　　　　　　　　　　　　　　　50 000

领取营业执照贴花5元，项目公司的账务处理如下：

借：管理费用　　　　　　　　　　　　　　　　　　　5
　　贷：银行存款　　　　　　　　　　　　　　　　　　5

注意：根据《财政部关于印发〈增值税会计处理规定〉的通知》（财会〔2016〕22号）的有关要求，全面改征增值税后，"营业税金及附加"科目名称调整为"税金及附加"科目，从2016年12月3日起，交纳印花税在该科目核算。

②税务管理。依据《印花税暂行条例》相关规定，营业账簿、权利证书、许可证照为应税凭证，纳税人根据应税凭证的性质，分别按比例税率或者按件定额计算应纳税额。具体税率、税额的确定，依照本条例所附《印花税税目税率表》执行。项目公司计算并按申报要求及时办理了印花税的申报、纳税工作。MJ公司印花税管理明确要求要按《印花税税目税率表》列示合同结合公司实际业务，办理印花税相关涉税业务。

(2) 项目开办费的会计处理及税务管理。

①会计处理。项目公司领取营业执照前发生业务招待费800元，人员工资15 000元和福利费1 000元，办公用品采购费用2 000元。根据企业会计准则相关规定："资

产是指企业过去的交易或者事项形成的、由企业拥有或者控制的、预期会给企业带来经济利益的资源。前款所指的企业过去的交易或者事项包括购买、生产、建造行为或其他交易或者事项。预期在未来发生的交易或者事项不形成资产。由企业拥有或者控制，是指企业享有某项资源的所有权，或者虽然不享有某项资源的所有权，但该资源能被企业所控制。预期会给企业带来经济利益，是指直接或者间接导致现金和现金等价物流入企业的潜力。"可见，项目公司开办费不符合资产定义，应该费用化处理，项目公司的账务处理如下：

- 业务招待费：

  借：管理费用　　　　　　　　　　　　　　　　　　800
  　　贷：银行存款　　　　　　　　　　　　　　　　　　　800

- 人员工资及福利：

  借：管理费用　　　　　　　　　　　　　　　　　16 000
  　　贷：应付职工薪酬　　　　　　　　　　　　　　　16 000

  借：应付职工薪酬　　　　　　　　　　　　　　　16 000
  　　贷：银行存款　　　　　　　　　　　　　　　　　16 000

- 办公用品采购费：

  借：管理费用　　　　　　　　　　　　　　　　　 2 000
  　　贷：银行存款　　　　　　　　　　　　　　　　　 2 000

②税务管理。依据《企业所得税法》第十三条长期待摊费用的相关规定，项目公司开办费亦不符合资产定义，但也可以作为费用税前列支。

- 业务招待费。依据《企业所得税法实施条例》中"企业发生的与生产经营活动有关的业务招待费支出，按照发生额的60%扣除"的规定，项目公司在2016年度企业所得税汇算清缴做了相应调整。

- 人员工资及福利。依据《企业所得税法实施条例》"企业发生的合理的工资、薪金支出，准予扣除"和"企业发生的职工福利费支出，不超过工资、薪金总额14%的部分，准予扣除"的规定，项目公司将上述费用，在2016年度企业所得税汇算清缴扣除项目列支。

- 办公用品采购费。依据《企业所得税法实施条例》符合扣除的规定，项目公司将上述费用，在2016年度企业所得税汇算清缴扣除项目中列支。

2.3.2　取得土地使用权阶段

MJ公司在参与土地使用权竞拍前，支付保证金10亿元，后转为土地出让金，签订土地合同之日起30日内缴纳土地出让金（含定金）25亿元，2015年6月17日前缴齐全部土地出让金（含定金）50亿元，土地交易手续费为1 000万元，缴纳市政公用基础设施大配套工程费1.3亿元，缴纳印花税250万元，缴纳契税15 390万元。

（1）会计处理。

①第一次缴纳土地出让金：

借：预付账款		2 500 000 000
贷：其他应收款		1 000 000 000
银行存款		1 500 000 000

②第二次缴纳土地出让金、土地交易手续费：

借：预付账款		2 510 000 000
贷：银行存款		2 510 000 000
借：开发成本		5 010 000 000
贷：银行存款		5 010 000 000

③缴纳市政公用基础设施大配套工程费：

借：开发成本		130 000 000
贷：银行存款		130 000 000

④缴纳契税：

借：开发成本		153 900 000
贷：银行存款		153 900 000

⑤缴纳印花税：

借：管理费用		2 500 000
贷：银行存款		2 500 000

（2）税务管理。

①依据《印花税暂行条例》相关规定，产权转移书据为应纳税凭证，结合公司税务管理要求，项目公司计算并按申报要求及时办理了印花税的申报、纳税工作。

②《契税暂行条例》规定，国有土地使用权出让的承受的单位和个人为契税的纳税人，应当依照本条例的规定缴纳契税。《DH市契税征收实施办法》及其相关税收通知规定契税税率为3%；土地权属转移契税的计税依据包含市政建设配套费。项目公司依据上述规定，计算并按申报要求及时办理了契税的申报、纳税工作。

2.3.3 开发建设阶段

项目公司签订土地合同后，开始进行开发前期报批报建、工程招投标的各种手续，取得《施工许可证》后，开始组织施工建设，经过4年开发，2019年项目全部竣工。该项目发生前期工程费11 800万元，建设安装工程费190 000万元，市政工程费43 000万元，建设期管理费用15 000万元，建设期财务费用140 000万元。

（1）会计处理。支付工程相关款项，实际业务中可能通过往来科目"预付账款"

和"应付账款"核算，本例均简化处理，不再用往来科目核算，用"银行存款"科目核算，并且业务可能交叉发生，我们的示例均简化处理，不再一笔一笔列示，采用汇总核算。

①前期工程费：

借：开发成本　　　　　　　　　　　　　　　118 000 000
　　贷：银行存款　　　　　　　　　　　　　　　　118 000 000

②建设安装工程费：

借：开发成本　　　　　　　　　　　　　　1 900 000 000
　　贷：银行存款　　　　　　　　　　　　　　　1 900 000 000

③市政工程费：

借：开发成本　　　　　　　　　　　　　　　430 000 000
　　贷：银行存款　　　　　　　　　　　　　　　　430 000 000

④建设期管理费用：

借：开发成本　　　　　　　　　　　　　　　150 000 000
　　贷：银行存款　　　　　　　　　　　　　　　　150 000 000

⑤建设期财务费用：

借：开发成本　　　　　　　　　　　　　　1 400 000 000
　　贷：银行存款　　　　　　　　　　　　　　　1 400 000 000

⑥竣工结转开发产品：

借：开发产品　　　　　　　　　　　　　　9 291 900 000
　　贷：开发成本　　　　　　　　　　　　　　　9 291 900 000

（2）税务管理。

①印花税。项目开发建设阶段，涉及多种税目的印花税，项目公司依据《印花税暂行条例》及其他相关法规结合 MJ 公司的要求，营改增以后，签订的合同价款标明了不含增值税金额的，以不含增值税金额作为印花税的计税依据，计算并按申报要求及时办理了印花税的涉税工作。

②城镇土地使用税。依据《城镇土地使用税暂行条例》及 DH 市相关管理办法的规定，按取得土地面积以及每平方米年税额计算应纳税额，按期及时完成了城镇土地使用税的申报、纳税工作。

③环境保护税。依据《环境保护税法》及《环境保护税法实施条例》的相关规定，按所属期施工面积换算为环境保护税计税依据，计算应纳税额。按期及时完成了环境保护税的申报、纳税工作。

2.3.4　预售及销售阶段

项目公司取得《商品房销售许可证》、临时售楼处投入使用后，次月项目就开盘销售。该项目收取定金1 000万元，首付款为35亿元，按揭贷款为32亿元，代收费用为2.3亿元，代付费用为2.1亿元，交纳营业税1.3亿元，交纳增值税1.2亿元，交纳土地增值税2.5亿元。销售阶段竣工交付后，确认收入51亿元，增值税销项税额3.6亿元，结转销售成本44.5亿元，结转税金9 000万元。

（1）会计处理。《新会计准则第14号——收入》在2017年调整之前收款记入"预收账款"科目，之后记入"合同负债"科目，本例简化处理均记入"合同负债"科目。实际收款、付款业务可能交叉进行，本例示例都简化处理，不再一笔一笔列示，采用汇总核算。

①售房收款：

借：银行存款　　　　　　　　　　　　　　　6 710 000 000
　　贷：合同负债　　　　　　　　　　　　　　　6 710 000 000

②代收费用：

借：银行存款　　　　　　　　　　　　　　　　230 000 000
　　贷：其他应付款　　　　　　　　　　　　　　230 000 000

③代付费用：

借：其他应付款　　　　　　　　　　　　　　　210 000 000
　　贷：银行存款　　　　　　　　　　　　　　　210 000 000

④交纳税金：

借：应交税费　　　　　　　　　　　　　　　　500 000 000
　　贷：银行存款　　　　　　　　　　　　　　　500 000 000

⑤确认收入：

借：合同负债　　　　　　　　　　　　　　　5 460 000 000
　　贷：主营业务收入　　　　　　　　　　　　5 100 000 000
　　　　应交税费　　　　　　　　　　　　　　360 000 000

⑥确认附加税：

借：税金及附加　　　　　　　　　　　　　　　 90 000 000
　　贷：应交税费　　　　　　　　　　　　　　　 90 000 000

⑦确认成本：

借：主营业务成本　　　　　　　　　　　　　4 450 000 000
　　贷：开发产品　　　　　　　　　　　　　　4 450 000 000

（2）税务管理。

①印花税。《印花税暂行条例》规定产权转移书据为应税凭证，按照《印花税税目税率表》的税率计税。《商品房买卖合同》适用产权转移书据税目计税，项目公司依据规定，结合MJ公司的要求，及时办理了印花税的申报、纳税工作。

②流转税及其附加税。营改增之前,商品房销售按转让不动产缴纳营业税。营改增之后,商品房销售按销售不动产缴纳增值税。项目公司分4个地块开发,经过测算、论证,充分考虑允许扣除的土地价款抵减销售额的因素以及能取得增值税进项税的金额,A地块老项目采用一般计税方法计税,B地块新项目采用一般计税方法计税,C、D地块新项目采用简易计税方法。项目公司按照相关要求计算并按申报要求及时办理了营业税、增值税及其附加税的申报、纳税工作。

③企业所得税。项目公司依据《企业所得税法》《企业所得税法实施条例》及相关税收法规的要求,及时完成了企业所得税的申报、纳税工作以及年度汇算清缴工作,规避了涉税风险。

④土地增值税。项目公司依据《土地增值税暂行条例》《土地增值税暂行条例实施细则》及相关税收法规的要求,及时完成了土地增值税的申报、纳税工作,规避了涉税风险。

2.3.5 完工清算阶段

项目公司可售产品清盘后,除品牌商业街、高档写字楼以及部分车位作为持有性资产经营外,该项目将触发土地增值税清算条件。项目公司已经安排多轮、多条件下土地增值税清算情况的测算,积极跟进销售进度,跟进工程结算,积极准备土地增值税清算工作的相关资料,一旦条件具备立即启动相关工作。

2.3.6 资产运营阶段

ZH集团品牌商业街作为持有性资产,建筑面积约4万平方米,成本约10亿元,于2018年10月首次投入运营;DH市委宣传部的相关组成部门冠名的办公大楼作为持有性资产,建筑面积约4.7万平方米,成本约11亿元,于2019年9月开始运营。收取租金8 000万元,计提折旧6 000万元,发生税费726万元,营销推广费900万元,管理费用360万元。

(1)会计处理。

①收取租金:

借:银行存款　　　　　　　　　　　　　　　　　80 000 000

　　贷:预收账款　　　　　　　　　　　　　　　　　80 000 000

②计提折旧:

借:主营业务成本　　　　　　　　　　　　　　　60 000 000

　　贷:累计折旧　　　　　　　　　　　　　　　　　60 000 000

③发生费用:

借:销售费用　　　　　　　　　　　　　　　　　 9 000 000

|管理费用|3 600 000|
|贷：银行存款|12 600 000|

④确认收入：

借：预收账款	80 000 000
贷：主营业务收入	76 190 000
应交税费	3 810 000
借：税金及附加	3 450 000
贷：应交税费	3 450 000

(2) 税务管理。

①印花税。依据《印花税暂行条例》规定财产租赁合同为应纳税凭证，纳税人根据应纳税凭证的性质，分别按比例税率或者按件定额计算应纳税额。具体税率、税额的确定，依照本条例所附《印花税税目税率表》执行。项目运营阶段，《商品房租赁合同》适用产权转移书据税目计税。项目公司计算并按申报要求及时办理了印花税的申报、纳税工作。

②增值税及其附加税。C、D 地块采用简易计税方法。商业街贯穿 C、D 地块，写字楼坐落于 C 地块。项目公司按照《增值税暂行条例》以及其他相关税收法规、文件的要求，计算并按申报要求及时办理了增值税及其附加税的申报、纳税工作。

③企业所得税。项目公司依据《企业所得税法》《企业所得税法实施条例》及相关税收法规，及时完成了企业所得税的申报、纳税工作以及年度汇算清缴工作。

④房产税。项目公司依据《房产税暂行条例》及其实施条例以及相关税收法规，及时完成了房产税的申报、纳税工作。房产税是资产运营阶段的主力税种，项目公司深入研究相关政策及税收法规，采取适当措施，避免了免租期等涉税风险，促进了资产运营业务的发展。2020 年，由于资产运营受疫情影响，项目公司积极与 DH 市主管税务局沟通，准备相关材料，实现了部分房产税的减免。

⑤城镇土地使用税。依据《城镇土地使用税暂行条例》及 DH 市相关管理办法的规定，按持有资产的土地面积以及每平方米年税额计算应纳税额，按期及时完成了城镇土地使用税的申报、纳税工作，规避了相关税务风险。

2.4 借鉴意义

(1) MJ 公司从有利于项目整体开发运营、营收的核算、税收筹划、资金筹措等统筹协调的安排出发，选择了项目公司合适的设立时点及其股权结构，为其在 DH 市的稳定持续发展奠定了良好基础。

（2）该项目是 MJ 公司在 DH 市的首开项目，又是一个几乎涵盖所有业态的比较高级的城市综合体项目，要求较高的开发建设以及营销、运营管理能力。同时，伴随业务的资金需求量大，会计核算复杂，数据量大、财税业务全面，涉及税种较多，计税方法复杂，要求较高的会计核算、财务管理、税务管理能力。

（3）项目前景明朗，业务复杂，财会、税务部门积极主动深入研究财税政策、分析业务，较好地做到了业、财融合，使项目重大节点的会计核算、成本分摊、税务管理取得了良好效果。

附录 3
商业地产开发项目案例及其分析

A 房地产开发企业长期深耕某市，某市近几年来经济持续增长、人口持续增加、城市配套日渐完善。由于主城区房地产市场竞争日益白热化，A 房地产开发企业拓展城南板块，该板块紧邻最热门的河东新城及南部新城两大核心热点板块，未来可依托地块自身的区位优势及价格优势，承接周边的高端外溢置业人群。为进一步增强自身竞争实力，A 房地产开发企业决定联合其他优势房企 B 公司共同开发，签署了股权合作协议，并组建 C 合资项目公司，注册资本为 1 000 万元，A 房地产开发企业认缴 51%，并约定资本金在竞拍成功后 5 个工作日内实缴。

C 项目公司于 2019 年 5 月参与某市土地竞拍，经过三轮竞价最终以 29.9 亿元取得一幅土地，占地面积为 56 290 平方米，容积率为 2.75，总建筑面积为 213 123 平方米，其中，地上建筑面积为 154 793 平方米，地下建筑面积为 58 330 平方米。地上建筑面积中，可售住宅部分面积为 150 896 平方米，可售商业部分面积为 2 250 平方米，公共配套建筑面积为 1 647 平方米；地下建筑面积中，产权车位面积为 50 000 平方米，人防车位面积为 8 330 平方米。

C 项目公司取得土地后，合作双方实缴注册资金 1 000 万元。

  借：银行存款   10 000 000

    贷：实收资本   10 000 000

缴纳出资额印花税，由于注册资本的印花税减半征收，需要缴纳的印花税为 0.25 万元（1 000×0.05%÷2）。

  借：税金及附加   2 500

    贷：银行存款   2 500

为满足项目开发需要，A 房地产开发企业与 B 公司协商，将 C 项目公司注册资本金增加至 9 亿元，股权比例保持不变，双方缴纳实际出资 8.9 亿元。

  借：银行存款   990 000 000
    贷：实收资本   990 000 000

缴纳出资额印花税，由于注册资本的印花税减半征收，需要缴纳的印花税为 24.75 万元（99 000×0.05%÷2）。

  借：税金及附加   247 500
    贷：银行存款   247 500

C 项目公司缴纳土地出让金时。

  借：开发成本——土地征用及拆迁补偿费   2 990 000 000
    贷：银行存款   2 990 000 000

获取土地后，以银行存款支付取得土地契税 8 970 万元（299 000×3%）。

  借：开发成本——土地征用及拆迁补偿费   89 700 000
    贷：银行存款   89 700 000

在交房前，按照所在区域土地等级标准（四类用地为 7 元/平方米），按季度申报缴纳土地使用税 9.24 万元。

  借：税金及附加   9 240 000
    贷：银行存款   9 240 000

按照开发计划，项目 2020 年第 2 季度上市销售，预计开盘住宅售价为 39 000 元/平方米，共分 3 批次销售，销售周期为 18 个月，预计销售金额为 55.8 亿元；商铺 2020 年第 2 季度开盘，预计整体均价为 63 000 元/平方米，预计销售金额为 1.4 亿元；车位预计每个 16 万元左右，预计销售金额为 2.8 亿元；项目预计销售总额为 60 亿元。

项目开发期间，共发生前期勘测费用 455.8 万元，其中进项税额为 25.8 万元；规划设计费为 1 908 万元，其中进项税额为 108 万元；报建费用为 2 950 万元；其他前期开发费用（不含税）为 1 601.92 万元，取得进项税额 108.39 万元。均以银行存款等支付。

  借：开发成本——前期工程费   69 157 200
    应交税金——应交增值税——进项税额   2 421 900
    贷：银行存款（应付账款、应付票据）   71 579 100

项目累计发生建安工程费用 77 627.08 万元（不含增值税金额），基础设施费用 12 236.67 万元（不含增值税金额），公共配套设施费 3 256.95 万元，累计取得增值税进项税额 8 350 万元。开发过程中均以银行存款等支付。

  借：开发成本——建安工程费   776 270 800
       ——基础设施费   122 366 700

——公共配套设施费　　　　　　　　　　　　　32 569 500
　　——应交税金——应交增值税——进项税额　　83 500 000
　贷：银行存款（应付账款、应付票据等）　　　 1 014 707 000

项目开发期间，发生开发间接费用不含税金额1 800万元，取得增值税进行税额90万元；销售费用不含税金额为11 800万元（不考虑销售佣金资本化处理），取得进项税为707万元；管理费用不含税金额为4 500万元，取得进项税额为225万元。

　借：开发成本——开发间接费　　　　　　　　　18 000 000
　　　销售费用　　　　　　　　　　　　　　　　118 000 000
　　　管理费用　　　　　　　　　　　　　　　　 45 000 000
　　　进项税额　　　　　　　　　　　　　　　　 10 220 000
　　贷：银行存款　　　　　　　　　　　　　　　 191 220 000

项目开发期间，累计自金融机构借款20亿元、股东借款20亿元，累计支付股东借款和银行借款利息支出40 640万元，其中银行借款利息支出为14 800万元。按照借款费用会计准则，上述借款费用符合资本化条件，全部予以资本化处理。

　借：开发成本——借款费用　　　　　　　　　　406 400 000
　　贷：银行存款（应付利息）　　　　　　　　　406 400 000

2020年第2季度，C项目公司开盘销售，当季实现普通住宅销售回款为119 620万元，第3季度实现销售回款70 620万元，第4季度实现销售回款114 450万元，全年累计销售回款为304 690万元。2021年全年销售回款为342 570万元。2022年全年销售回款为4 590万元。项目累计回款为651 850万元。

2020年第2季度开盘销售，9月回款22 500万元，依照《房地产开发企业销售自行开发的房地产项目增值税征收管理暂行办法》预缴增值税619.27万元（22 500÷1.09×3%）。

　借：银行存款　　　　　　　　　　　　　　　　225 000 000
　　贷：合同负债　　　　　　　　　　　　　　　225 000 000
　借：应交税费——预交增值税　　　　　　　　　 6 192 700
　　贷：银行存款　　　　　　　　　　　　　　　 6 192 700

同时，预交教育费附加和城市维护建设税，该市城市维护建设税为增值税的7%，教育费附加为5%（其中地方教育附加为2%）。

　借：应交税金——应交城市维护建设税　　　　　433 500
　　　　　　　——教育费附加　　　　　　　　　 309 600
　　贷：银行存款　　　　　　　　　　　　　　　 743 100

当地土地增值税按季预交，普通住宅、非普通住宅、其他类型房产的预征率分别为2%、3%、4%，2020年7月预交土地增值税2 194.86万元（119 620÷1.09

×2%)。

  借：应交税费——应交土地增值税   21 948 600
    贷：银行存款   21 948 600

  C项目所在城市规定，房地产开发经营业务企业销售未完工开发产品位于该市城区和郊区的，所得税计税毛利率为15%，按季度申报。2020年第2季度毛利为16 461.47万元（119 620÷1.09×15%），扣除缴纳的增值税为2 194.86万元、预交教育费附加和城市维护建设税为74.31万元，销售费用和管理费用为3 550万元。7月应缴纳季度所得税2 660.58万元〔（16 461.47－2 194.86－74.31－3 550）×25%〕。

  借：应交税金——应交所得税   26 605 800
    贷：银行存款   26 605 800

  2022年12月1日，C项目公司实现全部交房，包括住宅、商业和车位，相关公共配套设施已经移交给物业、当地相关政府部门等。人防车位按照当地规定未销售，直接移交给人防部门，并委托物业公司进行管理。确认收入为598 027.52万元（651 850÷1.09），确认增值税销项税额为53 822.48万元（651 850÷1.09×9%）。

  借：合同负债   6 518 500 000
    贷：主营业务收入   5 980 275 200
      应交税金——应交增值税——销项税额 538 224 800

  C项目公司进行增值税及附加费用清算，本项目已经预交增值税17 940.83万元（651 850÷1.09×3%）、预交教育费附加897.04万元（17 940.83×5%）、预交城市维护建设税1 255.86万元（17 940.83×7%），项目累计取得进项税额9 614.19万元（242.19＋8 350.00＋1 022），土地取得成本抵减销项税额26 910万元（299 000×0.09），清算应交增值税额17 298.29万元（53 822.48－26 910－9 614.19），应补缴增值税183.15万元（17 298.29－17 115.14）。

  借：应交税金——应交增值税——已交税金 172 982 900
    贷：应交税金——预缴增值税   171 151 400
      银行存款   1 831 500

  C项目公司根据增值税清算结果，计算并交纳教育费附加和城市维护建设税，其中，教育费附加为9.16万元（183.15×5%），城市维护建设税为12.82万元（183.15×7%）。

  借：税金及附加   219 800
    贷：银行存款   219 800

  同时，结转预缴教育费附加和城市维护建设税至税金及附加科目2 152.90万元（651 850÷1.09×3%×5%＋651 850÷1.09×3%×7%）。

  借：税金及附加   21 529 000

贷：应交税金——应交城市维护建设税　　　　　　　　12 558 600
　　　　　　　　——教育费附加　　　　　　　　　　　　8 970 400

2022年12月31日，C项目公司按照所得税汇算清缴口径，经计算项目实现利润总额126 200万元，应缴纳所得税31 550万元，按照该市销售未完工开发产品所得税预交的相关规定，已预缴所得税26 510万元，所得税汇算清缴需补交5 040万元。

　　借：所得税费用　　　　　　　　　　　　　　　　　50 400 000
　　　贷：应交税金——应交所得税　　　　　　　　　　　50 400 000

2023年4月30日，C项目公司完成2022年所得税汇算清缴工作，由于在计算2022年所得税费用时，存在一笔当年费用未及时取得发票，不允许税前扣除，金额为10万元，需要调增2022年应纳税所得额。

　　借：所得税费用　　　　　　　　　　　　　　　　　　　25 000
　　　贷：应交税金——应交所得税　　　　　　　　　　　　　25 000

完成2022年所得税汇算清缴，并缴纳所得税5 042.50万元（5 040+2.5）。

　　借：应交税金——应交所得税　　　　　　　　　　　50 425 000
　　　贷：银行存款　　　　　　　　　　　　　　　　　50 425 000

2022年，12月按照清算口径计算项目土地增值税，假设相关计算如表1所示。

表1　　　　　　　按照清算口径的土地增值税相关计算　　　　　　　单位：万元

序号	项目	合计	类型	
			普通住宅	其他
1	一、转让房地产收入总额	624 937.52	586 354.55	38 582.97
2	二、扣除项目金额合计	537 849.80	465 854.29	71 995.52
2.1	土地取得费用	299 000.00	258 891.36	40 108.64
2.2	房地产开发成本	113 272.62	98 077.93	15 194.68
2.2.1	土地征用及拆迁补偿费	11 436.19	9 902.11	1 534.08
2.2.2	前期工程费	6 915.72	5 988.03	927.69
2.2.3	建安工程费	77 627.08	67 213.98	10 413.10
2.2.4	基础设施费	12 236.67	10 595.21	1 641.46
2.2.5	公共配套费	3 256.95	2 820.06	436.90
2.2.6	开发间接费	1 800.00	1 558.54	241.46
2.3	房地产开发费用	40 914.76	35 426.35	5 488.41
2.3.1	财务费用	20 457.38	17 713.17	2 744.21
2.3.2	销售费用+管理费用	20 457.38	17 713.17	2 744.21
2.4	与转让房地产有关的税金	2 207.90	2 064.78	143.12
2.4.1	城市维护建设税	1 287.94	1 204.45	83.49
2.4.2	教育费附加	919.96	860.33	59.63

续表

序号	项目	合计	类型	
			普通住宅	其他
2.5	财政部规定的加计20%扣除数	82 454.52	71 393.86	11 060.66
3	三、增值额	87 087.72	120 500.26	-33 412.54
4	四、增值额与扣除项目金额之比	—	25.87%	-46.41%
5	五、适用税率	—	30.00%	0.00
6	六、速算扣除系数	—	0.00	0.00
7	七、应缴土地增值税	36 150.08	36 150.08	—
8	八、已缴土地增值税	12 884.58	11 727.09	1 157.49
9	九、项目清算应补（退）土地增值税税额	23 265.50	24 422.99	-1 157.49

按照上述计算结果，由于 C 项目公司全部收入均在 2022 年确认，土地增值税按照配比原则全部在当年确认。

借：税金及附加　　　　　　　　　　　　　　　　　232 655 000
　　贷：应交税金——应交土地增值税　　　　　　　　　232 655 000

2023 年 8 月，C 项目公司接当地税务部门通知，须对土地增值税进行清算，其组织内部各部门整理清算资料，清算报告经审核备案，与 2022 年模拟清算方案一致，最终需补交土地增值税 23 265.50 万元。

借：应交税金——应交土地增值税　　　　　　　　　232 655 000
　　贷：银行存款　　　　　　　　　　　　　　　　　232 655 000

由于在 2022 年所得税清算，C 项目公司未实际缴纳该项土地增值税清算金额，所得税前不允许扣除。同时，C 项目公司所有开发产品销售完毕，未来无所得税税前利润对清算的土地增值税抵补。经 C 项目公司申请，2023 年 6 月，当地税务部门所得税退税 5 816.38 万元（23 265.50×25%）。由于，不确定退税申请是否能够成功，C 项目公司按照谨慎性原则，在 2022 年年末确认应收退税款。

借：银行存款　　　　　　　　　　　　　　　　　　58 163 800
　　贷：所得税费用（以前年度损益调整）　　　　　　　58 163 800